1 2 3 4 5 6 7, 8 9, 10 11, 12 13

Bahreïn

La civilisation des deux mers

14, 15 16, 17 18, 19 20 21-25 26-28 29-33 34 35, 36

de Dilmoun à Tylos

37-39 40 41 42 43 44, 45 46 47-49 50-52 53 54

55 56, 57 58-62 63-65 66, 67 68 69 70 71 72, 73 74, 75

76 77 78 79 80 81 82 83 84-86 87 88 89

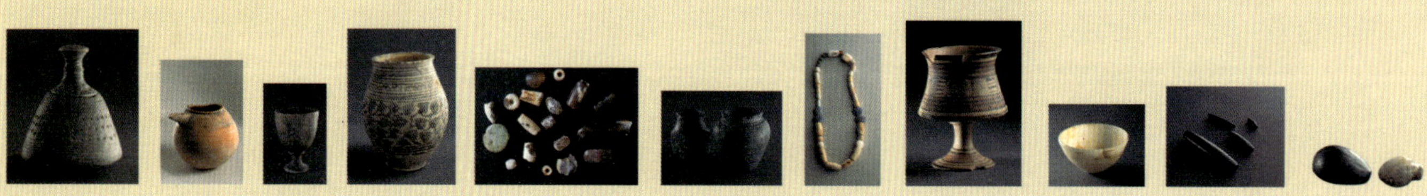

90 91 92 93 94 95, 96 97 98 99 100-103 104, 105

106 107-111 112-114 115, 116 117 118 119-122 123 124

125 126 127 128-130 131 132 133, 134 135 136-139 140

141

142-145

146

147

148-150

151

152-159

160, 161

162

163-169

170

171-173

174

175

176-179

180

181

182

183-187
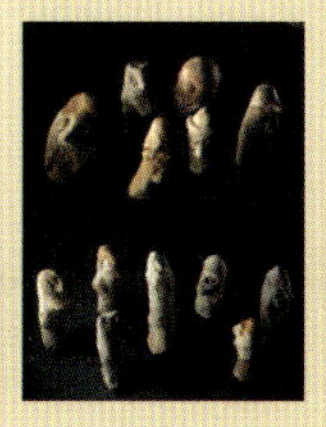
188-200

201

202

203, 204

205

206-208

209, 210

211

212

213-222

223

224, 225

226-228

229

230

231-235

236

237

238

239

240-242

243 244 245 246, 247 248 249-252 253 254, 255 256 257

258 259 260, 261 262 263-265 266 267 268-270 271 272 273, 274 275 276

277-279 280 281 282 283 284, 285 286 287-289 290-294 295-300 301, 302 303

304-306 307 308 309 310-313 314,315 316 317-319 320 321 322

323

324

325

326

327-332

333
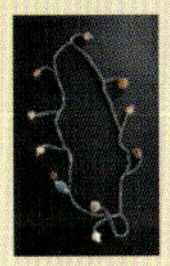
334

335

336, 337

338

339

340

341

342

343

344-346
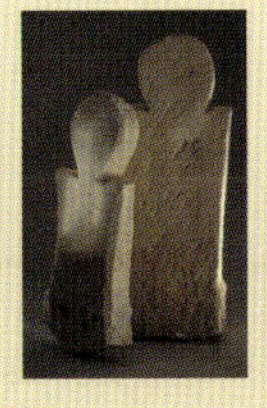
347, 348

349-351

352

353

354

355

356

357, 358

359

360

361

362, 363

364

365, 366

367

ISBN : 2 - 84 306 035 - 4
Dépôt légal mai 1999

Bahreïn
La civilisation des deux mers

de Dilmoun à Tylos

exposition présentée
à l'Institut du monde arabe
du 18 mai au 29 août 1999

Avec la coopération de l'État de Bahreïn
Ministry of Cabinet Affairs & Information

SDZ

INSTITUT DU MONDE ARABE
معهد العالم العربي

Cette exposition est conçue et réalisée par l'Institut du monde arabe, en partenariat avec le Ministère chargé du Conseil des Ministres et de l'Information - Direction de la Culture et des Arts de Bahreïn

Sous le haut patronage de Son Altesse Sheikh Khalifa ben Salman al-Khalifa, Premier Ministre de l'État de Bahreïn

France
Institut du monde arabe

M. Camille CABANA
Président

M. Nasser EL ANSARY
Directeur général

Bahreïn
S.E. M. Muhammad Ibrahim AL-MUTTAWA
Ministre chargé du Conseil des Ministres et de l'Information

Dr Abdullah Abdelrahman YATEEM
Sous-secrétaire d'État de la Culture et des Arts

M. Ali ABDULLAH KHALIFA
Directeur de la Culture et des Arts

M. Abdelrahman MUSAMEH
Directeur du Musée national de Bahreïn

M. Khaled AL-SINDI
Surintendant de Fouilles & Conservateur de l'Archéologie, Musée national de Bahreïn

commissariat général

Brahim ALAOUI
Chef du département Musée et Expositions

Khaled Al-SINDI
Surintendant des Fouilles & Conservateur
de l'Archéologie, Musée national de Bahrein

commissariat scientifique

Pierre LOMBARD
Chargé de recherche au CNRS, Lyon
Directeur de la Mission archéologique
française à Bahreïn

commissariat

Noha HOSNI-MAILLARD
Chargée de collection et d'expositions

assistée de
Marie-Hélène BAYLE
Chargée de collection et d'expositions

comité scientifique

Khaled AL-SINDI
Surintendant des Fouilles & Conservateur
de l'Archéologie, Musée national de Bahreïn
(Manama)

Béatrice ANDRÉ-SALVINI
Conservateur en chef au département
des Antiquités orientales, musée du Louvre

Serge CLEUZIOU
Directeur de Recherche au CNRS, Paris

Harriet CRAWFORD
Professeur à l'University College, Londres

Anja HERLING
Chercheur, Université de Göttingen (Allemagne)

Flemming HØJLUND
Chercheur, Musée préhistorique de Moesgaard,
(Danemark)

Monique KERVRAN
Directeur de Recherche au CNRS, Paris

Jean-François SALLES
Directeur de Recherche au CNRS &
Directeur de la Maison
de l'Orient Méditerranéen (Lyon)

comité d'organisation

Direction administrative et financière

Bernard d'ASTE
Octavie GROS

Communication

Philippe CARDINAL
Frédéric PLUMAS

Bâtiment et sécurité

Alain KRONENBERG

Régie technique

Jalal ALAMI EL-IDRISSI
Pascal BAILLET

Secrétariat d'exposition

Arlette BODIN
Marie-Flore NEMECEK

scénographie

Jean-Paul BOULANGER
Margo RENIZIO
Jean-Marc JOULIÉ
PYLÔNE ARCHITECTES

Remerciements
Nous exprimons notre gratitude aux prêteurs qui ont permis que cette exposition voie le jour.

MUSÉE NATIONAL DE BAHREÏN, MANAMA
Abdelrahman MUSAMEH
Khaled AL-SINDI
Mustapha IBRAHIM
Lubna AL-OMRAN
Saleh AHMAD

MUSÉE DU LOUVRE, PARIS
Département des Antiquités orientales
Annie CAUBET
Béatrice ANDRÉ-SALVINI
Élisabeth FONTAN

MOESGAARD MUSEUM, DANEMARK
Jan SKAMBY MADSEN
Flemming HØJLUND

BIBLIOTHÈQUE DE L'INSTITUT DE FRANCE
Mireille PASTOUREAU
Annie CHASSAGNE

catalogue

coordination scientifique
Pierre LOMBARD

coordination IMA
Éric DELPONT

Suivi éditorial
Béatrice PEYRET-VIGNALS

conception graphique
c-album : Laurent UNGERER
Jean-Baptiste TAISNE
Xavier MERCIER

cartographie et relevés
Hélène DAVID

traduction
Denis-Armand CANAL (allemand)
Dennis COLLINS (anglais)
Fayez MALAS (arabe)

Crédits photographiques.

Sites :
Direction de l'Archéologie et du Patrimoine, Musée national de Bahreïn, p. 21, 31, 50, 53-55, 151, 155, 158, 159 ;
Expédition archéologique danoise, Musée préhistorique de Moesgaard, p. 76, 104-106 ;
London - Bahrain Archeological Expedition, p. 71, 81, 109 ;
Mission archéologique allemande à Bahreïn, p. 151-153 ;
Mission archéologique française à Bahreïn, p. 123, 131, 133 ;
Pierre Lombard, p. 30, 219 ;
Philippe Maillard, p. 23, 45.

Les photographies des pièces sont de Philippe Maillard à l'exception de :
Direction de l'Archéologie et du Patrimoine, Musée national de Bahreïn/Saleh Ahmad, p. 69 (bas), 70 (bas), 71, 96 (droite), 100, 172, 193 ;
Musée du Louvre, département des Antiquités orientales, p. 47 ;
Musée du Louvre, département des Antiquités orientales/M. Chuzeville, p. 48, 91 ;
Musée du Louvre, département des Antiquités orientales/Ch. Larrieu, p. 87, 89-92 ;
Réunion des Musées nationaux/P. Bernard, p. 26 ;
Réunion des Musées nationaux/H. Lewandowski, p. 35.

Sommaire

La rédaction des notices a été faite par Pierre Lombard à l'exception des textes cunéiformes et sceaux-cylindres (B. André-Salvini), des vases en pierre de l'âge du Bronze (H. David), des cachets de Dilmoun (Poul Kjærum), des monnaies (Olivier Callot), de la verrerie (M.-D. Nenna) et des pièces islamiques (M. Kervran).

Préface

Pour être le plus petit des États arabes, si l'on s'en tient à la géographie, Bahreïn n'en occupe pas moins, pour cette partie du monde, une place prépondérante à l'aune de l'Histoire. Dans un passé tout récent, au cours du seul XXe siècle, les Bahreïniens ont su faire front à deux reprises et surmonter une adversité qui, à chaque fois, aurait pu les conduire à la ruine. Ce fut le cas d'abord, à la fin des années vingt, quand l'invention et l'arrivée sur le marché des perles de culture réduisirent à néant, en moins d'une décennie, la principale activité économique de l'île. Ce fut le cas encore, quelques dizaines d'années plus tard, quand Bahreïn, pour avoir été le premier État de la région à exploiter l'or noir, fut aussi le premier à voir se tarir et s'épuiser ses puits. Mais l'émirat de Bahreïn avait su prévoir et devancer cette échéance ; en consentant, avant beaucoup d'autres, d'importants efforts dans les domaines de l'éducation et de l'instruction publiques, en diversifiant les activités de son économie et les orientant résolument vers les services, l'État de Bahreïn a su conserver et même consolider les positions qui sont les siennes dans la région du Golfe. Pôle d'attraction, plaque tournante : ainsi peuvent être définis la place et le rôle particuliers qui sont ceux de Bahreïn aujourd'hui. La recherche scientifique vient cependant nous convaincre que ceux-ci doivent également beaucoup à une solide tradition, plusieurs fois millénaire. Récemment convoquées, les disciplines historiques, l'archéologie, l'épigraphie, l'ethnologie aussi, ont ouvert des perspectives vertigineuses sur le passé du territoire.

Ainsi, ses origines, se confondant avec les mythes et les légendes qui faisaient de cette île un paradis où l'homme pouvait connaître l'immortalité, attestent dûment d'une civilisation fort évoluée et d'un État organisé, dès la fin du IIIe millénaire avant notre ère. Dilmoun — ainsi que les hommes de ce temps la nommaient — se développa parallèlement aux civilisations de Mésopotamie et à celles de l'Indus, créant entre elles des liens et permettant les échanges des marchandises, des savoir-faire, des idées…

Connaissant des périodes fastes et d'autres moins glorieuses, comme c'est le lot commun de toute civilisation, Dilmoun perdura quelque douze ou quinze siècles… les spécialistes s'emploient à l'établir avec plus de précision. D'ores et déjà, ainsi qu'on pourra le découvrir à l'IMA pour la première fois dans une exposition d'envergure, maints témoignages de cette époque et de ce monde si longtemps oubliés — statuettes, poteries, bijoux et sceaux … — rendent compte de son irréductible spécificité.

Dilmoun disparue, bien des siècles plus tard, l'île allait encore connaître une autre efflorescence dont l'impulsion serait donnée par les conquêtes d'Alexandre.

Connue, cette fois, sous le nom de Tylos, cette nouvelle civilisation, d'inspiration hellénistique, trouverait aussi à s'accomplir, à s'épanouir en rendant à l'île ce statut régional de puissance commerciale qui lui sied si bien.

C'est ce passé lointain de l'île aux *deux mers* (*Bahreïn*, en arabe) — les eaux salées du Golfe lui procurant, d'une part, sa prospérité maritime et sa fortune dans le négoce et les eaux douces de ses sources terrestres lui conférant, d'autre part, ce microclimat tempéré où l'homme aime à vivre et à faire croître de splendides palmeraies — qui est offert au public de l'Institut du monde arabe, ainsi qu'on entr'ouvre un trésor. Il lui propose une clef nouvelle, pour mieux comprendre et pénétrer cette partie, la moins connue, du monde arabe, afin d'en saisir la complexité et la richesse.

Camille Cabana
Président de
l'Institut du monde arabe

Avant-propos

Dans l'Antiquité, deux civilisations se sont érigées dans la région de Bahreïn à l'est de la Péninsule arabique. La première est la civilisation de Dilmoun entre 2500 av. J.-C. et 1800 av. J.-C., et la deuxième est la civilisation de Tylos qui se maintint du IVe siècle av. J.-C. au VIe siècle de notre ère.

Ces deux cultures ont entretenu des échanges intenses avec les autres civilisations de la région, notamment la Mésopotamie.

L'étude des civilisations de Dilmoun et de Tylos ne débuta qu'à une période récente, c'est-à-dire au cours de la seconde moitié du XXe siècle. C'est à cette époque seulement que l'on découvrit les sites majeurs de l'île ainsi que divers objets, tels que des céramiques, des vases en pierre, des verres, des sceaux, des objets de la vie quotidienne en bronze, en pierre et en albâtre, et, enfin, une importante archive de textes cunéiformes.

Les sites et les restes archéologiques ont montré que la région de Bahreïn était parvenue, il y a des milliers d'années, à un mode de vie avancé, caractérisé par des rituels religieux et sociaux évolués, qui se fondait sur des échanges commerciaux avec les pays limitrophes producteurs de matières première ou d'objets manufacturés.

Comme il n'a cessé de le faire depuis sa fondation, l'Institut du monde arabe a tenu à présenter ces deux essentielles civilisations arabes au public européen, et en particulier au public français. Avec le gouvernement de Bahreïn, il a œuvré au montage de cette exposition remarquable comportant des pièces présentées en Europe pour la première fois, sous le titre : « Bahreïn, la civilisation des deux mers, de Dilmoun à Tylos. »

À cette manifestation, s'ajoutent deux expositions précédemment organisées au cours de cette année, l'une sur l'art plastique contemporain à Bahreïn, l'autre sur la pêche des perles. Ainsi, le visiteur aura-t-il eu l'occasion de suivre le développement culturel de cette région depuis les vestiges les plus anciennes jusqu'à l'époque où l'économie du pays s'est construite sur la pêche des perles, restée capitale jusqu'au début des années trente, pour terminer avec la période actuelle éclairée par les œuvres d'artistes bahreïniens contemporains.

Nasser El Ansary
Directeur général de
l'Institut du monde arabe

Chronologie

Europe

6000 début du Néolithique en Europe occidentale.

4000 Installation des Minoens en Crète.

2700-2500 Crète, foyer de la Première grande civilisation d'Europe.

2500-2100 Chalcolithique en Europe occidentale. Civilisation mégalithique, dolmens et menhirs.

Mésopotamie

5800-5000 Développement de la culture d'Obeid.

3300-3000 Époque d'Uruk. Naissance des premières cités.

2700-2350 Âge d'or des cités-États de Sumer.

Le cunéiforme se répand. Bien qu'extérieur à la Mésopotamie, Dilmoun lui est étroitement associée par des liens économiques et religieux.

Dans le mythe du dieu Enki et de son épouse Ninhursag, le pays de Dilmoun apparaît comme une terre paradisiaque où affleure l'eau primordiale de l'*apsû* sur laquelle flotte le monde.

Dans l'épopée de Gilgamesh, c'est à Dilmoun que réside l'unique survivant du Déluge qui possède le secret de la jouvence.

2350 Règne de Sargon l'Ancien. Empire sémite d'Agadé (Akkad) qui unifie toute la Mésopotamie et brise le cadre des cités-États.

2200 Fin de l'Empire d'Agadé.

2150 Ultime renaissance sumérienne, Gudéa, prince de Lagash.

2100-2000 IIIe dynastie d'Ur.

1792-1750 Empire paléo-babylonien. Hammourabi, roi de Babylone.

Bahreïn - Dilmoun

Vers les VIe-V^{e} millénaires. Sites de pêcheurs. Fragments de poterie d'Obeid.

Vers 3300 Le nom de Dilmoun apparaît dans les textes archaïques d'Uruk.

2500-1800
Âge du Bronze ancien

Apogée de la civilisation de Dilmoun.

Intense activité commerciale. Dilmoun fournit aux cités-États de Sumer le cuivre, la chlorite et la stéatite de Magan (Oman), les pierres semi-précieuses et l'ivoire de l'Indus, mais aussi, provenant de son territoire : les carapaces de tortues, les perles et des dattes de qualité.

Vers 2200 Temple de Barbar, peut-être dédié à l'*apsû* et au dieu Enki (ou à son fils Inzak).

Vers 2000 Île de Faïlaka (Koweït) colonisée par Dilmoun.

1800 Période de vicissitudes politiques et économiques par suite de l'effondrement de la civilisation de l'Indus et du déclin du Sud mésopotamien.

Iran et Inde

(Iran) **Vers 5500** Susiane ancienne.

(Iran) **Vers 4000** Fondation de Suse.

(Iran) **3100-2800** Suse, époque proto-élamite.

(Inde) **3000** début de la civilisation de Méluhha.

(Inde) **2900-2300** Harappa et Mohenjo-Daro. Marchands de la vallée de l'Indus.

(Iran) **XIIIe-XIIe siècle** Renaissance del'Élam. Apogée de la puissance élamite.

(Iran) **1900-1500** Arrivée massive d'Aryens sur le plateau iranien.

(Inde) **à partir de 1750** Déclin de la civilisation de l'Indus.

Europe

1450 Les Mycéniens conquièrent la Crète.

1250-1184 Guerre de Troie.

Entre 800 et 600 Civilisation de Halstatt. Extension de la civilisation celtique en Europe occidentale. Trésor de Vix.

753 Fondation mythique de Rome.

Entre 500 et 50 Époque de la Tène en Europe occidentale. Oppida et tumuli.

490-479 Guerres médiques, défaite perse à Marathon.

443-429 Apogée d'Athènes, règne de Périclès.

359-336 Philippe II de Macédoine, mainmise sur la Grèce.

Mésopotamie

1471-1250 Domination des Kassites en Babylonie.

1155 Les Kassites sont chassés de Babylonie par un roi d'Élam.

À partir de 1400 Montée en puissance de l'Assyrie.

1225 Le roi assyrien Tukulti-Ninurta Ier se dit roi de Dilmoun.

721-705 Sargon II d'Assyrie fonde Khorsabad. Il mentionne Dilmoun et son roi Oupéri qui lui aurait envoyé des présents.

669-627 Apogée néo-assyrienne. Assurbanipal inscrit Bahreïn au nombre de ses provinces.

612 Fin de l'Assyrie. Destruction de Ninive par les Mèdes et les Babyloniens.

626-539 Dynastie néo-babylonienne (Nabonide).

539 Prise de Babylone par Cyrus.

Bahreïn - Dilmoun

Âge du Bronze moyen.

1450-1350 Bahreïn passe sous la domination des Kassites.

Palais du gouverneur Kassite à Qal'at-al-Bahreïn.

Tablettes cunéiformes kassites datant de 1450. Elles sont l'une des manifestations les plus méridionales de l'écriture cunéiforme au Moyen-Orient.

1000-500 Bahreïn à l'âge du Fer.

544 Dernière apparition du nom de Dilmoun sur une tablette de l'époque néo-babylonienne.

Bahreïn passe sous l'influence des Achéménides.

Iran et Inde

(Iran) **1189 - 1155** Règne de Skutruk Nahhunte. Ses fils rapportent à Suse les trésors de Babylone.

(Iran) **1100** Éclipse de l'Élam.

(Iran) **Fin du xe siècle** Les Mèc et les Perses s'installent dans le Zagros.

(Iran) **750-700** Royaume néo-Élamite.

(Iran) **639** Prise de Suse par Assurbanipal.

(Iran) Règne de Mèdes (viie siècle).

(Iran) **550-330** Empire perse achéménide. Cyrus II, Danius Ier.

(Iran) **486-465** Règne de Xerx guerres médiques.

Europe

336-323 Alexandre le Grand.

264-241 Première guerre punique. Montée en puissance de Rome.

218-202 Deuxième guerre punique.

64 Pompée conquiert la Syrie. Fin de l'Empire séleucide en Syrie.

30 Mort d'Antoine et de Cléopâtre.

23 Fin de la République romaine.

98-117 Règne de Trajan. Apogée de l'Empire romain.

330 Fondation de Constantinople.

395 Partage de l'Empire romain.

Mésopotamie

331 Prise de Babylone par Alexandre.

323 Mort d'Alexandre à Babylone. Partage de l'Empire d'Alexandre, fondation des monarchies hellénistiques.

301 Séleucos établit une de ses capitales à Séleucie sur le Tigre. Effort des Séleucides pour helléniser leur royaume.

140 av. J.-C. Les Parthes établissent leur capitale à Ctésiphon, à côté de Séleucie.

116 Prise de Séleucie et de Ctésiphon par Trajan.

637 Bataille de Qadisiya Ctésiphon tombe aux mains des Arabes.

Bahreïn - Tylos

300-100 Tylos ancien. Alexandre, de retour des Indes, fait explorer la côte arabe du Golfe.

Androsthène aborde l'archipel de Bahreïn. L'île prend le nom grec de Tylos et conserve ce nom jusqu'au IIe siècle ap. J.-C.

L'île de Faïlaka devient Ikaros.

Nouvelle activité commerciale sous les Séleucides.

100-250 ap. J.-C. Tylos moyen.

129 Bahreïn passe sous l'influence des Parthes. Tylos est contrôlée par les Sassanides. L'île prend le nom de Samahig.

250-600 Tylos récent.

240 ap. J.-C. Expédition controversée du roi sassanide Ardéshir dans l'île de Bahreïn.

629 Conquête de l'archipel par les Arabes avant la mort du Prophète Muhammad en 632.

Iran et Inde

(Iran) **330** Conquête d'Alexandre. Fin de l'Empire perse achéménide.

(Iran) **312-129** Règne des Séleucides, successeurs d'Alexandre. Montée en puissance des Parthes iraniens à partir de 250.

(Iran) **129** Victoire des Parthes sur les Séleucides d'Iran.

(Iran) **124-91** Règne de Mithridate II. Contact avec Rome à l'Ouest, avec la Chine à l'est.

(Iran) **224 ap. J.-C.** Chute de la dynastie parthe arsacide.

(Iran) **224-650** Règne des Sassanides.

(Iran) **651** Mort de Yazdagird III, fin de la dynastie Sassanides. L'Iran est conquis par les Arabes.

PREMIER CHAPITRE

Introduction

Bahreïn : deux mers, une civilisation

Pierre Lombard, Khaled al-Sindi

Durant près de quatre mois, le plus petit des pays arabes dévoile ses racines à l'IMA et révèle, pour la première fois en Europe, un passé tout à la fois inattendu et méconnu.

Les trente-trois îles et îlots de l'archipel de Bahreïn sont généralement plutôt associés, il est vrai, à l'aventure récente des ingénieurs pétroliers qu'à celle des archéologues ; on ignore pourtant que la première appartient déjà presque au passé, alors que la seconde est actuellement en plein développement... L'État moderne de Bahreïn, qui tira profit, en 1932, du premier flux d'or noir de la région du Golfe – aujourd'hui en voie de tarissement – s'installe déjà avec confiance dans une phase de développement post-pétrolière, fidèle en cela à une tradition d'adaptation et d'innovation plusieurs fois millénaire.

Car la terre de Bahreïn est un défi permanent pour ceux qui y vivent et la font prospérer depuis l'Antiquité. Situé à mi-distance de l'embouchure du Tigre et de l'Euphrate et du détroit d'Ormuz, l'archipel, que l'on réduit souvent à ses deux îles principales — Bahreïn, qui lui a donné son nom, et Muharraq —, appartient, en effet, à la zone tropicale aride, aux caractères ici accentués par l'une des mers les plus chaudes du globe. Ces îles disposent, en revanche, de deux atouts précieux et complémentaires. Le premier, c'est une position stratégique au sein du Golfe, à la croisée des routes maritimes reliant le Proche-Orient au sous-continent indien. Le second est un véritable cadeau de la Nature : grâce à un phénomène géologique particulier, c'est essentiellement à Bahreïn que d'immenses réservoirs aquifères, situés dans les profondeurs de la Péninsule arabique, atteignent la surface sous forme d'abondantes sources artésiennes ; les deux îles principales bénéficient ainsi d'une « deuxième mer » d'eau douce, dont le nom même du pays a conservé l'empreinte*.

**Al-Bahrayn* signifie, en arabe, « Les Deux Mers ».

Position stratégique et environnement attractif ont en fait permis à Bahreïn, dès l'âge du Bronze, de contrôler aisément le commerce du Golfe, mais surtout d'imposer son rôle naturel de plaque tournante commerciale, tout en constituant un lieu de transit commode pour les marchandises et agréable pour les hommes. Ces deux atouts, que Bahreïn utilise encore aujourd'hui, sont pourtant fragiles : l'Histoire, on le sait, dicte ses aléas aux itinéraires maritimes ou terrestres et la géographie ne permet pas à la « deuxième mer », d'origine fossile, de se renouveler...

Entrevu dès la fin du XIXe siècle par quelques voyageurs, le grand intérêt archéologique de Bahreïn s'est trouvé confirmé à partir des années cinquante : une expédition archéologique danoise, peut-être par fidélité à la mémoire de Carsten Niehbur qui, cent ans plus tôt, explorait une autre Arabie, « insérait alors Bahreïn dans l'histoire du monde » en y démontrant la réalité de la civilisation de Dilmoun, qu'on ne connaissait jusque-là qu'à travers les travaux d'épigraphistes érudits ; probablement née dans la province orientale d'Arabie Saoudite ; c'est à Bahreïn qu'elle parvint visiblement à son apogée

entre 2000 et 1800 av. J.-C. Les travaux pionniers de l'expédition du musée de Moesgård ont ici ouvert le chemin aujourd'hui fréquenté par tous les archéologues passionnés de Bahreïn et de Dilmoun.
Plus qu'un bilan complet du savoir — encore trop lacunaire —, l'exposition que nous proposons a choisi d'évoquer quatre moments forts de l'évolution historique de Bahreïn : l'apogée de la culture de Dilmoun (âge du Bronze ancien, vers 2500-1800 av. J.-C.), l'occupation de Dilmoun par les Kassites mésopotamiens (âge du Bronze moyen, vers 1450-1350 av. J.-C.), les derniers siècles de Dilmoun (âge du Fer, de 1000 à 450 av. J.-C.) et enfin la période dite de Tylos, d'après le nom grec de Bahreïn (époques hellénistique, parthe et sassanide, de 300 av. J.-C. à 600 ap. J.-C.).
Au-delà des distinctions chronologiques ou matérielles, ces diverses phases culturelles sont intimement liées et constituent un même art de vivre, une civilisation propre à l'archipel tout à la fois marquée par son identité insulaire et — paradoxalement ? — par sa constante capacité d'ouverture à ses voisins, à leur culture et à leurs produits ; le nom actuel de Bahreïn nous a logiquement conduit à la qualifier de « Civilisation des Deux Mers ».
Le caractère le plus original de la culture ancienne de Dilmoun est l'importance et la place unique accordées au domaine funéraire : l'île principale possède, en effet, les nécropoles à *tumuli* les plus impressionnantes au monde par leur ampleur, si étendues qu'au début de ce siècle on suspectait même Bahreïn de n'être qu'une île-nécropole utilisée par les habitants des côtes voisines d'Arabie. La découverte de sites d'habitat et de plusieurs temples a aujourd'hui éloigné cette idée, en partie née de la réputation de Dilmoun, considérée par les anciens Sumériens comme une terre pure et sacrée, une sorte de Paradis terrestre où dieux et héros jouissaient de l'immortalité. Ceux-ci attribuaient d'ailleurs sa création à l'un de leurs principaux dieux, Enki, maître de l'*apsû*, cette mer d'eau douce sur laquelle flotte la Terre, selon la conception sumérienne, et qu'il fit précisément jaillir à Dilmoun, lui apportant vie et luxuriance. La coïncidence avec l'exceptionnelle situation hydrologique de Bahreïn est particulièrement frappante, et devait très tôt jouer en faveur de l'identification (partielle) de Dilmoun avec l'« archipel des Deux Mers ».
Ce Dilmoun mythique, certes, n'est pas à la portée des archéologues ; le Dilmoun qu'ils s'attachent à exhumer patiemment apparaît

mer Caspienne
ASSYRIE
Khorsabad/Dûr Sharrukên
Euphrate
Tigre
Mari
Doura Europos
Hit
Babylone
Tello/Girsu
Lagash
Uruk
Larsa
Ur
Suse
SUSIANE
KHUZISTAN
BACTRIANE
désert de LUT
Shahr-i Sokhta
Shahdad
KERMAN
BALOUCHISTAN
Harappa
Quetta
Nausharo
Indus
Tepe Yahya
Mohenjo Daro
Bampur
Khurab
MAKKRAN
Amri
Failaka
Le Golfe
Ain as-Sayh
Tarut
BAHREÏN
Dhahran
Abqaiq
Umm ar-Ramad
Shimal
Ra's al-Khaimah
ed-Dur
Tell Abraq
Ajman
Umm an-Nar
Ormuz
Kalba
Wadi Suq
Hili
Rumeilah
HAJJAR
al-Ain
Bat
Maysar
Ra's al-Jinz
mer d'Oman
Umm an-Nussi
Lothal
8000 m
7000 m
6000 m
5000 m
4000 m
3000 m
2000 m
1500 m
1000 m
500 m
200 m
100 m
0 m
mer Rouge
N
Océan Indien
0
500 km
H. David de

à la fois plus prosaïque et plus concret.
Le matériel recueilli dans les tombes reflète plutôt la vie des hommes et confirme largement ce rôle de plaque tournante de Bahreïn à l'âge du Bronze : on y trouve des pièces importées de Mésopotamie, d'Iran ou de la civilisation de l'Indus, mais aussi des fabrications locales, dont certaines atteignent un haut degré d'originalité et de sophistication comme la foisonnante production des cachets dits « de Dilmoun ».
D'une forme et d'une iconographie peu communes au Proche-Orient, ils illustrent, plus que toute autre catégorie d'objets, le véritable « art caché » de cette civilisation. Parallèlement à l'archéologue, le philologue dresse la liste des nombreux textes économiques mésopotamiens qui citent les marchands et l'emporium de Dilmoun ; ce dernier apparaît bien souvent comme l'intermédiaire obligé de ses grands voisins orientaux pour l'accès aux matières premières essentielles de l'époque : le cuivre et la diorite d'Oman, le bois de charpente, l'ivoire, les pierres dures ou semi-précieuses (diorite, cornaline, lapis-lazuli) de l'Indus, etc. Ces produits du transit voisinaient à Bahreïn avec les productions locales : dattes de haute qualité et sans doute déjà les perles, qui demeureront jusqu'en 1932 la production la plus célèbre de l'archipel.
Vers la fin du XVIIIe siècle av. J.-C., la civilisation de l'Indus s'effondre, ruinant ainsi la raison d'être de l'entrepôt du Golfe qu'était devenu Bahreïn. L'archipel connaît alors diverses vicissitudes que l'Histoire ne cerne pas toujours de manière satisfaisante. Deux d'entre elles émergent néanmoins grâce à l'archéologie.
C'est d'une part, du XVe au XIVe siècle av. J.-C., la phase d'occupation de Bahreïn par les Kassites de Mésopotamie (habituellement qualifiée de « Dilmoun moyen »), encore très mal connue, mais récemment mise en lumière par les travaux de la Mission archéologique française sur le site de Qal'at al-Bahreïn ; le palais du gouverneur kassite de l'île vient d'y être découvert, ainsi qu'une petite archive de textes cunéiformes, de fait l'une des manifestations les plus méridionales de cette écriture au Proche-Orient.
C'est par ailleurs la période de l'âge du Fer (première moitié du Ier millénaire av. J.-C.), qui voit les derniers siècles de Dilmoun (« Dilmoun récent »). Outre des nécropoles révélant des contacts avec les cultures voisines de la péninsule d'Oman, cette phase a livré à Qal'at al-Bahreïn d'importants vestiges architecturaux de la période achéménide (Ve siècle av. J.-C.), dont une résidence officielle et sans doute un temple. L'île voit alors la coexistence de populations diverses,

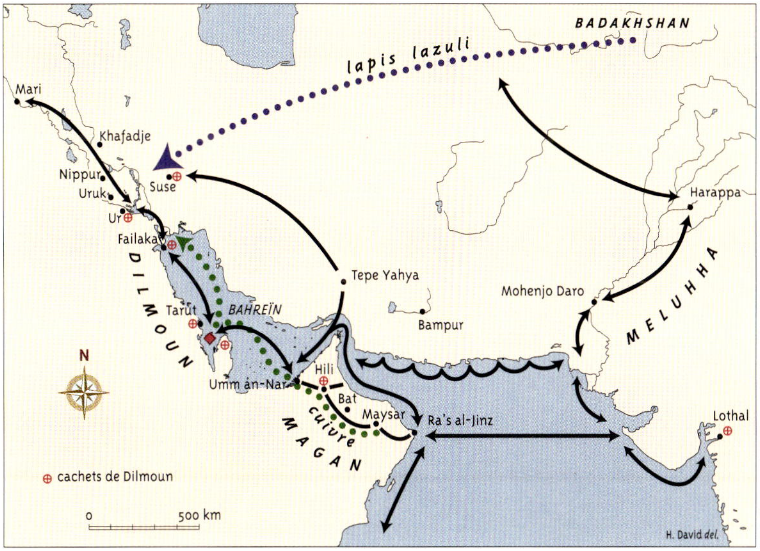

Bahreïn/Dilmoun à la croisée des itinéraires commerciaux de l'âge du Bronze ancien.

Page précédente. Carte du Moyen-Orient aux époques de Dilmoun et de Tylos.

1 Plaque votive d'Ur-Nanshé, roi de Lagash
Mésopotamie : Tello, ancienne Girsu (Pays de Sumer)
Époque dynastique archaïque III (vers 2500 av. J.-C.)
Calcaire
H 40 l 47 E 14 cm
Paris, musée du Louvre, inv. nº AO 2344
B Léon Heuzey 1893, p. 13-17 ; E. Sollberger 1956 ; E. Sollberger et J.-R. Kupper 1971, p. 44-45 (IC3c) ; B. André 1982 nº 167, p. 225 ; J. S. Cooper 1986, p. 22-23 (La.1.2)

Les plus anciens documents historiques mentionnant l'importance de Dilmoun en tant que grand centre commercial et de transit pour les matières premières importées de lointaines contrées accessibles par les eaux du Golfe, sont dus au premier souverain de la cité-État ou principauté sumérienne archaïque de Lagash. Ur-Nanshé, qui était un monarque puissant, puisqu'il porte le titre de roi, réservé dans les temps très anciens au chef de guerre, rapporte dans de nombreuses inscriptions les relations qui s'étaient développées entre Lagash et Dilmoun. Sept d'entre elles sont parvenues jusqu'à nous. Ce sont des inscriptions officielles gravées sur des plaques portant un relief figuré, perforées pour être accrochées sur un mur, ou encore des tablettes et crapaudines de pierre destinées à être enfouies dans les fondations des temples dont elles commémorent la construction. Le plus important de ces monuments montre le souverain, vêtu du vêtement officiel en peau de mouton, dans sa fonction religieuse de bâtisseur. En tant que représentant de son peuple auprès de la divinité, il va poser lui-même la première brique de l'édifice, qu'il porte dans le panier posé sur sa tête, en présence de sa femme et de ses enfants, figurés plus petits, et du porteur de coupe pour les libations lustrales, qui se tient derrière lui. Une deuxième scène montre Ur-Nanshé, sa famille et sa cour, pendant le banquet rituel célébrant l'achèvement du bâtiment. Des inscriptions, gravées sur les jupes des personnages, donnent leur nom, tandis que celles couvrant le champ du monument nomment les constructions royales, évoquant la puissance de l'État, qui étendit ses relations commerciales jusqu'à Dilmoun, dont les habitants et la flotte apportèrent à Lagash le bois exotique précieux destiné à embellir les sanctuaires du couple divin tutélaire de Lagash, Ningirsu et Nanshé : « Ur-Nanshé, roi de Lagash, fils de Gunidu, fils de Gursar, construisit le temple de Ningirsu, construisit le temple de Nanshé, construisit l'Abzubanda… Il fit apporter (à Lagash), par les bateaux de Dilmoun, du bois des pays lointains ».
Les textes économiques de la même période mentionnent aussi des importations de cuivre à Lagash (Cat. 81).

Béatrice André-Salvini

et l'introduction de nouvelles coutumes funéraires.
Vers 325 av. J.-C., enfin, l'île principale de Bahreïn, devenue Tylos, est abordée par l'une des expéditions maritimes d'Alexandre le Grand ; elle va connaître alors une exceptionnelle phase de prospérité, caractérisée par le développement d'une culture inspirée par le monde hellénistique et parthe. Celle-ci, une fois encore, ne nous est révélée pour l'instant que par les nécropoles ; sensiblement mieux protégées du pillage que les *tumuli* de Dilmoun, les inhumations de la phase de Tylos sont parfois retrouvées intactes, et dans un état de conservation tout à fait exceptionnel. Le matériel funéraire y est généralement abondant et d'une grande originalité, notamment entre le Ier siècle av. J.-C. et le Ier siècle ap. J.-C. : il inclut de nombreux vases en céramique glaçurée, des récipients de verre d'une grande finesse, des vases d'albâtre, des objets en ivoire, des figurines de terre cuite ou de plâtre, ainsi que des pièces de joaillerie ou d'orfèvrerie parfois spectaculaires. Des stèles en calcaire originales représentent les rares exemples de sculptures que nous ait légués l'ancienne île de Bahreïn. La diversité des influences que traduit cette culture matérielle montre qu'à cette époque, Bahreïn est bien redevenue une étape importante des échanges dans le monde hellénistique et post-hellénistique.
De Dilmoun à Tylos, en passant par les phases d'occupation ou d'influence kassite, babylonienne, achéménide ou parthe, Bahreïn a donc produit une culture aussi originale que méconnue, que les autorités locales souhaitaient faire découvrir de longue date. Ce ne sont pas moins de cinq cents pièces représentatives de cet art de vivre unique, au contact privilégié des Deux Mers, que le Musée national de Bahreïn accepte aujourd'hui de présenter à l'IMA ; nombre d'entre elles sont issues des travaux les plus récents conduits sur les nombreux et actifs chantiers archéologiques de l'archipel.
Nous ne doutons pas un instant que cette présentation, complétée de prêts essentiels du musée du Louvre, ainsi que du Musée préhistorique de Moesgård (Danemark), sera une découverte totale pour le visiteur ; aussi, dès ses premiers pas, devra-t-il méditer ce conseil de Paul Valéry, que le poète n'aurait pas renié devant les reconstitutions des tumuli énigmatiques de Dilmoun...
« Il dépend de celui qui passe que je sois tombe ou trésor,
que je parle ou me taise.
Ceci ne tient qu'à toi, ami.
N'entre pas sans désir... »

Bahreïn, l'exception naturelle du Golfe

Rémi Dalongueville

L'archipel de Bahrein : géographie et archéologie.

Tout proche de la côte méridionale du golfe Arabe, Bahreïn couvre un peu moins de 700 km², et regroupe plus de trente îles et îlots répartis en deux archipels, celui de Bahreïn, avec l'île principale, et celui de Hawar, situé plus au sud. Les hauteurs calcaires du Jebel Dukhan culminent à 135 m. De tout temps, elles ont été un amer précieux pour une navigation rendue dangereuse par des hauts fonds constitués de bancs de sable et de platiers coralliens découvrant largement à marée basse.

Le climat est aride et chaud : la moyenne des précipitations annuelles ne dépasse pas 74 mm et celle des températures est de 18,5° C en janvier et de 39,1° C en août. Mais le caractère aléatoire est la règle, et ces moyennes arithmétiques cachent de grandes irrégularités que ressentent fortement ceux qui les affrontent : années presque sèches, températures extrêmes (de plus de 45° C en août à 3° C en janvier)... La mer, peu profonde, ne joue pas pleinement ici son rôle habituel de régulateur thermique et cela d'autant moins que l'évaporation y est intense.

Pourtant, sans céder à un déterminisme outrancier et sans mélanger les époques, on peut dire que ce site a offert, depuis très loin dans l'Histoire, un certain nombre d'atouts spécifiques que les hommes venus de la mer comme du désert ont su exploiter au mieux pour transformer un milieu qui, dans l'ensemble, ne leur était que très peu favorable.

Paradoxalement, ils ont fait de Bahreïn une île dont les richesses ont nourri quantité de rêves, des rêves d'opulence et de vie douce, comme l'Espagne a su faire de ses châteaux.

Ce statut d'île est à la fois récent et incertain. Au cours de l'Ère quaternaire (le dernier million d'années) et surtout durant les derniers 120 000 ans, le jeu des refroidissements et des réchauffements planétaires a fait que ce secteur a été tour à tour rattaché à la Péninsule arabique ou bien en a été séparé. Ainsi, il y a 18 000 ans, lorsque le niveau de l'océan mondial se trouvait à 120 m au-dessous du niveau marin actuel, le Golfe était presque à sec et Bahreïn n'était qu'un *jebel* comme beaucoup d'autres, perdu au milieu de vastes étendues de glacis pierreux et de champs de dunes. Ce n'est que lors des hauts niveaux, en plusieurs occasions, que des sédiments sableux et coquilliers se sont accrochés au pied des pentes et se sont cimentés. Bahreïn est ainsi riche d'une pierre à bâtir fort prisée, d'une calcarénite facile à tailler et légère à transporter ; on a parfois aussi utilisé le corail dont les pâtés foisonnent tout autour de l'île.

Depuis 6000 ans environ, depuis que la mer est remontée jusqu'au niveau actuel, Bahreïn est entourée d'eau. Mais les bancs de sable à la configuration changeante font qu'elle n'est aujourd'hui séparée de l'Arabie Saoudite que par un étroit chenal qu'un pont, long de 25 km, enjambe depuis 1987. La circulation générale des eaux dans le Golfe s'effectuant dans le sens inverse des aiguilles d'une montre et distribuant ainsi le long de la côte sud les alluvions transportées par le Tigre et l'Euphrate,

Deir
Samahiğ
MUHARRAQ
Muharraq
Arad
Qal'at al-Bahreïn
Janussan
Umm es-Sujour
Barbar
Karranah
Al-Maqsha
Al-Hajjar
Shakhoura
Diraz
Budaiyah
MANAMA
JIDDA
Saar
Janabiyah
NABIH SALEH
N
Ra's al-Jasrah
UMM AN-NASSAN
'Ali
Madinat Isa
SITRA
Hamalah
Buri
Rifaa
Madinat Hamad
Dumistan
Karzakkan
Malikiyah
Shahrakkan
Dar Kulayb
Zallaq
an-Nasiriyah
Umm Jidr
al-Areen
al-Markh
ESCARPEMENT
dépression centrale
ESCARPEMENT
JEBEL DUKHAN
Ra's Salbah
Ra's Abu Jarjour
Ra's Hayyan
Ra's al-Jaza'ir
Ra's al-Mamtalah
Hadd al-Jamal
Ra's al-Bahr
130 m
120 m
110 m
100 m
90 m
80 m
70 m
60 m
50 m
40 m
30 m
20 m
10 m
0 m
0
10 km
Îles HAWAR
4 40 000 E
50
60
70
80
90
29 00 000 N
4 70 000 E
28 50 000 N
4 80 000 E
40
30

H. David del.

Le jebel Dukhan, point culminant de Bahreïn.

La palmeraie nord de l'île de Bahreïn. Au premier plan, le site de Qal'at al-Bahreïn et son fort islamo-portugais.

les courants côtiers menacent à chaque instant de rattacher à nouveau l'île au continent. L'île doit une partie de son histoire géologique à la tectonique des plaques. La plaque arabique, ce morceau de socle situé entre la mer Rouge, le fossé de la mer Morte et le Golfe, se déplace vers le nord-est où elle plonge sous les eaux du Golfe pour passer sous la plaque iranienne. Cela explique la dissymétrie entre la côte septentrionale du Golfe, rocheuse et assez raide, et sa côte méridionale, sableuse et basse. Cette dynamique de plaques, génératrice de puissants tremblements de terre, a donné naissance il y a quelques dizaines de millions d'années aux chaînes plissées de l'Iran et de l'Afghanistan mais aussi au petit anticlinal qui constitue le relief essentiel de l'île de Bahreïn. L'érosion en a ici raboté le sommet en évidant les parties les plus tendres, mais en conservant les parties plus résistantes. Le résultat, au centre de l'île, est un relief particulier qui doit sa physionomie à sa structure : une dépression annulaire creusée au pied de hauteurs tournées vers un dôme central.
Cette conformation anticlinale, au-dessus d'un socle faillé, est un des atouts maîtres de Bahreïn. Depuis des millions d'années, les couches calcaires du centre de la Péninsule arabique absorbent les précipitations et emprisonnent, à plusieurs centaines de mètres de profondeur, de puissants aquifères fossiles, qui s'étendent jusqu'au Golfe. À Bahreïn, à la faveur, précisément, de cette structure anticlinale, l'eau remonte sous forme de sources artésiennes abondantes, d'autant plus généreuses qu'elles surgissent dans un milieu au climat sévère. Bahreïn est bel et bien, presque malgré elle, une oasis. Ainsi, dans le nord-ouest de l'île, le toit de l'eau douce dans les sédiments se situe à 6 m *au-dessus* du niveau des hautes mers : durant l'Antiquité, ce sont donc de véritables geysers qui se dressaient en plusieurs points de l'île (*aïn*), qui assuraient une irrigation abondante et régulière. Plusieurs sources jaillissaient même au large : naguère encore, leur eau douce était captée périodiquement par des plongeurs équipés d'outres de cuir. Tant que ces nappes aquifères ont généré des sources sous pression, elles ont apporté la vie à Bahreïn, tout en interdisant à l'eau de mer de pénétrer dans les sédiments des parties les plus basses de l'île. Cependant, elles s'épuisent lentement depuis l'Antiquité, et ce phénomène s'est brusquement aggravé dès les années 20, avec le forage mécanique de puits à grande profondeur. Aujourd'hui, la plupart des sources naturelles se sont affaiblies, voire taries.
Les hommes sont clairement allés au-delà de ce que la Nature leur avait donné et les nappes sont surexploitées sans que les faibles précipitations du climat actuel ne soient plus susceptibles de compenser les ponctions. Certes, Bahreïn demeure encore une oasis, et ses vastes palmeraies, entretenues à force de travail

La « deuxième mer » : schéma des systèmes aquifères de la Péninsule arabique et des sources artésiennes de Bahreïn (d'après P. Beaumont *et alli* 1988, fig. 2.17, p. 87).

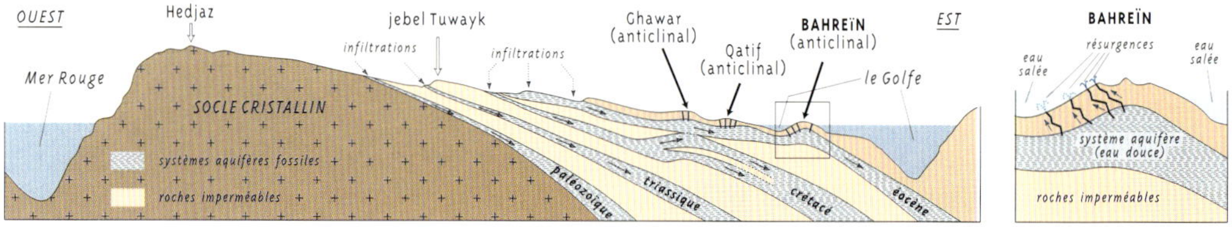

et d'ingéniosité, sont toujours cultivées. Mais pour combien de temps encore ? La première des richesses de l'île est malheureusement en train de disparaître rapidement.
Ces sources dans le désert ont aidé à fixer relativement tôt des populations néolithiques de la civilisation d'Obeid (il y a 6000 ans environ), puis celles de la civilisation de Dilmoun (il y a 4500 ans environ). Ces populations ont abandonné des témoins de leurs activités : ils chassaient la gazelle et traquaient le dugong, ils ramassaient les coquillages dont la plupart étaient inféodés à la mangrove, cette forêt littorale de palétuviers dont il ne subsiste aujourd'hui que quelques taches à Bahreïn. On sait qu'elle fut beaucoup plus riche dans le passé comme les récits du voyage d'Alexandre en font état. Ces mangroves ont fourni aux populations locales ou bien de passage un complément d'alimentation abondant et varié : poissons, crabes, tortues, oiseaux, coquillages pour les hommes mais aussi pour leurs animaux domestiques. Aujourd'hui encore, les hommes tirent une grande partie de leur alimentation de la mer ; sur de vastes platiers rocheux découverts à marée basse, les Bahreïniens ont ainsi installé un type particulier de pièges fixes, les *hadras*. Ces sortes de très longues nasses sont exploitées par les agriculteurs des palmeraies proches, qui viennent y récolter la pêche à l'aide de petites carrioles tirées par des ânes : c'est là un sujet favori des cartes postales de Bahreïn…
Il en est un autre, né de la conjonction entre fonds sableux carbonatés et platiers coralliens, survivance d'un passé déjà lointain : dès la culture de Dilmoun, Bahreïn a été un des hauts lieux de la pêche des huîtres perlières. Cette activité s'est très longtemps maintenue au cours des âges, comme en témoignent les auteurs anciens classiques, ou les récits des voyageurs de la Renaissance ou de l'époque moderne. Pourtant, récemment (dès 1930), l'ostréiculture perlière industrielle de l'Extrême-Orient a mis cette industrie locale en difficulté. Tout aussitôt, l'économie de Bahreïn a rebondi : en 1932, le pétrole jaillit au centre de l'île et il fournira jusqu'à 15 Mt/an en 1994 pour disparaître ensuite. Depuis, le gaz naturel est venu le remplacer (3,5 Mm^3) et représente encore pour le pays une ressource importante.
La principale richesse de Bahreïn est cependant, avant tout, celle de ses hommes qui, depuis des millénaires, se sont succédé et, dans des limites pourtant étroites, ont su tirer le meilleur profit de ce petit archipel. Bahreïn a été de tout temps un lieu d'échanges privilégié, un lieu de fixation des activités humaines comme un lieu de rencontre, à la fois une étape pour les itinéraires terrestres et une escale pour les itinéraires maritimes. Par tous ces aspects, Bahreïn est une oasis au plein sens du terme. Aujourd'hui, c'est un pays qui se bat avec son temps : ce qui a fait sa richesse d'hier ne fera pas sa richesse de demain, mais les Bahreïniens le savent et demeurent un peuple inventif, ouvert sur le reste du monde.

La redécouverte d'une civilisation

Nicole Chevalier

Il y a juste trente ans, Geoffrey Bibby rédigeait à Qal'at al-Bahreïn la préface de l'ouvrage qui allait révéler au grand public le pays de Dilmoun. L'« inventeur » de l'archéologie du Golfe mettait alors un terme à cette longue période au cours de laquelle une poignée de voyageurs, de rares archéologues et quelques savants épigraphistes tentaient de percevoir les contours de cette antique civilisation dont Bahreïn apparaissait comme le foyer principal.

Certes, depuis des siècles, les auteurs anciens, les géographes arabes, les conquérants portugais et quelques voyageurs européens avaient évoqué cet archipel voisin des côtes d'Arabie, pour davantage en vanter, de fait, la richesse de ses bancs de perles que celle de ses vestiges archéologiques. Curieusement, ce sont les fouilles conduites au milieu du XIXe siècle dans le nord de la Mésopotamie qui contribuèrent, les premières, à révéler l'antiquité de Bahreïn.

Le dégagement à partir de 1843 par P.-E. Botta, consul de France à Mossoul, du palais de Sargon d'Assyrie à Khorsabad, livra un grand nombre d'inscriptions composant une relation, année par année, des campagnes militaires du souverain. Dans cette accumulation de noms de cités et de rois vassaux, vaincus ou tributaires, parfois inconnus, figurait le mystérieux Ouperi, roi de Dilmoun. À partir des fouilles de Khorsabad, que ce soit à Ninive, à Nippur ou à Tello..., les références à Dilmoun allaient se multiplier, piquant la curiosité des savants orientalistes. Ainsi, en janvier 1880, dans un court article publié dans le *Journal asiatique*, Jules Oppert, sur la base des mentions des auteurs anciens et le passage de l'inscription de Khorsabad relatif à Dilmoun, concluait que l'île de « Tylos » des Grecs, la « Tilvun » des Assyriens, était l'île de Bahreïn. D'après lui, c'était même là que se trouvait la métropole phénicienne légendaire de Tyr : des fouilles pratiquées en cet endroit ne pouvaient avoir que les plus féconds résultats. Jusqu'à la fin des années 70, la contribution des Français à l'archéologie de Bahreïn fut cependant presque inexistante et l'île, de par sa position sur la route des Indes, fut, jusqu'à l'arrivée de l'équipe danoise dirigée par Bibby, essentiellement explorée par les Anglais.

C'est au capitaine E. L. Durand, un jeune officier britannique, que revient le mérite d'avoir fourni, le premier, des informations sur les vestiges de l'île. En 1879, il la parcourait dans son ensemble, étudiant la flore et la faune, enquêtant sur l'économie et la politique du pays.

Grâce à cette exploration systématique, il constituait un inventaire très complet des antiquités. Ses observations, complétées de croquis, furent consignées dans un rapport transmis au gouvernement des Indes qui parut en 1880, sous une forme plus concise, dans le *Journal of the Royal Asiatic Society*. Durand y dépeint, entre autres, ces énigmatiques champs de tumuli « qui couvrent l'île de tous côtés » et donne une description de leur agencement intérieur, révélé par des « fouilles »

quelque peu expéditives ; il éventra à coup d'explosif deux grands tumuli situés à 'Ali. Durand fut évidemment très intrigué par le nombre de ces tombes et, le premier, mit en doute l'origine indigène de ces sépultures, qu'il préférait attribuer aux Phéniciens.
Sa découverte la plus surprenante et la plus décisive fut une courte inscription cunéiforme gravée sur une pierre de basalte noir, trouvée incorporée dans le mur d'une mosquée. Soumis à la sagacité du grand épigraphiste Henry C. Rawlinson ce texte, écrit en babylonien, se révéla être une proclamation pieuse d'un certain Rimum qui se présentait comme le serviteur de la divinité tutélaire de Dilmoun, le dieu Enzak. Grâce à cette inscription, trois mois après Oppert, Rawlinson avançait avec quelque certitude l'identification de Bahreïn avec le nébuleux pays de Dilmoun. Pendant longtemps cette identification souleva le scepticisme chez certains épigraphistes. Il faudra attendre les travaux exécutés dans les années 40 par l'Américain Peter Bruce Cornwal pour que le doute soit définitivement balayé. Enfin, comme Oppert, Rawlinson pensait que des fouilles à Bahreïn apporteraient d'importants résultats.
Les années suivantes sont marquées par le passage dans le Golfe de deux couples de voyageurs célèbres : Marcel et Jane Dieulafoy, en 1884, et J. Theodor Bent et son épouse, en 1889. Toutefois, les Dieulafoy, trop occupés par leur importante mission à Suse ou ignorant les richesses archéologiques de l'île et les souhaits d'Oppert, n'ont pas un mot pour les tumuli. Jane dans son *Journal* précise seulement que ces îles « doivent leur richesse agricole à des conduits artésiens qui passent au-dessous la mer, et leur importance commerciale à des bancs d'huîtres perlières déjà célèbres au temps d'Alexandre ». En revanche, le but clairement avoué de Bent consiste dans l'exploration de cet « océan de tumuli », notamment dans la zone de 'Ali où il fouille l'un des plus grands. L'ensemble de ses travaux, qu'il présente à la Royal Geographical Society, tend à prouver, une fois encore, l'origine phénicienne de la population qui construisit ces sépultures.
Jacques de Morgan, à la tête de la Délégation française en Perse, souhaitait également étendre ses investigations aux îles de Bahreïn.
Mais, retenu par sa fouille de Suse, il ne put mener ce projet à bien ; aussi donnait-il une place dans les *Mémoires de la Délégation* aux observations faites par André Jouannin, fondateur du Comité de l'Asie française, qui entre 1903 et 1906, remplissait plusieurs missions en Arabie, en Perse et en Mésopotamie pour le compte du gouvernement. De passage à Bahreïn, en septembre 1903, Jouannin s'informait sur les tombes signalées par Bent dans *Southern Arabia* et visitait le tumulus qu'il avait exploré. Impressionné par l'immensité des nécropoles, Jouannin décidait d'entreprendre des recherches. Du compte rendu de ses travaux on ne retire que peu de choses si ce n'est sa volonté de démontrer l'absence d'orientation précise des tombes et d'attribuer la construction

Taureau n° 2 de la porte K du palais Dur-Sharrukên (Khorsabad), musée du Louvre. Sargon d'Assyrie, à la fin du VIIIe siècle av. J.-C., inscrivit ses exploits sur les orthostates décorant les murs du palais de sa ville neuve de Dur-Sharrukên. Il y fait plusieurs fois mention d'un tribut de Dilmoun, dans le récit de ses Annales, dans l'inscriptions d'apparat dite des « Fastes » et dans le texte écrit entre les pattes des taureaux gardiens des portes (l. 34-36, entre les pattes arrières) : « Oupéri, le roi de Dilmoun, dont la demeure est située à une distance de 30 doubles heures, comme un poisson, au millieu de la Mer du soleil levant, apporta son tribut. »

de celles-ci à l'un des empires originaires de Mésopotamie. En 1927, dans son ouvrage posthume sur *La Préhistoire orientale,* Morgan, s'appuyant sur cette prospection, concluait hâtivement dans son chapitre sur « la colonisation de la Chaldée et de l'Élam » : « la nécropole antique de Bahreïn ne nous apprend rien au sujet des temps reculés qui nous occupent en ce moment ».
Trois ans plus tard, le colonel F. B. Prideaux, du gouvernement impérial des Indes, était chargé à son tour de percer le mystère des tumuli. Non seulement il dresse avec rigueur une carte des grands tumuli de 'Ali, repérant

Croquis des tumuli de 'Ali, réalisé en 1879 par le capitaine E. L. Durand (d'après M. Rice, éd. 1983, p. 13).

ceux déjà explorés, mais il attaque énergiquement neuf des plus impressionnants et trente-cinq plus petits en lisière du village. Après avoir étudié les modes d'accès aux tombes et récolté un matériel souvent perturbé — fait dont il analyse mal la signification — il confirme l'hypothèse selon laquelle ces tumuli sont l'œuvre des Phéniciens qui vivaient et mouraient à Bahreïn avant l'époque où ils émigrèrent sur la côte qui devait porter leur nom.
Avec une anticipation remarquable, il évoque la possibilité que les ruines situées sur le site actuel de Qal'at al-Bahreïn puissent renfermer des niveaux babyloniens.
Enfin, l'éminent archéologue Flinders Petrie, à l'instar de Morgan auquel il s'est confronté sur l'épineuse question de la préhistoire égyptienne, s'intéresse à Bahreïn qu'il envisage d'explorer dès 1892. Vingt ans plus tard, en janvier 1912, il proposait à T.E. Lawrence qui avait délaissé temporairement les fouilles de Karkémish pour le rejoindre en Égypte, d'entreprendre des fouilles à Bahreïn, sous l'égide de la British School. Dans une de ses lettres, Lawrence donne les raisons de Petrie : « Il me dit que Bent avait fouillé à Bahreïn et quand nous avons trouvé des pattes de taureaux de type mésopotamien appartenant à des lits préhistoriques [...] il m'affirma qu'il croyait que les premières dynasties étaient venues par mer d'Élam et des environs jusqu'en Égypte, et que Bahreïn était sur leur route. » Le fouilleur de Karkémish déclinait l'offre de Petrie ; il fallait d'autres temps et d'autres circonstances pour que Lawrence prît le chemin de l'Arabie... Finalement, ce n'est qu'en 1925 que Petrie détacha de sa mission Ernest J. Mackay qui avait également travaillé en Palestine et à Kish, en Mésopotamie ; plus tard, il s'illustra dans la vallée de l'Indus sur le site célèbre de Mohenjo-Daro. Mackay fouilla trente-quatre tumuli près de 'Ali dont il analyse la méthode de construction et dresse une typologie des chambres funéraires avec une rigueur et un soin que soulignent les archéologues d'aujourd'hui. Il avance l'hypothèse selon laquelle les bâtisseurs de ces tumuli viendraient du proche continent arabe et qu'ils auraient utilisé l'île comme un espace funéraire sacré. Ainsi la thèse selon laquelle Bahreïn avait été, jadis, une terre uniquement réservée aux morts des civilisations voisines avait la vie dure ; il fallut encore attendre plus de cent ans pour qu'elle soit définitivement enterrée par l'anthropologue Bruno Frøhlich, en 1983.

Telle est la situation lorsque G. Bibby et P.V. Glob débarquent à Bahreïn en 1953. Après que leurs travaux les ont amenés à découvrir le temple de Barbar, la cité de Qal'at al-Bahreïn... et après avoir poussé leurs investigations au Koweït et en Arabie Saoudite, Dilmoun n'était plus une « civilisation perdue ».

DEUXIÈME CHAPITRE

La culture de Dilmoun (2500-1800 avant J.-C.)

Dilmoun : origines, premiers développements

Serge Cleuziou

Il y a quinze mille ans, le Golfe n'était pas le Golfe. Une vaste plaine marécageuse parcourue des nombreux méandres formés par la réunion du Tigre et de l'Euphrate bordait le pied des montagnes d'Iran qu'elle séparait des déserts d'Arabie. Dans un environnement aussi aride sinon davantage que de nos jours, cette plaine fut sans doute attractive pour les chasseurs de la fin du Paléolithique. Mais la montée du niveau des océans qui, à partir de 15 000 av. J.-C., accompagna la fin de la dernière glaciation, a noyé tout cet univers. Cette remontée fut relativement rapide, 10 m par millénaire jusqu'à ce qu'un maximum soit atteint 2 à 3 m au-dessus du niveau actuel, vers 6000 av. J.-C. avant d'osciller depuis cette date de 1 à 2 m au-dessus ou au-dessous de ce niveau. De telles variations dans une région très plate ne sont pas sans importance. Elles entraînent l'assèchement ou la mise en eau d'immenses zones qui peuvent selon les cas être des étendues d'eau peu profondes, des lagunes, ou des *sebkhas* désolées peu à peu envahies par le sable du désert. Vers la même époque, à partir de 8000 et probablement de façon plus marquée entre 6000 et 4000 av. J.-C., des conditions climatiques un peu plus humides que de nos jours permirent le développement de vastes zones de mangrove en bordure de ces lagunes côtières. Les communautés humaines de ces époques y trouvèrent des écosystèmes très favorables, leur permettant de subvenir toute l'année à leurs besoins alimentaires.

Aucun objet attribuable avec certitude à l'époque paléolithique n'a encore été retrouvé à Bahreïn ni dans le Golfe, où les plus anciens outillages de silex qui nous soient connus datent des VIIIe -VIIe millénaires av. J.-C. Étant donné les transformations de l'environnement que nous venons d'évoquer, cette date n'a rien de surprenant, car les habitats antérieurs s'il y en eût, ce que nous tenons pour assuré, se trouvent sous l'eau du Golfe, province perdue de la préhistoire de l'Arabie, et à peu près hors d'atteinte en l'état actuel des techniques archéologiques. Ces premiers outillages, identifiés dès les années 50 sous le nom de groupe B par les archéologues danois, sont caractérisés par des pointes de flèches pédonculées sur lames de silex et présentent des affinités avec les industries contemporaines de Palestine et du nord-est de l'Arabie, auxquelles elles pourraient en quelque manière être liées. On ne les a pas encore retrouvées avec certitude à Bahreïn. Vient ensuite aux VIe -V^{e} millénaires un outillage caractérisé notamment par des pointes de flèches à pédoncule et ailerons finement retouchées sur toute leur surface, dit groupe D, dont plusieurs sites sont connus dans la partie occidentale de l'île et au piémont ouest du Jebel Dukhan. Mais cette époque est surtout caractérisée sur les nombreux sites côtiers de la région par la présence de tessons de poterie peinte identique à celle des villages agricoles de la culture d'Obeid. Ils ont notamment été retrouvés dans l'habitat de pêcheurs d'al-Markh, dont les fouilles ont mis au jour les foyers et les trous de poteaux d'habitations en matériau léger. L'analyse des pâtes céramiques a montré sans équivoque l'origine mésopotamienne des poteries, qui étaient vraisemblablement importées par bateau à l'occasion d'échanges entre les habitants de Mésopotamie méridionale et les pêcheurs des rives du Golfe. On a récemment découvert sur le site d'Aïn as-Sayh en Arabie Saoudite près de Dhahran, juste en face de Bahreïn, des fragments du calfatage en bitume des bateaux de roseaux qui assuraient ces échanges. Certains auteurs ont proposé de voir dans la présence de ces poteries un indice de liens culturels et sociaux étroits entre les habitants des rives du Golfe et ceux de la Basse-Mésopotamie. L'hypothèse mérite d'être examinée, bien qu'avec prudence. On doit en tout cas admettre que ce qui deviendra aux époques historiques le pays de Dilmoun était dès cette époque en contact avec ce qui deviendra le pays de Sumer, et que ces contacts englobaient toute la rive arabe du Golfe puisque des tessons de poterie de type Obeid ont été retrouvés jusque dans l'émirat de Ras al-Khaimah. La poterie, le bitume, quelques fragments d'obsidienne parviennent de Mésopotamie dans le Golfe mais cette liste, la seule attestée par l'archéologie, n'est certainement pas limitative. Les produits de la mer sont sans doute exportés en retour : poissons séchés, coquillages, peaux de requins et de dugongs, carapaces de tortues et peut-être même déjà les perles, qui ont fait jusqu'à nos jours la richesse et la réputation de Bahreïn. Au IVe millénaire, alors que l'État, les villes et l'écriture se développent progressivement en Mésopotamie, le Golfe expérimente lui-même des transformations complexes et encore mal connues. Nous ne connaissons aucun témoin assuré de cette époque dans l'île de Bahreïn, où toutefois le site d'al-Markh semble encore occupé. Il existe un certain nombre de sites attribuables à cette période dans la province orientale de l'Arabie Saoudite, face à Bahreïn. Umm an-Nussi dans l'oasis de Jabrin et Umm ar-Ramadh dans l'oasis d'al-Hasa, ont livré des traces de maisons en briques crues et, parmi une céramique de production locale, quelques tessons de poterie attribuables à l'époque d'Uruk en Mésopotamie. Bœuf, mouton et chèvre y apparaissent comme animaux domestiques, les deux derniers étant déjà présents en petit nombre sur les sites côtiers de la fin du Ve millénaire. Les fouilleurs d'Umm er-Ramadh envisagent comme une hypothèse plausible qu'on y cultivait déjà le palmier-dattier, mais cela reste à confirmer. C'est là une période critique dans l'histoire de Dilmoun, dont le nom apparaît dès la fin du IVe millénaire en Mésopotamie dans les textes archaïques d'Uruk, les plus anciens textes connus, vers 3300 av. J.-C. On note avec intérêt que le nom de Dilmoun y est souvent associé à des objets en cuivre. Or s'il n'existe aucune mine de cuivre dans la région de Dilmoun, même

2 **Vase en pierre tendre**
Nécropole de Saar
(« Complexe funéraire »),
fouilles bahreïniennes 1984-85,
Tombe B/E1.2
Dilmoun ancien,
vers 2000-1800 av. J.-C.
(contexte de découverte)
Chlorite
H 7,7 D MAX. 2,2 cm
Manama, Musée national
de Bahreïn, inv. n° 358-2-88
B *Bahrain National Museum* 1993, p. 42 ; Crawford et Al-Sindi 1996

Ce vase porte un décor complexe, mêlant les motifs géométriques — chevrons, hachures — et les éléments naturalistes — tressages, briques. On s'accorde à y reconnaître la stylisation d'un bâtiment avec son portail au linteau incurvé, à l'images des *mudhifs*, ces constructions de roseaux encore en usage dans la basse vallée du Tigre et de l'Euphrate, et dont les représentations sont fréquentes dans l'iconographie sumérienne, au IIIe millénaire av. J.-C. La production de ces vases à décor figuré se situe essentiellement en Iran, où la pierre est disponible en abondance. Mais l'île de Tarut, voisine de Bahreïn, en a livré plusieurs centaines, dont certains en cours de fabrication, laissant penser que Dilmoun était peut-être également un centre de production, et en tout cas un point de passage essentiel de ces vases sur leur voie vers la Mésopotamie. Leur fabrication se situant souvent plusieurs siècles avant l'édification des tumuli de Bahreïn, il est probable que leur caractère exceptionnel leur a valu d'être conservés d'une période à l'autre ; c'est sans aucun doute le cas de ce remarquable spécimen.

prise dans l'acception la plus large possible, c'est précisément vers cette période que commence l'exploitation des mines du pays de Magan, la péninsule d'Oman, et sans doute les textes traduisent-ils l'existence d'un commerce qui fut par la suite florissant.
La quantité de matériel d'origine mésopotamienne trouvée sur les sites de la côte orientale de l'Arabie Saoudite s'accroît considérablement au début du IIIe millénaire, à Umm ar-Ramadh mais aussi non loin de là dans les tombes d'Abqaiq, et surtout dans l'île côtière de Tarut. Il s'agit pour l'essentiel de jarres en céramique attribuables aux périodes Jemdet Nasr et Dynastique archaïque de Mésopotamie, dont certaines sont importées tandis que d'autres sont des imitations locales. Tarut fut sans aucun doute le principal site de la région durant une bonne partie du IIIe millénaire. Sous le fort d'époque islamique se trouve un véritable tell, avec des traces d'architecture monumentale attribuables au IIIe millénaire. Bien qu'aucune fouille d'ampleur n'ait jamais pu y être conduite, l'île a livré une grande quantité d'objets dont une statue d'orant en pierre de type dynastique archaïque mésopotamien, du cuivre et du lapis-lazuli, mais surtout plusieurs centaines de fragments de vases à décor incisé en pierre tendre verdâtre, la stéatite ou chlorite. Ces objets étaient déjà connus en Mésopotamie ou à Suse, à tel point qu'on a d'abord pensé à des importations depuis ces régions, mais la présence de fragments à divers stades de fabrication

montre qu'il existait en fait à Tarut un ou plusieurs ateliers de production. Certains motifs reproduits évoquent des vases fabriqués en Iran oriental, mais d'autres éléments parmi les plus spectaculaires sont aussi bien connus en Mésopotamie : aigle à tête de lion, maître des animaux, palmiers, etc. La question se pose donc de savoir s'il s'agit d'objets produits dans le goût de Sumer pour y être vendus, ou si cette communauté des thèmes traduit une certaine communauté culturelle entre le pays de Dilmoun et la Mésopotamie, une hypothèse que les textes mythologiques mésopotamiens incitent à prendre en compte tout autant que la première. Il semble que le lapis-lazuli, une pierre bleue originaire des montagnes du nord de l'Afghanistan, était aussi travaillé à Tarut qui fut sans doute alors la principale ville côtière d'un pays de Dilmoun déjà riche de ses palmeraies et de son rôle dans le commerce international.
S'il n'est pas douteux que Bahreïn appartenait à ce monde de l'ancien Dilmoun, il est décevant de n'y avoir jusqu'ici trouvé presque aucun témoignage de cette période. On doit se contenter d'un seul tesson peint de type Jemdet Nasr trouvé dans un remblai associé au temple le plus ancien à Barbar, et d'un cachet de pierre blanche trouvé dans une tombe beaucoup plus tardive, d'époque kassite, à al-Hajjar. Vers 2400 av. J.-C. toutefois, les témoignages d'une occupation importante se multiplient avec les niveaux d'habitat de la Cité I de Qal'at al-Bahreïn et les plus anciens tumuli de Buri et de Madinat Hamad. C'est le début d'une période particulièrement florissante, mais le long prélude que nous venons de décrire nous enseigne deux choses sur l'histoire de Dilmoun. D'une part cette histoire a un aspect continental et pas seulement insulaire, même si avec le développement des échanges commerciaux par voie maritime c'est le monde insulaire qui devint dominant, et notamment Bahreïn qui combinait par sa taille les avantages d'être une île et d'avoir un vaste terroir agricole potentiel. Mais aussi cette histoire est liée à celle du monde sud-mésopotamien, avec lequel Dilmoun semble avoir très tôt partagé bien plus que des relations commerciales.

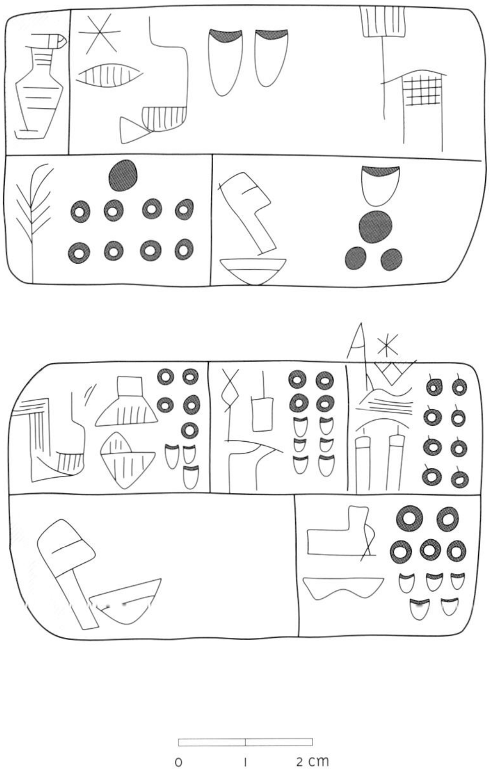

3 Tablette en écriture pré-cunéiforme sumérienne, portant l'idéogramme de Dilmoun
Mésopotamie (Pays de Sumer)
Époque d'Uruk III (vers 3100-3000 av. J.-C.)
Argile
H 4,5 l 7,2 E 1,5 cm
Paris, musée du Louvre, inv. n° AO 29560
B R. Englund 1983, p. 35-37 ; M.W. Green et H.J. Nissen 1987, n° 77 et 729 ; H. J. Nissen, P. Damerow, R. K. Englund 1990, p. 205 n° 4.28, photographie p. 23

Compte concernant des rations d'orge allouées en salaire. Elles sont figurées par la représentation stylisée d'une tête, symbolisant un individu, à côté d'une écuelle semblable à celles, en terre grossière, retrouvées sur le site d'Uruk et ayant servi à contenir la quantité de nourriture allouée aux ouvriers pour un repas. C'est aussi le symbole du pain. Le revers de la tablette comporte le total de la somme. D'autres opérations administratives sont enregistrées et additionnées.
À côté de l'idéogramme composé de la « ration alimentaire », apparaît, dans une autre case comportant des chiffres, l'idéogramme de Dilmoun. Il ressemble peut-être au signe qui sert à noter le mot *sikil* : « pur », épithète accolé au pays de Dilmoun dans les textes littéraires plus tardifs et désignant sa déesse, Ninsikila. Il est attesté dès les débuts de l'écriture dans les textes économiques d'Uruk, vers 3300-3200 av. J.-C., ainsi que dans les premières listes lexicales contemporaines, qui permettent cette identification. Les documents économiques les plus archaïques font allusion au commerce des métaux échangés contre du grain, qui est déboursé par l'administration sumérienne, et à des vêtements. Le système d'échanges est donc déjà fixé et très élaboré.

Béatrice André-Salvini

« Là où le Soleil se lève... », la représentation de Dilmoun dans la littérature sumérienne

Béatrice André-Salvini

Le pays de Dilmoun est évoqué dans plusieurs compositions mythologiques sumériennes. Un mythe de la création, connu sous le nom de « Enki et Ninhursag », ou de « Mythe de Dilmoun », le relie aux temps primordiaux du monde, offrant un hymne de louange à cette terre bénie des dieux, pourvue d'eaux douces en abondance, et marché international renommé. Ce pays de cocagne, dont les richesses étaient destinées à la Mésopotamie, fut idéalisé comme un endroit propice à la vie éternelle.

D'après les sources écrites qui nous sont parvenues, aucun autre pays étranger ne semble avoir suscité un intérêt aussi intense auprès des penseurs de l'antique Mésopotamie. Sumer est considéré comme le centre du monde et l'archétype de la civilisation, et Dilmoun bénéficie de son rayonnement, car il participe au maintien de cette civilisation, grâce à son importance de carrefour commercial, nécessaire à l'économie sumérienne. Le nom de Dilmoun est déjà mentionné dans les textes archaïques, officiels et économiques, où il est lié à sa fonction d'importation des matières premières manquant au pays de Sumer, mais essentielles à l'accomplissement de son grand destin. Outre cette attention, répondant à un aspect pratique, Dilmoun jouit d'un prestige culturel unique, car la mentalité sumérienne glorifie les valeurs qui maintiennent l'harmonie du monde, dont les échanges font partie. D'autres pays, accessibles par la « mer Inférieure » — les eaux du Golfe —, sont évoqués et loués dans des ouvrages littéraires, parallèlement à Dilmoun, car leurs richesses fabuleuses arrivèrent régulièrement par bateaux, pendant plus de 800 ans, aux quais des capitales d'Ur-Nanshé de Lagash, Sargon d'Akkad, Gudéa de Lagash, puis à Ur, capitale et port international des souverains de la dynastie de Larsa. Ce n'était pas Dilmoun, mais ces contrées plus lointaines, notamment Magan (l'actuel Oman et peut-être la côte iranienne du Makran) et Meluhha (la côte du Balouchistan et la vallée de l'Indus), qui produisaient les pierres précieuses, le bois et le cuivre, nécessaires aux constructions commanditées par les souverains de Mésopotamie pour glorifier la puissance de leurs dieux et de leur règne, d'où dépendait le maintien de la civilisation. Lorsque, dans le mythe que nous appelons « Enki et l'ordre du monde », le dieu sumérien de la Sagesse décrète les destins de Sumer et des pays qui l'entourent, Meluhha et Dilmoun reçoivent une grande fortune, car leur rôle prestigieux est d'en faire profiter Nippur et Ur, la ville royale, qui représente tout le Pays de Sumer :

« Que les Pays de Magan et de Dilmoun viennent vers moi, Enki ; que les lieux de mouillage soient préparés pour les bateaux de Dilmoun ; que les bateaux de Magan atteignent l'horizon ; que les grands bateaux (cargos) de Meluhha transportent l'or et l'argent des échanges (l. 124-129)... Meluhha, ô pays sombre, tes arbres sont feuillus, les sièges qu'on en fabriquera seront mis en bonne place dans les palais... tes oiseaux auront tous un plumage de cornaline... tes

richesses seront surabondantes... (Puis) Enki nettoya et purifia le pays de Dilmoun et en donna la charge à la déesse Ninsikilla ; ... il donna [des marais...], pour que les poissons en soient mangés ; il donna [le palmier-dattier] à ses terres cultivées, pour que les dattes en soient mangées (l.219-242) ».

Dilmoun doit sa place privilégiée, auprès des Mésopotamiens, à plusieurs raisons historiques, géographiques et culturelles. La plupart des textes littéraires sumériens nous sont parvenus sous forme de copies, écrites au cours des premiers siècles du IIe millénaire, dans des versions parfois modifiées et enrichies. Or, à cette époque, Dilmoun devient l'unique place de marché du commerce à longue distance passant par le Golfe, un port de transit contrôlé par les marchands-navigateurs d'Ur, les *alik Dilmun*, où les représentants de tous les pays viennent échanger ou vendre leurs produits. L'île de Bahreïn, qui recouvrait alors Dilmoun, est un relais idéal grâce à sa position géographique, à ses sources d'eau douce et à ses facilités d'ancrage pour les bateaux. L'une des versions retrouvées du mythe « Enki et Ninhursag », provenant d'Ur, datée de l'an 21 du règne du dernier roi de Larsa, insiste en une longue digression hymnique sur la prospérité de Dilmoun due à son rôle exceptionnel en tant que lieu d'importation (UET VI/1 1 face II) :

« Que le pays de Tukrish livre pour toi de l'or
de Harali, du lapis-lazuli...
Que le pays de Meluhha [apporte pour toi],
sur de grands bateaux, de la cornaline désirable
et précieuse,
des arbres de Magan...
Que le pays de Marhashi [apporte pour toi]
des pierres précieuses et de l'agate (?)...
Que le pays de Magan [apporte pour toi]
du cuivre dur et résistant, des pierres de diorite...
Que le pays de la Mer [apporte pour toi]
de l'ébène, l'ornement [du trône] de la royauté ;
Que le pays des Tentes [apporte pour toi]
de la laine, et de la poudre fine,
Que le pays d'Elam transporte [pour toi]
un chargement de laine excellente,
Que le sanctuaire d'Ur, le siège de la royauté,
la ville pure,
apporte pour toi de l'orge, de l'huile de sésame,
des étoffes précieuses, sur de grands bateaux...
Que la vaste mer [t'apporte] son abondance.
À Dilmoun, les demeures seront d'agréables
demeures ;
Son orge sera de l'orge fine ; ses dattes seront
de grosses dattes ; sa moisson sera triple... ».

Pour les poètes sumériens, Dilmoun doit également sa renommée à sa belle végétation qui est une autre source de prospérité. Des hymnes royaux de l'Empire d'Ur III ou des œuvres lyriques évoquent Dilmoun par l'image du palmier : « Tu es le bien-aimé de la déesse Ninégal comme le palmier-dattier de la pure Dilmoun » trouve-t-on dans un hymne au roi Shulgi (Hymne D).
La comparaison d'une personne aimée avec

le fruit de l'arbre devint un cliché littéraire : « ma mère est une douce datte de Dilmoun » dit un essayiste poète (TCL XV pl. 81-82).

L'importance culturelle que revêtait Dilmoun pour la classe cultivée sumérienne se révèle essentiellement dans le mythe « Enki et Ninhursag ». L'œuvre occupe une place particulière dans la littérature puisque sa signification symbolique concerne un pays extérieur à la Mésopotamie. Elle fut conçue par l'École de pensée d'Eridu, la ville la plus méridionale de Sumer, dans les marais, près de l'embouchure du Golfe. Elle était peut-être destinée à flatter la population de Dilmoun dont la bonne disposition envers Sumer était précieuse ; en effet, le mythe « Enki et l'ordre du monde » nous apprend que les relations commerciales avec les pays du Golfe, par exemple l'Élam, sur sa côte orientale, n'étaient pas toujours faciles. Mais la signification de cette composition est plus profonde. Elle met en scène Enki, la divinité tutélaire d'Eridu et de l'océan d'eaux douces (l'*apsû*) qui soutient la terre et y déverse ses eaux fertilisantes par les puits et les sources. La géographie et la personnalité du dieu durent le rendre, très tôt, populaire à Dilmoun. À Enki est associée la déesse à laquelle il confia Dilmoun : Ninsikilla, identifiée pour la circonstance à la déesse-mère sumérienne, Ninhursag. Le texte pourvoie les divinités de Dilmoun d'une généalogie prestigieuse : Ninsikila, présente dès les origines, avant même la naissance du monde ordonné — qui va exister grâce à son intervention auprès d'Enki le créateur —, joue les rôles de femme et de fille d'Enki. Enzag devint le seigneur de Dilmoun comme récompense d'avoir été l'une des huit divinités engendrées par la déesse-mère Ninhursag pour guérir Enki, contre lequel elle avait prononcé une sentence de mort pour le punir d'avoir troublé l'ordre encore instable des débuts de la création. Le dieu de Dilmoun, dont le nom signifie « le seigneur qui fait de bonnes choses » ou « le seigneur du flanc », car il guérit cette partie malade du corps d'Enki, est écrit en sumérien : En-sa6-ag, le choix du signe sa6 = gishimmar « palmier-dattier », attestant de son pouvoir sur l'arbre fétiche de Dilmoun.

Le mythe commence par un hymne de louange à Dilmoun, le comparant à Sumer pour sa pureté et sa perfection (l. 1-6) :

« Sainte est la ville qui vous est octroyée,
saint (aussi) est le pays de Dilmoun ;
Saint est Sumer…, saint est le pays de Dilmoun ;
Le pays de Dilmoun est saint, le pays de Dilmoun est pur,
Le pays de Dilmoun est lumineux, le pays de Dilmoun est rayonnant.
Lorsqu'il se fut installé le premier à Dilmoun,
le lieu où Enki s'installa avec son épouse,
ce lieu (devint) pur, ce lieu est rayonnant ».

Il s'inscrit pourtant parmi les mythes de création sumériens, présentant des parallèles avec les plus anciens récits parvenus jusqu'à nous, décrivant le monde à ses débuts, non encore civilisé, avant qu'Enki n'y ait pénétré, comme une version négative de la réalité. Il s'agit d'un territoire où il n'y a pas d'eau douce, sans laquelle aucune vie ne peut exister. C'est une représentation des limbes : la frange, la potentialité de la civilisation et non une vision du paradis, comme une lecture détachée des schémas littéraires sumériens, orientée par une recherche de parallélisme avec la Bible, pourrait le faire penser. Il se peut que la pensée biblique s'en soit inspirée, mais selon une filiation indirecte et une interprétation détournée (l. 7-30) :

« À Dilmoun, nul corbeau ne croassait
La perdrix (?) ne caquetait pas,
Le lion ne tuait pas,
Le loup n'emportait pas l'agneau,
Le chien ne savait pas soumettre les chevreaux,
Ni le sanglier manger le grain ;
Le malt étalé par la veuve sur son toit, les oiseaux du ciel ne venaient pas le picorer ;
La colombe ne courbait pas la tête ;
Aucun malade des yeux ne disait "j'ai mal aux yeux !",
Aucun malade de la tête ne disait "j'ai mal à la tête !" ;
Aucune vieille femme ne disait : "je suis vieille !",
Aucun vieillard ne disait : "je suis vieux !" ;
La jeune fille ne se baignait pas, nulle eau claire ne passait dans la ville ;
Personne ne traversait la rivière en criant,
Nul héraut ne faisait de ronde dans son district,
Nul aède n'entonnait un chant de joie,
Ou ne chantait une lamentation aux abords de la ville. »

Les jardins et palmeraies de Bahreïn : une image du Paradis de Dilmoun ?

S'il ne s'agit pas du paradis des origines, d'un état heureux au début des temps, inconnu de la mentalité sumérienne selon laquelle les humains avaient été créés pour remplacer les dieux dans l'accomplissement des durs travaux agricoles, il ne s'agit pas non plus du néant total, mais plutôt d'une vie non encore organisée, contraire aux règles de la civilisation : un état d'ignorance. Dans ce pays sans villes ni agriculture, où stagnent les eaux salées d'une lagune, des animaux et des hommes embryonnaires agissent à l'opposé de leur

nature. Cette démonstration n'est pas unique : un fragment racontant le Déluge sumérien, mutilé mais restituable par un duplicata de ce passage dans l'Épopée de « Enmerkar et le Seigneur d'Aratta » (l.136-155), décrit également l'état d'un pays, avant qu'il n'ait bénéficié des bienfaits de la civilisation :
« ... En ce temps-là, aucun canal [n'était ouvert]...
l'humanité [marchait nue], en ces jours-là,
il n'y avait pas de serpents, [pas de scorpions],
pas de lions, pas de chiens, [pas de loups],
l'humanité [n'avait pas d'opposant], la peur
[et la terreur n'existaient pas] ».

Le style du récit est différent puisqu'il est dit clairement que les animaux sauvages n'existaient pas encore, mais son but est le même : montrer un état des choses non conforme aux lois de l'univers ordonné, en établissant un catalogue, selon l'esprit mésopotamien qui voulait expliquer chaque chose de la nature, en remontant au principe premier qui l'avait engendré, aux origines du monde.

Pourtant, la notion de « paradis » peut, dans une certaine mesure, s'appliquer à Dilmoun : c'est le pays de la vie éternelle, le lieu où les dieux envoient les héros auxquels ils ont accordé l'immortalité pour y couler des jours heureux et une éternité paisible, dans un site prospère, vers l'Orient, l'endroit où le soleil se lève, où naît la lumière. Dans le récit du Déluge sumérien, Ziusudra, le héros qui survécut à la catastrophe et devint immortel, fut établi par les dieux à Dilmoun (l.254-262) :
« Ziusudra, le roi, s'étant prosterné devant An et Enlil... ils lui accordèrent une vie perpétuelle comme à un dieu... Ils l'installèrent en un pays d'outremer : à Dilmoun, là où se lève le soleil ».

Dilmoun était la porte commerciale vers l'Est, et ces héros ne sont-ils pas eux-mêmes des élus, des êtres lumineux, rayonnants de sainteté, comme le pays de Dilmoun ? Ce n'est pas la conception du paradis de l'Ancien Testament (de la Genèse), mais, paradoxalement, une vision plus proche de celle du Nouveau Testament ou du Coran.

Le mythe nous fait ensuite assister à la naissance de la civilisation qui explique l'origine de la prospérité du pays, liée à son rôle d'entrepôt international (l. 31-64) :
Ninsikila parla à son père Enki :...
Ma ville n'est pas pourvue en eau dans ses canaux [...]
[Son père Enki répondit à Ninsikila :]
[Que le Soleil fasse jaillir de l'eau des bouches du sol [...]
Que Dilmoun ait de l'eau à boire en abondance !
Que tes puits d'eau salée deviennent des puits d'eau douce
Et que ta ville devienne la « maison au bord du quai » (un entrepôt) ...
Et il donna à Dilmoun de l'eau en abondance...
Les champs et la terre produisirent de l'orge...

Dilmoun devint vraiment la « maison au bord du quai » du pays,
Et sous le soleil de ce jour, il en fut ainsi ! ».

La suite de l'histoire se déroule probablement dans le domaine d'Enki, dans les marais d'Eridu, car la composition a pu regrouper plusieurs récits ; mais elle a pourtant une résonnance profonde sur Dilmoun : elle acquiert ainsi son dieu tutélaire, prototype du souverain sumérien, qui va lui assurer bonheur et prospérité. Dilmoun devient l'exemple parfait de la civilisation, à l'égal de Sumer, son paysage luxuriant évoque désormais un endroit paradisiaque (le *paradeisos*). Dilmoun est aussi pure, sainte et brillante que Sumer et sa déesse, Ninsikila, porte un nom qui signifie « la Dame pure ». Mais la morale du mythe est que toute civilisation prend sa source à Sumer, puisque c'est le dieu civilisé par excellence de Sumer, Enki, qui l'apporta à Dilmoun. Le mythe rejoint alors l'histoire. Après le déclin du port d'Ur, puis la disparition de la civilisation de l'Indus, Dilmoun, dont les sources d'approvisionnement sont désormais coupées, n'est plus citée ensuite dans la littérature mésopotamienne que pour la renommée de ses dattes.

[4] **Mythe de création sumérien : « Enki et Ninhursag » ou « le mythe de Dilmoun »**
Basse-Mésopotamie
Date de composition : fin du IIIe millénaire av. J.-C. ; date de la tablette : début du IIe millénaire av. J.-C.
Argile
[H] 9,1 [l] 7 [E] 2,7 cm
Paris, musée du Louvre, inv. n° AO 6724
[B] S. Langdon 1915 (version de Nippur) ; S.N. Kramer 1945 ; C.J. Gadd et S.N. Kramer 1963, n°1 (version d'Ur) ; J.-M. Durand 1977 p. 169-171 (AO 6724 : nouvelle copie de H. de Genouillac, TCL XVI, n°62) ; A. Cavigneaux 1982, n° 182 p. 236-237 ; B. Alster 1983, p. 39-74 ; P. Attinger 1984, p. 1-52 ; T. Jacobsen 1987, p. 181-204 ; J. Bottéro et S.N. Kramer 1989, p.150-164

La signification symbolique de ce mythe des origines est complexe (voir « Là où le soleil se lève... »). Il démontre une volonté d'inclure Dilmoun, partenaire commercial privilégié des Sumériens, dans le monde civilisé gravitant dans le rayonnement du Pays de Sumer. C'est la signification de l'introduction de la composition, qui est un hymne de louange à Dilmoun, et de l'essai d'explication de l'origine de sa richesse maritime et de sa fertilité, par un acte d'Enki, suscité par la déesse de Dilmoun Ninsikila, assimilée pour la circonstance à la grande déesse sumérienne, Ninhursag. Le texte raconte ensuite la succession de la généalogie divine qui aboutit à la naissance et à l'intronisation du dieu de Dilmoun, Inzak (ou Enzag). Il est le fils d'Enki, mais ce dernier lui doit aussi la vie, car en naissant, comme ses sept frères et sœurs, d'un organe malade d'Enki, il délivre le dieu de la malédiction de mort prononcée pour lui par Ninhursag. La succession des générations divines aboutissant à Inzak se fait par l'accouplement d'Enki avec trois générations successives de ses propres filles, jusqu'à ce que la déesse-mère interrompe ce processus contraire aux lois de la nature civilisée. La maladie d'Enki, empoisonné par l'absorption des plantes qu'il a lui-même engendrées, provoque le besoin de trouver une harmonie, à travers l'établissement de relations sexuelles normales. La leçon infligée à Enki est le prélude à l'instauration de l'ordre. On peut également voir, dans ce mythe, l'explication des débuts de la végétation sur terre : des plantes des marais, des plantes potagères, des fruits et des herbes médicinales. Trois copies du mythe nous sont parvenues, celle du Louvre, partielle, contient le récit du viol de sa fille Ninimma, absent des autres versions, et la naissance d'Uttu (vers 140 ss.).

[5] Mythe de création sumérien « Enki et l'ordre du monde »
Basse-Mésopotamie
Début du IIe millénaire av. J.-C.
Argile
H 12,2 l 6,4 E 3,2 cm
Paris, musée du Louvre,
inv. no AO 6020
B C.A. Benito 1969 ; B. André 1982, no 183, p. 237-238 ; B. Alster 1983, p. 39-74 (bibliographie) ; J. Bottéro, S.N. Kramer 1989, p. 165-188

Le dieu de la Sagesse veut organiser la terre pour assurer l'abondance au Pays de Sumer dont la puissance, maintenue par un souverain éclairé, lui permettra d'importer les matériaux précieux dont il manque. Faisant le tour de son domaine, Enki décrète le destin et nomme les richesses des différentes parties de Sumer, auquel il donne l'agriculture, l'élevage et l'industrie textile, qui seront les objets d'échanges pour les matières à importer. Aux riches pays étrangers dont Sumer dépendait pour les obtenir, il fait don des matières premières : les métaux, le bois et les pierres précieuses. Dilmoun, comme Magan et Meluhha, les partenaires volontaires, pacifiques et indispensables, est pourvu d'un bon destin (l. 238 à 241) ; inversement, les pays d'Élam et de Marhashi, situés en Iran, doivent apporter leurs richesses à titre de butin de guerre. Le mythe est donc un reflet de la situation politique et économique de la région du Golfe dont Dilmoun était le carrefour.
Ce long texte, qui comportait au moins 464 lignes, nous est parvenu sous forme de plusieurs copies du début du IIe millénaire. La version du Louvre porte la fin du mythe.

[6] Vocabulaire bilingue sumérien/babylonien, du palmier et des dattes
Mésopotamie du Sud, Babylonie
Époque néo-babylonienne, env. VIe s. av. J.-C.
Argile
H 13 L 14,5 E 2,8 cm
Paris, musée du Louvre,
inv. no AO 2131
B F. Thureau-Dangin 1904, p. 129 ; B. André-Salvini 1996, p. 34-35

Le texte, fragmentaire, comporte la version canonique du volume III de la grande série encyclopédique babylonienne, en vingt-quatre parties.
Il est consacré aux arbres et le nombre le plus important de termes répertoriés concerne le palmier, seule ressource arboricole du sud du pays, dont la palme servait à la fabrication de nombreux objets d'utilité courante et dont le fruit était une nourriture riche. Deux variétés de palmiers-dattiers de Dilmoun y sont notées (l.284-285) : « *tilmun* » et « *asnû* », le second donnant probablement des dattes d'un goût plus sucré et recherché, si l'on peut en juger par la teneur des textes économiques babyloniens.
Les « dattes de Dilmoun » jouissaient d'une grande renommée à Sumer, puis à Babylone et cette mention devint une sorte d'appellation contrôlée, aussi bien dans les textes économiques que dans les essais littéraires où elles sont un symbole de douceur et de beauté, mais aussi, dans une certaine mesure, de rang social et de civilisation : dans le mythe du « Mariage de Sud », déesse mineure qui devint l'épouse d'Enlil, des « dattes de Dilmoun par paniers » (l. 120) font partie du choix des meilleurs produits offerts en présents de noce par Enlil à sa nouvelle épouse ; et lors de sa visite au sanctuaire fédéral de Sumer, à Nippur, le dieu Lune Nanna-Su'en loue cette ville en ces termes : « Ma cité où poussaient des palmiers avant que Dilmoun existât ! » (l. 33-34).

« Le plus grand cimetière préhistorique du monde... »

Jean-Yves Breuil

La « vaste mer de monts sépulcraux... de quelque race inconnue », décrite par J.T. Bent en 1890, demeure encore aujourd'hui l'un des plus grands ensembles funéraires de l'âge du Bronze. Estimés à l'origine à près de 170 000, les tumuli ont longtemps constitué l'essentiel de l'horizon archéologique de Bahreïn, conférant un aspect « lunaire » à certains paysages. Consécutivement, nombreux sont ceux qui ont voulu voir ici une terre uniquement réservée aux morts des civilisations voisines d'Arabie ou de Mésopotamie. Cette idée d'île-cimetière, dont on affirmait qu'elle trouvait un écho dans la mythologie sumérienne, n'est cependant plus d'actualité depuis le recensement sur l'île de plusieurs sites d'habitats contemporains des tombes. On a pu démontrer, parallèlement, qu'une population insulaire de 10 000 personnes sur cinq siècles (avec une espérance de vie de 40 ans) suffisait pour occuper l'ensemble des tombes.

La datation de ces sépultures est rendue parfois difficile par l'absence d'artefacts. Globalement, la construction des tumuli s'étale sur sept siècles, entre 2400 et 1700 av. J.-C.
Les tumuli se répartissent en une dizaine de « champs », qui se distribuent au nord et à l'ouest de Bahreïn dans une zone désertique limitée d'un côté par la dépression centrale et, de l'autre, par la bande littorale plus florissante. Ces cimetières sont donc tous situés hors des zones cultivables, mais sans doute peu éloignés des habitats que l'on peut supposer, pour quelques-uns, sous les villages actuels. En dehors de ces limites naturelles, le terrain choisi n'est jamais clos et paraît toujours assez étendu pour faire face au développement du cimetière. La couverture sédimentaire est peu épaisse ; le substrat calcaire, naturellement clivé et érodé, est facilement accessible et a fourni le matériau nécessaire à la construction des monuments.
L'extension de l'urbanisation durant les trois dernières décennies a considérablement réduit le nombre de tumuli, mais en contrepoint les fouilles de sauvetage ont permis de mieux comprendre les pratiques funéraires.

Classiquement, un tumulus présente toujours le même aspect : un tertre de terre et d'éclats calcaires haut de 1 à 4 m en moyenne, ceint par un mur circulaire d'un diamètre moyen variant de 6 à 10 m. Ce mur n'est en général plus visible aujourd'hui, car recouvert par l'affaissement progressif du tumulus. Le sommet du tertre présente souvent une dépression qui est la marque du pillage.
Les tumuli recouvrent tous une chambre funéraire centrale de forme rectangulaire, bâtie avec des blocs de calcaire équarris, et couverte par des dalles de même matériau. Cette chambre, la plupart du temps orientée selon l'axe nord-est/sud-ouest, est construite à même le sol ou parfois légèrement creusée dans le substrat. Ses dimensions peuvent varier d'un à plusieurs mètres en longueur pour des largeurs et des

« La vaste mer de monts sépulcraux… » des marges désertiques de Bahreïn demeure impressionnante, malgré l'urbanisation grandissante de l'archipel.

hauteurs plus régulières autour de 1-1,50 m. Elle est souvent munie d'une ou deux alcôves latérales destinées à recevoir le dépôt funéraire. Le taux d'occupation des tombes est parfois assez faible ; cela tient essentiellement aux conditions de préservation et il n'y a pas, sauf accident, de cénotaphes (monuments sans corps). Dans la très grande majorité, il s'agit de sépultures individuelles. Le squelette repose toujours sur un côté, la tête située au nord, les jambes fléchies et les mains ramenées vers le visage. Il n'y a aucune trace de contenant de type cercueil et le corps n'est pas recouvert de terre. Il ne paraît pas y avoir de discrimination : hommes, femmes et enfants ont, semble-t-il, tous droit au même type de sépulture.
Le dépôt funéraire est un élément constant du rituel d'inhumation. Il peut se composer de céramique utilitaire ou peinte, d'ornements personnels (parures, collier, sceau), de coupes et d'armes en cuivre, de vases en pierre. Quelques vivres contenus dans des paniers bitumés ou des coquilles d'œuf d'autruche peuvent aussi accompagner le défunt. Des os d'ovi-capridés ou de poissons (restes de repas funéraire ?) participent parfois du dépôt.
Le pillage systématique ne rend plus compte toutefois du dépôt originel, sans doute assez important, et dont la richesse semble varier proportionnellement avec le soin apporté à l'architecture du monument. Quoi qu'il en soit, il y a toujours un minimum que l'on offre au défunt. Cette offrande est plutôt composée

Bahreïn au Dilmoun ancien (2500-1800 av. J.-C.).
Répartition des divers types de nécropoles et des habitats.

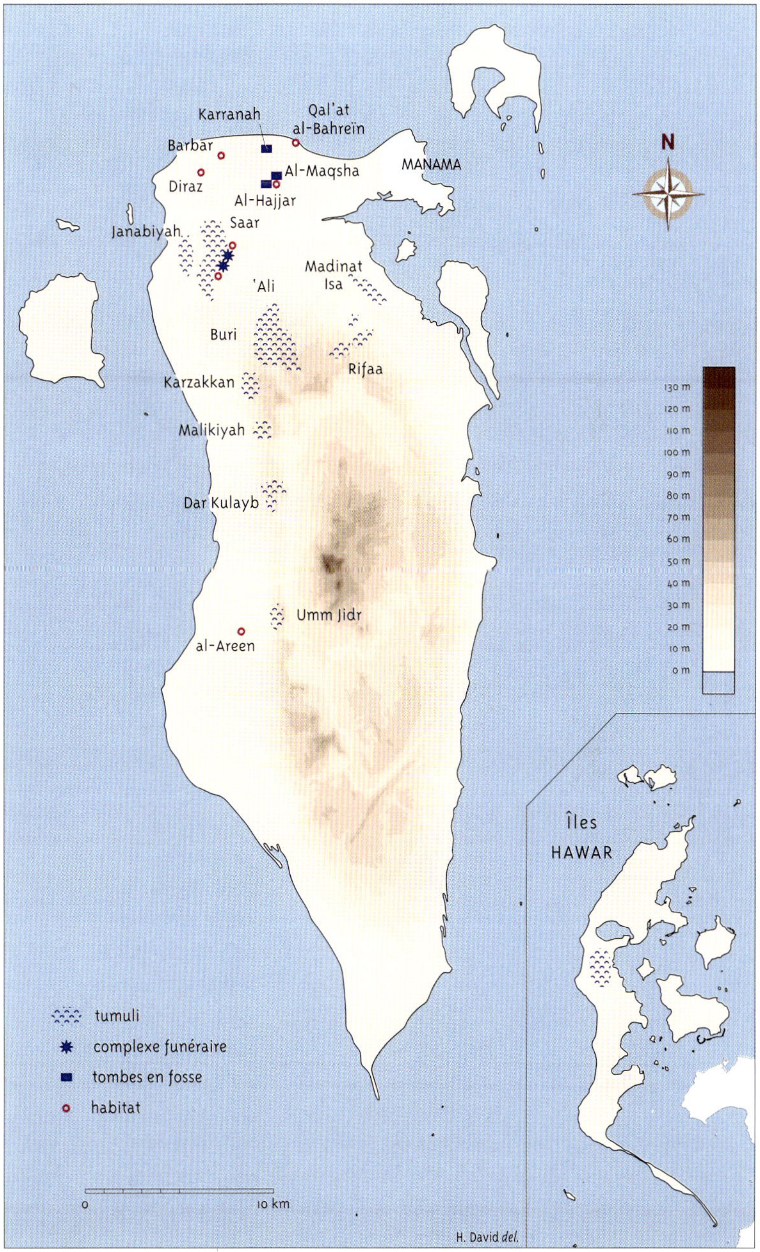

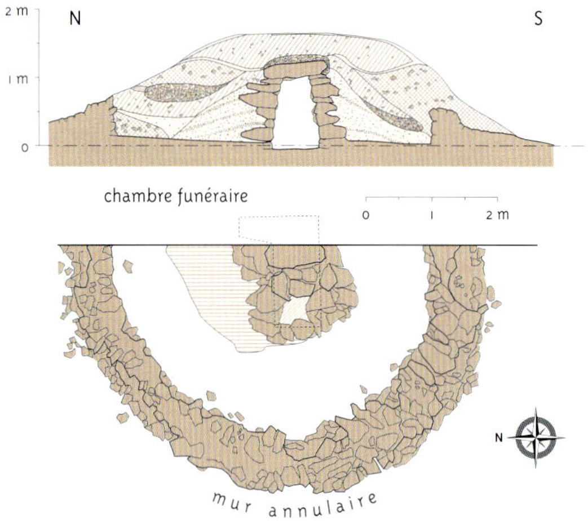

Section et plan d'un tumulus « classique » de Dilmoun (d'après Cleuziou *et alii* 1981, fig. 4, p. 40).

d'éléments locaux, quelques objets importés ou autres imitations témoignent cependant des contacts de Dilmoun avec la Mésopotamie, la péninsule d'Oman et la vallée de l'Indus.

À ce schéma de base, infiniment répété, et qui traduit bien un rituel communautaire profondément ancré, les dernières recherches apportent quelques faits nouveaux qui tendent à modifier sensiblement cette image déjà ancienne et plutôt uniforme que l'on avait jusqu'ici des tumuli… Il semble notamment exister un type plus ancien, sorte de prototype du tumulus traditionnel, assez bas, sans mur d'enceinte, avec une chambre de forme oblongue construite en encorbellement, et que l'on trouve généralement associé à des céramiques de tradition « Umm an-Nar » (Oman). Les premiers seraient datables du début de la seconde moitié du IIIe millénaire.

L'aspect extérieur des tumuli classiques est depuis longtemps commenté. Ils ne doivent en fait leur forme actuelle de tertre, de cône évasé, qu'à l'effondrement du mur d'enceinte et à sa disparition progressive sous l'affaissement du monument. À l'origine, ces monuments avaient une forme cylindrique avec un sommet probablement plat ou légèrement bombé, sorte de « tombes-tours » circulaires, certaines ayant même une construction étagée avec un second mur circulaire au diamètre plus petit et situé à mi-hauteur.
La caractéristique la plus remarquable de ces tombeaux est leur construction à l'avance. On a remarqué, en effet, que de nombreux monuments sont construits en deux temps, avec un premier état où une grande partie des aménagements est effectuée (mur d'enceinte, chambre funéraire, remplissage interne), mais où l'accès à la chambre funéraire demeure possible (par-dessus, ou par côté, voire par la mise en place d'un puits d'accès vertical ou plus rarement d'une galerie horizontale). Il y a une sorte de mise en attente du monument jusqu'au décès de la personne, l'obturation complète du monument n'intervenant qu'après l'inhumation.

Les gens de Dilmoun semblent donc à cette époque se faire construire de leur vivant leur dernière demeure. Il y a forcément des exceptions à cette règle, notamment pour les enfants ou adolescents dont la mort est

En haut. Le complexe funéraire alvéolaire de Saar.

En bas. Les « tumuli royaux » de 'Ali : la nécropole d'une élite ?

par définition imprévisible. C'est ainsi qu'on les retrouve généralement inhumés dans des tombes annexes construites sur le même modèle, chaque chambre étant cernée par un mur en demi-cercle, sorte de demi-tumulus bâti rapidement et toujours adossé à un tumulus central. Peuvent ainsi s'agréger plusieurs tombes les unes aux autres à partir d'une sépulture originelle. Il est probable qu'il existe un lien filial ou familial entre les différents défunts qui occupent ces tombes. Cependant aucune preuve anthropologique n'étaye encore cette hypothèse.
Le monument funéraire bâti à l'avance par le futur occupant devient un véritable indicateur du statut de la personne et on s'éloigne de plus en plus de l'image d'un cimetière monotone où chaque tombe est la stricte réplique de l'autre. Le cimetière de 'Ali en particulier offre une variété dans la densité et la nature des monuments ; il semble qu'il y ait eu une certaine gestion de l'espace funéraire avec, en particulier, au nord de la nécropole, la formation d'un ensemble d'une vingtaine de monuments gigantesques bien séparés les uns des autres. Ces « tumuli royaux » pouvant dépasser les 20 m de haut pour des diamètres de 25 m reprennent le principe de la construction circulaire étagée mais avec l'aménagement systématique d'accès (puits ou galerie et portes) ouvrant sur plusieurs chambres, parfois superposées, de près de 10 mètres de long. Ces tombeaux, extrêmement soignés (pierre de taille, enduit mural), spectaculaires, élitistes, trahissant

Chambre funéraire-type d'un tumulus de Dilmoun (vers 1900 av. J.-C.).

peut-être un système hiérarchisé, servent ici, et c'est l'exception, à plusieurs inhumations grâce aux accès aménagés ; ils font partie des exemples marginaux de sépultures collectives (*lato sensu*) dans un tumulus à cette phase du Dilmoun ancien.

Les dernières demeures des Dilmouniens, dont certaines sont presque construites comme des « forteresses », ont toutes été visitées vraisemblablement peu de temps après les inhumations ; les gens de Dilmoun n'ont pourtant pas vraiment cherché à contrer ce pillage, comme s'il était d'abord important de préserver et de faire durer « l'immeuble », même démuni de « ses meubles ».

Les fouilles de ces dernières années ont montré qu'à la même époque, il existait, en plus des tumuli, deux autres types de tombes qui, bien que nettement moins représentés, soulignent la diversité de la pratique funéraire à Bahreïn.

Ainsi à Saar, à proximité des tumuli, ont été dégagés trois complexes funéraires. Il s'agit de vastes groupes de plusieurs centaines de tombes interconnectées les unes aux autres à la manière des alvéoles d'une ruche et qui peuvent couvrir jusqu'à 5000 m^2. Chaque tombe cernée par un mur a une chambre funéraire rectangulaire, parfois munie d'alcôves. On retrouve en fait le principe de base des tumuli, mais poussé à l'extrême en sorte qu'aucune tombe ne se distingue d'une autre ; chaque nouvelle tombe vient s'agglomérer à l'ensemble préexistant, et de fait, masque les tombes précédentes. L'ensemble forme un tertre peu élevé. Il y a très peu de variations d'une tombe à l'autre : de 1,50 à 1,80 m de long en moyenne, pour une hauteur de 1 m.
Ces complexes funéraires sont contemporains des tumuli et on y retrouve un rituel funéraire en partie identique : le défunt, couché sur le côté, est accompagné par un dépôt d'offrande comparable. Mais un autre pan de la pratique funéraire est radicalement différent : toute une attitude ostentatoire, individuelle, a disparu. À la signalisation très marquée des tumuli construits à l'avance répond une discrétion de

chaque tombe édifiée sans doute seulement après le décès et qui disparaît dans le complexe. Par ailleurs, il y a une certaine organisation de ce type de cimetière, puisqu'il semble que les tombes d'enfants soient toutes regroupées en des zones spécifiques.

Le troisième type rassemble le millier de tombes rectangulaires creusées dans le substrat rocheux et couvertes de dalles. Elles ont été repérées à ce jour dans trois zones toutes situées au sein de la palmeraie nord, espaces jusqu'ici toujours exclus du domaine funéraire, et qui, dorénavant, seront régulièrement utilisés jusqu'à l'époque de Tylos.
Ces cimetières nés dans la première moitié du IIe millénaire sont liés à des habitats restreints situés à proximité immédiate (Al-Hajjar, par exemple). Ils paraissent s'être développés de manière concentrique, dessinant des ensembles circulaires. Là encore, une offrande funéraire accompagne chaque défunt, laquelle ne diffère pas sensiblement de celle observée dans les autres types de nécropoles. La longueur des tombes varie d'1 m à plus de 4 m pour des largeurs de 0,50-0,75 m et des profondeurs de 0,50-1,20 m.
En particulier, les tombes les plus grandes, où l'on retrouve souvent des produits issus de la culture omanaise voisine du « Wadi Suq », sont les plus tardives et situées en périphérie des cimetières. Ces tombes sont clairement destinées à recevoir plusieurs corps ; ce type de cimetière inaugure donc et développe, vers 1800-1700 av. J.-C., une pratique funéraire jusque-là rarissime, celle de la sépulture collective (*stricto sensu*). Les occupants kassites auxquels on associait jusqu'à présent l'arrivée de cette pratique ne feront finalement que pérenniser une coutume déjà en place.

Il est prématuré d'expliquer les différences entre les trois types de cimetières, qui vraisemblablement coexistent à un moment donné. Renvoient-elles à des populations différentes ? Illustrent-elles, plus simplement, la lente évolution d'une société multiculturelle sans cesse enrichie d'apports nouveaux ?
On constate à l'évidence que l'attitude des Dilmouniens face aux morts et à la mort était complexe, oscillant sans cesse entre des rituels forts et l'assimilation régulière de nouvelles pratiques funéraires. Un siècle de travaux archéologiques n'a pu encore que partiellement la déchiffrer et n'en a pas encore épuisé toute la richesse.

La nécropole de Janabiyah (ici une tombe collective à puits d'accès, fouillé en 1998) a permis de reconstituer l'aspect primitif destumuli de Bahrein.

Le matériel funéraire du Dilmoun ancien

Pierre Lombard

7, 8 Vases de tradition mésopotamienne
Nécropole de Rifa'a, fouilles bahreïniennes 1996-97, Tumulus 7
Nécropole de Madinat Hamad (SE), fouilles bahreïniennes 1984-85, Tumulus 94
Dilmoun ancien, vers 2300-2000 av. J.-C.
Céramique
H 20,2 et 11,3 D MAX. 15,3 et 8,5 cm
Manama, Musée national de Bahreïn, réserves, et inv. n° 9-2-88
B *Bahrain National Museum* 1993, p. 16

Ce type de vase, décliné en plusieurs tailles, est incontestablement d'origine mésopotamienne : il est notamment attesté dans les Tombes royales d'Ur (Wooley 1934, pl. 253, fig. 44a ; pl. 265, fig. 224) et perdure jusqu'à l'époque d'Akkad. On le retrouve assez fréquemment au sein du matériel funéraire des plus anciens tumuli du Dilmoun ancien à Bahreïn (Lowe 1986, fig. 6, p. 77), mais aussi dans celui des tombes de la culture omanaise voisine de Umm-an-Nar (Tombe N de Hili, par ex.), vers la fin du IIIe millénaire av. J.-C. (Haddu 1989, p. 64 : 9), ou encore en Province orientale d'Arabie Saoudite (Burkholder 1984, n° 33). Il pourrait s'agir d'une forme spécifiquement diffusée pour un usage funéraire.

Contrairement à ce qu'avaient pu penser les premiers explorateurs des nécropoles de Bahreïn, mais aussi quelques auteurs plus récents, la quasi-totalité des tombes de l'âge du Bronze ont effectivement reçu une inhumation, accompagnée de son traditionnel dépôt d'offrandes. La disparition de la culture de Dilmoun s'est certes soldée par l'abandon de divers tumuli en attente d'occupation et on ne peut totalement exclure l'édification de quelques rares cénotaphes ; mais on sait aujourd'hui que c'est d'abord le pillage — pratiqué dès l'Antiquité, important, et peut-être même systématique — qui, ajouté à l'action des éléments naturels (écoulement des eaux, faune, flore) explique les nombreuses tombes vides régulièrement mentionnées au cours des fouilles. Lorsqu'il n'a pas été totalement pillé, le dépôt funéraire a souvent été « visité ». Dès lors, il nous livre une information tronquée ; aucun groupe complet d'offrandes n'est réellement connu, et l'archéologue doit impérativement en tenir compte dans ses interprétations.
Les quelques études d'ensemble des offrandes funéraires du Dilmoun ancien, toutes prudentes, montrent cependant que ce dépôt paraît généralement modeste et assez homogène. Les plus anciens tumuli livrent souvent des types céramiques apparemment importés de Mésopotamie ou de la péninsule omanaise (Cat. 7-13). Durant toute la période d'apogée de Dilmoun (2000-1800 av. J.-C. environ), on retrouve, attesté dans la presque totalité des

nécropoles, un contenant particulier (Cat. 21-25), la « jarre cylindrique » ou « jarre funéraire » qui demeure l'une des productions locales les plus caractéristiques ; on ne sait si elle était déposée avec un contenu périssable, ni lequel. On la trouve généralement associée à d'autres jarres de stockage (Cat. 18-20) qui figurent au répertoire du matériel des habitats. Ces jarres sont parfois associées à des vases peints (Cat. 26-41) dont certains avaient peut-être une destination exclusivement funéraire, et qui étaient parfois importés des régions commerciales partenaires de Dilmoun. La vaisselle en pierre tendre (Cat. 42-46), d'importation elle aussi, devait représenter un produit de luxe, à moins qu'elle n'ait été particulièrement visée par les pilleurs de sépultures ; ces derniers recherchaient visiblement les objets de métal (Cat. 47-52,55), relativement rares, ainsi que les bijoux (Cat. 63-65). Plusieurs pièces témoignent du dépôt de denrées périssables auprès du défunt : vases à boire (Cat. 56-57), ou paniers étanchéifiés au bitume (54) : en l'absence de données textuelles propres à la civilisation de Dilmoun, ils sont les seuls indices d'une éventuelle cérémonie rituelle et, vraisemblablement, d'une conception d'une vie après la mort. L'objet emblématique de la culture locale, le sceau-cachet, est très fréquemment attesté, souvent en position d'origine, autour du cou du défunt. Retrouvé dans des tombes d'adultes, mais aussi d'enfants, sa fonction symbolique devait sans doute dépasser son simple rôle fonctionnel et commercial.

9, 10 Vases de tradition mésopotamienne
Nécropole de 'Ali,
fouilles bahreïniennes 1988-89,
Tumulus 62a et 2.2.
Dilmoun ancien,
vers 2300-2000 av. J.-C.
Céramique
H 18,5 D MAX. 15,5 cm
Manama, Musée national
de Bahreïn, inv. n° 2454-2-90-10
et 2505-2-90-10
Inédit

C'est ici le second type de céramique d'origine mésopotamienne largement diffusé à Bahreïn vers la fin du IIIe millénaire (Lowe 1986, p. 76 et fig. 7, p. 77) ; on le connaît aussi dans les Tombes royales d'Ur (Wooley 1934, pl. 253, fig. 40). Il a été suggéré que cette forme a pu servir de prototype à la « jarre funéraire » ou « jarre cylindrique » Dilmoun ancien traditionnelle (Cat. 21-25).

11, 12 Vases de tradition omanaise

Nécropole de Madinat Hamad, fouilles bahreïniennes 1982-83, Tumulus 7.1
Nécropole de Saar («Complexe funéraire»), fouilles bahreïniennes 1981, Tombe B/K2.1
Dilmoun ancien, vers 2300-2000 av. J.-C.
Céramique
H 15,6 et 10,5 D MAX. 13,9 et 9,9 cm
Manama, Musée national de Bahreïn, inv. n° 3-2-88 et 432-2-88
B *Bahrain National Museum* 1993, p. 17, 32

Des analyses pétrographiques conduites sur plusieurs des vases de tradition «Umm an-Nar» découverts à Bahreïn ont confirmé que leur argile était bien en affinité avec la géologie de la zone de piémont omanaise. Leur typologie les rattache aussi nettement aux spécimens connus dans les tombes Umm an-Nar de cette région datées postérieurement à 2300 av. J.-C. (voir par ex. Al-Tikriti 1989, pl. 39 : d, f, g ; pl. 52 : a ; pl. 53 : a). Ils étaient donc couramment exportés vers les sites du Dilmoun ancien (Bahreïn, province orientale d'Arabie) et probablement échangés à leur tour contre le type le plus courant de «jarre funéraire» Dilmoun, que l'on a par ailleurs identifié sur de nombreux sites de la péninsule d'Oman (Cat. 21-25).

13 Vase ovoïde à engobe rouge

Nécropole de Madinat Hamad (BS1), fouilles bahreïniennes 1984, Tumulus 853
Dilmoun ancien, vers 2000-1800 av. J.-C.
Céramique
H 14,8 D MAX. 12,3 cm
Manama, Musée national de Bahreïn, inv. n° 2557-2-90-2
Inédit

Cette production particulièrement typique du matériel des tumuli «classiques» (Ibrahim 1982, pl. 45 : 4-5) est surtout caractérisée par son engobe de couleur rougeâtre à lie-de-vin ; celui-ci a été obtenu à partir de pigments issus d'une variété d'ocre rouge probablement originaire des îles ou du littoral iranien du détroit d'Ormuz. On retrouve des engobes similaires jusqu'à la période kassite (Dilmoun moyen), et sans doute de même origine.

14, 15 Jarres funéraires
Nécropole de Saar,
fouilles bahreïniennes 1977-78,
Tumulus 175
Nécropole de Madinat Hamad
(BNN), fouilles bahreïniennes
1984-85, Tumulus 230.6
Dilmoun ancien,
vers 2000-1800 av. J.-C.
Céramique
H 23,5 et 17,7 D MAX. 18 et 14 cm
Manama, Musée national
de Bahreïn, inv. n° 415-2-88
et 416-2-88
B Ibrahim 1982 : 33 ; fig. 37 : 4 ;
pl. 51 : 3

Le décor de fines côtes en relief, fréquent sur la panse des jarres funéraires globulaires, voisine souvent avec son imitation, sous forme de bandes horizontales irrégulières peintes sur des vases similaires.

16, 17 Vases à décor de serpents
Nécropole de Madinat Hamad
(M2), fouilles bahreïniennes
1986, Tumulus 169.1 ; (BS3),
fouilles bahreïniennes 1985-86,
Tumulus 65.7
Dilmoun ancien,
vers 2000 av. J.-C.
Céramique
H 9,6 et 12,2 D MAX. 13,7 et 12 cm
Manama, Musée national
de Bahreïn, inv. n° 449-2-88
et 26-2-88
Inédit

Ce type de contenant avec son décor demeure relativement rare à Bahreïn, où on le retrouve aussi bien dans les nécropoles que dans les couches de la Cité II b du site d'habitat de Qal'at al-Bahreïn. Le serpent, cependant, est un thème récurrent dans l'iconographie des cultures de la Péninsule arabique ou du Golfe arabe, à l'âge du Bronze comme aux époques postérieures.

18, 19 Jarres à filtre
Nécropole de Saar, fouilles bahreïniennes 1984-85, Tumulus 243.11 et tumulus non spécifié
Dilmoun ancien, vers 2000-1800 av. J.-C.
Céramique
H 28,4 et 36,5 D MAX. 26,2 et 25,7cm
Manama, Musée national de Bahreïn, inv. n° 1154-2-88 et réserves
Inédit

Le mode de fonctionnement de la jarre globulaire disposant d'un filtre permanent à l'intérieur de son col (plus ou moins long et étroit selon les exemples connus) ainsi que son rôle exact demeurent encore peu clairs : soit elle était immergée en totalité dans une cuve ou un bassin contenant un liquide que l'on souhaitait séparer de ses particules en suspension (vin d'orge, bière artisanale ?), soit ce même liquide était soigneusement introduit au niveau du filtre, effectivement placé au fond d'une concavité ; le liquide, clarifié, pouvait alors être soit versé, soit directement consommé à l'aide d'un chalumeau passé à travers le filtre (cf. les représentations habituelles de « buveurs de bière » sur les sceaux de Dilmoun. Ce type de vase paraît cependant plus fréquent en contexte funéraire qu'au sein du matériel domestique.

20 Jarre à panse côtelée
Nécropole de Madinat Hamad (BS2), fouilles bahreïniennes 1984-85, Tumulus 149.37
Dilmoun ancien, vers 2000 av. J.-C.
Céramique
H 39 D MAX. 22,5 cm
Manama, Musée national de Bahreïn, inv. n° 25-2-90-10
Inédit

21-25 « Jarres funéraires »
Nécropole de 'Ali,
fouilles bahreïniennes 1989-90,
Tumulus 65.2A
Nécropole de Madinat Hamad,
fouilles bahreïniennes,
saisons et tombes non
spécifiées ; 1986-87, Tumulus 1 ;
1984-85, Tumulus 92
Dilmoun ancien,
vers 2000-1800 av. J.-C.

Céramique
H 21, 17,6, 14,6 et 10
D MAX. 12, 13,7, 10 et 8,5 cm
Manama, Musée national
de Bahreïn,
inv. n° 2231-2-90-10, 3-12-2-90,
555-2-88, 2699-2-90,
2693-2-90
Inédit

Parfois également désigné sous le nom de « jarre cylindrique », ce type de récipient est surtout fréquent dans les tombes, même s'il apparaît sporadiquement dans les habitats. Il y représente le type d'offrande funéraire le plus courant, et on peut le considérer, au même titre que les fameux cachets circulaires (cf. plus loin) comme un véritable « fossile directeur » de la culture du Dilmoun ancien, avec une légère évolution du profil des récipients entre 2000 et 1800 av. J.-C. (cf. Velde 1998, p. 248, fig. 2 : 1-4 ; p. 252, fig. 3 : 1-7). Ces « jarres funéraires » de Dilmoun ont été exportées jusqu'à Larsa en Iraq, mais surtout vers le sud du Golfe, en péninsule d'Oman (sites de Shimal, Kalba, Tell Abraq ; Méry *et alii* 1998, p. 178). Il n'est pas exclu que ces vases aient pu contenir un liquide particulier réservé aux rituels funéraires.

26-28 Vases funéraires
Nécropole de Madinat Hamad (BS2), fouilles bahreïniennes 1984-85, Tumulus 157.8
Nécropole de Saar. fouilles bahreïniennes 1988-89, Tumulus 238.A4
Nécropole de Dar Kulayb, fouilles bahreïniennes 1994-95, Tumulus 89.17
Dilmoun ancien, vers 1900-1800 av. J.-C.
Céramique
H 19,2, 17 et 24,7
D MAX. 15, 12,7 et 16,3 cm
Manama, Musée national de Bahreïn, inv. nº 90-2-88, 1841-2-89 et réserves
Inédit. Parallèles : Velde 1998, p. 252, fig. 3 : 9-10

29-33 Vases miniatures funéraires
Nécropole de Madinat Hamad (BS2), fouilles bahreïniennes 1984-85, Tumulus 2.80, Tumulus 107.20 ; saison et tombe non spécifiées ; (NBH4), 1989, Tumulus 10.30
Dilmoun ancien, vers 1900-1800 av. J.-C.
Céramique
H 5,7, 6,3, 10,5, 8,7 et 10,6
D MAX. 5,7, 6,3, 12, 8,8 et 10,4 cm
Manama, Musée national de Bahreïn, inv. nº 3937-2-91, 19-2-88, 90-7-1, 1990-2-89, 5308-2-91
Inédit

35, 36 Gobelets funéraires
Nécropole de Saar,
fouilles pan-arabes 1977-78,
Tumulus 100 et 54
Dilmoun ancien,
vers 2000-1800 av. J.-C.
Céramique
H 13,2 et 10,2 D MAX. 12,8 et 9 cm
Manama, Musée national
de Bahreïn, inv. n° 410-2-88
et 411-2-88
B Ibrahim 1982 : 71 ; fig. 38 :
2 et 38 : 1 ; pl. 49.1 49 : 2

34 Vase à suspension
Nécropole de Madinat Hamad
(BSW1), fouilles bahreïniennes
1986-87, Tumulus 4
Dilmoun ancien,
vers 1900-1800 av. J.-C.
Céramique
H 14,3 D MAX. 10 cm
Manama, Musée national
de Bahreïn, inv. n° 433-2-88
Inédit. Parallèle : *Bahrain National Museum* 1989, n° 33 ;
Velde 1998, p. 254, fig. 4 : 18

Ce vase de forme très particulière, avec ses quatre tenons latéraux percés, était sans doute destiné à être suspendu. Il appartient à un type largement répandu à la période de Isin-Larsa (début du IIe millénaire av. J.-C.) en Mésopotamie du Sud (Larsa, Ur), en Iran (Suse) et a même été retrouvé dans un contexte de même date en Oman ; on peut le considérer comme un excellent indicateur chronologique.

37-39 Vases funéraires
Nécropole de Madinat Hamad
(BS2), fouilles bahreïniennes
1984-85, Tumulus 153.3 ; (BSW),
1985-86, Tumulus non spécifié ;
(BH/65-60), 1982-83,
Tumulus non spécifié
Dilmoun ancien,
vers 2000-1800 av. J.-C.
Céramique
H 26,5, 13 et 18,3 D MAX. 22,2, 12,5
et 16,8 cm
Manama, Musée national
de Bahreïn, inv. n° 86-2-88,
561-2-88 et 84-2-88
Inédit. Parallèles : *Bahrain National Museum* 1993, p. 40 ;
Velde 1998, p. 254, fig. 4 : 20

40 Vase à suspension sur base annulaire
Nécropole de 'Ali,
fouilles bahreïniennes 1994,
Tumulus 7B
Dilmoun ancien,
vers 2000-1800 av. J.-C.
Céramique
H 19,2 D MAX. 14,5 cm
Manama, Musée national
de Bahreïn, inv. n° 94-1-1
Inédit

Cette pièce est unique jusqu'ici parmi le matériel funéraire du Dilmoun ancien à Bahreïn ; il pourrait s'agir d'une importation harapéenne tardive.

41 Vase à suspension, décor figuré
Nécropole de Saar, saison et tombe non spécifiées
Dilmoun ancien,
vers 1900-1800 av. J.-C.
Céramique
H 23,3 D MAX. 13,5 cm
Manama, Musée national de Bahreïn, inv. n° 97-2-52
B *Bahrain National Museum* 1993, p. 32

Cette pièce, de remarquable facture, est particulièrement hétérogène quant à son style : sa forme s'inspire plus ou moins des vases à suspension mésopotamiens de la période d'Isin-Larsa (Cat. 34). L'épaule du vase, épaissie en bourrelet, est cependant inhabituelle, de même que le long col vertical qui évoque davantage celui, strié, de la « jarre funéraire » traditionnelle de Dilmoun. Le décor géométrique et animalier (capridés, bœufs à bosse), organisé en panneaux juxtaposés et sur plusieurs registres, rappelle quant à lui l'iconographie propre aux confins indo-iraniens, au début du IIe millénaire av. J.-C. Si ce n'était la qualité de sa pâte, nettement supérieure à celle des productions dilmouniennes, on serait tenté d'y voir le type même d'une création locale, synthèse des diverses influences techniques et artistiques auxquelles l'île de Bahreïn était régulièrement soumise à cette période.
Ce type de récipient à suspension, qui dispose aussi, paradoxalement, d'un support annulaire intégré, est quelque peu intriguant. On constate également, à mi-panse de ces deux vases, la présence de deux ou plusieurs perforations qui interdisent de fait tout transport d'une substance liquide ; ces orifices pourraient avoir servi de prises d'air à des sortes de brûle-parfum suspendus et utilisés à la manière des encensoirs de culte modernes.

42 Vase compartimenté en pierre tendre, décor incisé
Nécropole de Saar
(« Complexe funéraire »),
fouilles bahreïniennes 1984-85,
Tombe B/E3.1
Dilmoun ancien,
vers 2000-1800 av. J.-C.
(contexte de découverte)
Chlorite
H 6,2 L 9,7 l 4,3 cm
Manama, Musée national
de Bahreïn, inv. n° 306-2-88
Inédit

Autre forme presque exclusivement associée à la production « Umm-an-Nar », cette boîte rectangulaire, de profil légèrement trapézoïdal, est divisée en deux compartiments par une paroi intérieure ; elle porte également le décor caractéristique de cette production (cf. par ex. Vogt 1985, pl. 27 : 16 ; Al-Tikriti 1989, pl. 55 : b). Les boîtes de ce type, dont on ne connaît pas l'usage exact ni le contenu, s'accompagnent souvent d'un couvercle plat avec tenon central, absent ici.

43 Vase à bec en pierre tendre, décor incisé
Nécropole de 'Ali,
fouilles bahreïniennes 1989-90,
Tumulus 65.2
Dilmoun ancien,
vers 1900-1800 av. J.-C.
Chlorite
H 5,8 D MAX. 16,5 cm
Manama, Musée national
de Bahreïn, inv. n° 1987-2-90
Inédit

Ce bol à fond plat doté d'un bec verseur est une autre forme typique de la production dite du « Wadi Suq ». Son décor combine lignes horizontales, petits cercles pointés et chevrons, agrémentés cette fois d'un motif en arêtes de poisson un peu plus rare. Il est taillé dans une chlorite de grain très fin, mate et de couleur brune, témoin de la diversité des sources de matière première qui étaient exploitées dans la péninsule d'Oman.

44, 45 Vase à suspension en pierre tendre, décor incisé
Nécropole de Al-Maqsha,
fouilles bahreïniennes 1992-93,
Tombe 1
Nécropole de Madinat Hamad
(BS2), fouilles bahreïniennes
1984-85, Tumulus 149.45
Dilmoun ancien,
vers 1900-1800 av. J.-C.
Chlorite
H 6,5 et 14,8 D MAX. 9,8 et 15 cm
(vase) ; 6 x 10 cm (couvercle)
Manama, Musée national
de Bahreïn, réserves
et inv. n° 145-2-88
Inédit

Dotés de quatre tenons percés verticalement qui servaient à passer des liens destinés à les suspendre, ces vases sont particulièrement typiques de la production « Wadi Suq » des vases en chlorite dans la péninsule d'Oman, sensiblement plus tardive que celle d'Umm-an-Nar ; on en trouve effectivement de nombreux spécimens dans les tombes de la fin du Dilmoun ancien à Bahreïn. Le décor s'organise classiquement autour de groupes de lignes horizontales séparant des rangées de cercles pointés sous la lèvre, de séries de chevrons entre les tenons. Ce décor très représentatif est également gravé sur les couvercles des vases.

46 Vase en pierre tendre, décor incisé
Nécropole de Saar
(« Complexe funéraire »),
fouilles bahreïniennes 1984-85,
Tombe B/F1.2
Dilmoun ancien,
vers 2100-1900 av. J.-C.
(contexte de découverte)
Chlorite
H 12,8 D MAX. 10,4 cm
Manama, Musée national
de Bahreïn, inv. n° 359-2-88
Inédit

Ce gobelet cylindrique à la base très légèrement évasée est typique de la vaisselle de chlorite fabriquée dans la péninsule d'Oman à la période « Umm-an-Nar », dans la deuxième moitié du IIIe millénaire av. J.-C. (cf. par ex. Vogt 1985, pl. 27 : 19) ; la chaîne montagneuse du Hajjar y recèle en effet de nombreux gisements de pierres tendres (chlorite, stéatite...), qui sont les matériaux de prédilection de cette production. Le décor de doubles cercles pointés tracés au compas, disposés en rangées espacées, est également caractéristique. Les vases en pierre constituent un type d'offrande habituel dans les tombes de la région du Golfe, mais sont curieusement sporadiques dans les tumuli de Bahreïn.

47-49 Vases en métal
Nécropole de 'Ali,
fouilles bahreïniennes 1988-89,
Tumulus 101.5 et 103.11
Nécropole de Madinat Hamad
(BS1), fouilles bahreïniennes
1986-87, Tumulus 1
Dilmoun ancien,
vers 2000-1800 av. J.-C.
Cuivre ou alliage cuivreux
H 8,5, 9,5 et 5
D MAX. 10,8, 13,2 et 8,4 cm
Manama, Musee national
de Bahreïn, inv. n° 2888-15-90,
2884-15-90, 2882-2-90
Inédit

Vicitimes privilégiées du pillage des sépultures, ou de la corrosion, les objets de métal sont retrouvés en moindre quantité que la céramique ou les vases en pierre tendre dans les nécropoles du Dilmoun ancien. Ces trois bols présentent une conservation exceptionnelle, mais sont cependant peu signifiants sur le plan chronologique : on en trouve des specimens proches en Mésopotamie, à Suse, dans l'Indus ou en Bactriane (cf. Tallon 1987, p. 209-210).

53 Brûle-parfum
Nécropole de 'Ali,
fouilles bahreïniennes 1988-89,
Tumulus 101.16
Dilmoun ancien,
vers 2000-1800 av. J.-C.
Céramique
H 19,8 D MAX. 10,9 cm
Manama, Musée national
de Bahreïn, inv. n° 1831-2-89
Inédit

On ne connait que de tres rares exemples de ce type d'objet (qui ne paraît pas être de production locale) parmi le matériel funéraire des tumuli du Dilmoun ancien ; il convient peut-être de l'associer à un rituel qui se déroulait au moment de l'inhumation.

50-52 Pointes de lance
Nécropole de Saar
(« Complexe funéraire »),
fouilles bahreïniennes 1984-85,
Tombe A/13.3 ;
saison et tombe non spécifiées
Dilmoun ancien,
vers 2000-1800 av. J.-C.
Cuivre ou alliage cuivreux
L 11, 19,7 et 17,2 ;
l MAX. 2,6, 2,7 et 2,5 cm
Manama, Musée national
de Bahreïn, inv. n° 2923-3-90,
réserves et 2924-2-90
Inédit

Les armes métalliques de l'âge du Bronze sont également sporadiques à Bahreïn. Ces pointes de lance, du type à douille, sont d'un modèle très répandu dans l'ensemble du Golfe, mais aussi en Mésopotamie, au début du IIe millénaire av. J.-C. À Bahreïn, on les retrouve aussi bien dans les tombes que dans les habitats.

54 Panier bitumé

Nécropole de Saar,
saison et tombe non spécifiées
Dilmoun ancien,
vers 2000-1800 av. J.-C.
Bitume
H 12,9 D MAX. 13,5 cm
Manama, Musée national
de Bahreïn, inv. n° 292-2-88
Inédit

Le dépôt de petits « paniers » ou récipients tressés en feuilles de palmier, puis enduits intérieurement et extérieurement d'une couche de bitume pour les étanchéifier, est un phénomène habituel dans les tumuli de Bahreïn. On connaît essentiellement deux modèles de cette catégorie de vannerie : ce type de conteneur, muni de deux tenons de suspension, ainsi que des gobelets de taille plus réduite, qui composaient peut-être un service à boire à l'usage du défunt (Højlund 1995). Le bitume était quant à lui couramment employé au Proche-Orient ancien comme adhésif ou imperméabilisant. L'île de Bahreïn possède, dans la zone désertique du sud du Jebel Dukhan, une source restreinte de bitume naturel, mais qui, curieusement, semble n'avoir jamais été exploitée dans l'Antiquité ; les études archéométriques ont démontré que le bitume utilisé à Bahreïn provenait soit de Mésopotamie (Hit, notamment), soit d'Iran (Connan *et alii* 1998).

55 Poignard à pommeau en croissant

Nécropole de Madinat Hamad,
fouilles bahreïniennes 1998-99,
Tumulus 422
Dilmoun ancien,
vers 2200-2000 av. J.-C.
Cuivre ou alliage cuivreux
L 47 L poignée 11 ; l pommeau 13 ;
l lame 3,6 cm
Manama, Musée national
de Bahreïn, réserves
Inédit

Deux exemplaires de ce type de long poignard, caractérisé par sa forte nervure centrale, la minceur de sa garde et le large développement de son pommeau plat en croissant, ont été jusqu'ici découverts à Bahreïn dans deux tumuli proches de cette section de la nécropole de Madinat Hamad qui, comme les autres cimetières de l'île, a très peu livré d'armes. Le reste du dépôt funéraire de ces inhumations ne présentait aucune particularité notable. Ce spécimen à la forme élégante apparaît pour l'instant relativement isolé au sein de la typologie de l'armement de l'âge du Bronze au Proche-Orient.

56, 57 Œufs d'autruche
Nécropole de Saar, fouilles bahreïniennes 1989-90, Tumulus 107
Nécropole de Madinat Hamad (BS1), fouilles bahreïniennes 1994-95, Tumulus 8.22
Dilmoun ancien, vers 2000-1800 av. J.-C.
Coquille
H 13,5 et 15 D MAX. 12 et 12 cm
Manama, Musée national de Bahreïn, inv. n° 2084-2-90 et réserves
Inédit

Les coquilles d'œufs d'autruche constituent un élément fréquent du dépôt funéraire ; toutes sont ouvertes à la partie supérieure et présentent souvent un décor peint de couleur rouge à brun-clair, généralement très effacé, sur leur panse. Ils devaient être utilisés comme coupes à boire ; il n'est pas exclu qu'ils aient pu contenir un liquide indéterminé à l'usage du défunt, à moins qu'ils n'aient participé au rituel d'inhumation (repas funèbre). Leur décor, qui évoque les motifs architecturaux de certains vases en pierre tendre (Cat. 2), indique peut-être là leur appartenance à une vieille tradition régionale.
Les autruches, fréquentes en Péninsule arabique dans l'Antiquité, étaient encore chassées localement jusqu'au XIXe siècle ; elles ont totalement disparu aujourd'hui.

58-62 Divers cachets
Nécropole de 'Ali, fouilles bahreïniennes 1988, Tumulus 24.1
Nécropole de Madinat Isa, fouilles bahreïniennes 1981, Tumulus 18
Nécropole de Al-Hajjar, fouilles bahreïniennes 1993, Mont 3, Tombe 1
Coquille
H 1,6 et 1,4 D 3,2 et 2,7 cm
Manama, Musée national de Bahreïn, inv. n° 3171-10-90 et 3179-10-90
B Al-Khalifa 1986 : fig. 81, et inédit

Le sceau-cachet, davantage que le sceau-cylindre de type syro-mésopotamien, fut en usage tout au long de la culture du Dilmoun ancien, dont il demeure le représentant matériel le plus original.
Les Dilmouniens étaient souvent inhumés avec leur sceau personnel, dont la face gravée présentait une iconographie toujours unique, probablement définie par son propriétaire au moment de sa fabrication.
Depuis les simples cachets taillés dans l'apex d'une coquille marine (type *Conus*) jusqu'aux spécimens caractéristiques réalisés en pierre tendre (chlorite ou stéatite), plusieurs traditions de sceaux paraissent avoir coexisté à Bahreïn, sans qu'il soit toujours possible de les distinguer chronologiquement (cf. plus loin « L'art caché de Dilmoun... »)

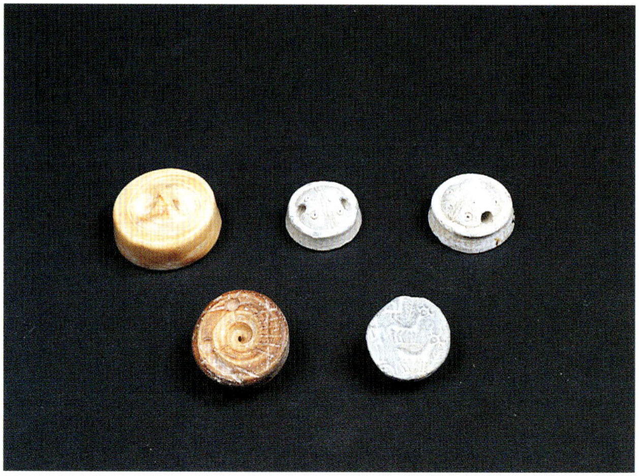

63-65 Colliers

Nécropole de Madinat Hamad, saison et tombe non spécifiées
Nécropole de 'Ali, fouilles bahreïniennes 1994, Tumulus 92
Nécropole de Saar, fouilles bahreïniennes 1988-89, Tumulus 326.21
Coquilles diverses (*Dentalium, Engina mendiceria*) ; pierres fines (cornaline, agate), cuivre
Dilmoun ancien, vers 2000-1800 av. J.-C.
L : 38, 94 et 39 cm
Manama, Musée national de Bahreïn, réserves
Inédit

De nombreux composants utilisés dans la fabrication des parures du Dilmoun ancien ne sont pas disponibles à Bahreïn. On suppose cependant que ces colliers ont été produits localement, par des artisans associant sur place les coquilles marines du Golfe ou de l'océan Indien à d'autres éléments issus du commerce de transit (perles en cornaline et en agate de l'Indus — probablement importées en l'état —, cuivre d'Oman, etc.).
La décoloration des perles d'agate et de cornaline paraît davantage s'expliquer par une longue altération naturelle due au milieu de conservation, qu'à un traitement volontaire (chauffe, par exemple).

« À Dilmoun, les demeures seront d'agréables demeures... »

Pierre Lombard

La découverte à Bahreïn, dès les années 50, de sites d'habitat a satisfait nombre d'archéologues qui n'envisageaient qu'avec méfiance la théorie de l'« île-nécropole », avancée par les premiers explorateurs. Pourtant, près de 40 ans plus tard, l'archéologie funéraire demeure l'essentiel des activités de sauvetage du Directorat de l'Archéologie de Bahreïn. Seuls deux sites d'habitat, Qal'at al-Bahreïn et Saar, sont actuellement en cours de fouilles, sous la responsabilité de missions étrangères. Ce faible nombre peut surprendre ; on doit certes y ajouter le site de Barbar et de son temple (fouillé entre 1954 et 1961), celui de Diraz, malheureusement détruit il y a quelques années, de même que la petite installation d'al-Hajjar découverte fortuitement en 1993 sous un cimetière hellénistique ; deux sites supplémentaires ont par ailleurs été repérés en surface, près de Saar, et non loin du Jebel Dukhan, à al-Areen.
Il n'en reste pas moins, comme l'ont démontré plusieurs études de démographie archéologique, que les populations installées dans ces quelques sites n'ont pu produire l'ensemble des tumuli repérés jusqu'ici. Il faut donc supposer que la géographie humaine de l'île n'a que peu évolué depuis la période ancienne de Dilmoun et que de nombreux villages actuels des zones de palmeraies recouvrent en réalité des établissements plus anciens. La répartition même des tumuli en plusieurs champs distincts, tout comme l'implantation probable de ces habitats près des sources et des zones cultivées, renforce cette hypothèse.

Les deux sites actuellement exploités apparaissent très différents, mais se complètent utilement.
La richesse de Qal'at al-Bahreïn, parfois identifié à la capitale du pays de Dilmoun, réside avant tout dans l'épaisseur de ses couches archéologiques (près de 8 m), qui illustrent une occupation, parfois discontinue, entre 2200 av. J.-C. et le XVIe siècle de notre ère. Paradoxalement, cette précieuse stratigraphie, véritable « mémoire » de l'île, limite l'accès des niveaux de l'âge du Bronze, enfouis à la base du tell ; ils n'ont été atteints jusqu'ici qu'en des secteurs limités, mais révèlent cependant une architecture défensive mais aussi publique très élaborée, certainement inspirée par une organisation de type étatique.
L'habitat de *Saar*, plus modeste par sa superficie et probablement par sa fonction, est en revanche aisément accessible par les archéologues : la bourgade, dont l'apogée paraît se situer vers 1900 av. J.-C., fut abandonnée quelque 200 ans plus tard et ne fut jamais reconstruite. Ses vestiges, simplement recouverts d'une couche sableuse qui n'excède pas 1,50 m d'épaisseur, ont fait l'objet de vastes fouilles extensives par la London-Bahrain Expedition. Celles-ci livrent donc, de façon privilégiée, l'image unique d'un habitat très cohérent du Dilmoun ancien.

Qal'at al-Bahreïn à l'âge du Bronze

Flemming Højlund

Le plus grand site archéologique de Bahreïn est le tell de Qal'at al-Bahreïn, sur la côte nord de l'île principale. Ce tell mesure 700 x 400 m, et possède une hauteur de 8 m environ.
Il est couronné par un fort médiéval des XVe et XVIe siècles, Qal'at al-Bahreïn, qui a donné son nom à l'ensemble du site.
Qal'at al-Bahreïn fut identifié comme étant le site probable de l'ancienne capitale de Dilmoun en 1954, et jusqu'en 1978, des fouilles y ont été menées par P.V. Glob et Geoffrey Bibby de l'Expédition archéologique danoise.
Les recherches se poursuivent actuellement sous la responsabilité de la mission archéologique française fondée par Monique Kervran et aujourd'hui dirigée par Pierre Lombard.
Le tell comprend les vestiges d'une ville considérable occupée à de nombreuses périodes au cours des quatre à cinq millénaires passés.
L'étude de ces vestiges a servi de base à l'établissement de la chronologie de Bahreïn et a joué un rôle de premier plan dans l'archéologie de tout le Golfe arabe.
Il faut noter que, bien que des fouilles y soient menées depuis cinquante ans, seul un faible pourcentage de la surface du tell a été dégagée.

La première occupation

Les plus anciens vestiges d'occupation humaine trouvés à Qal'at al-Bahreïn datent de 2200 av. J.-C. environ, sur le côté nord du tell, face à la mer. Ce petit établissement est le seul de cette époque à Bahreïn et, du reste, de toute l'Arabie orientale.
D'après les fouilles, la susbistance y reposait déjà sur une agriculture d'oasis pleinement développée, avec la culture des palmiers et des céréales dans les champs voisins, complétée par l'élevage de bœufs, de moutons et de chèvres et par la pêche.
Les gens vivaient dans de petites maisons de plusieurs pièces au sol enduit. Les murs étaient construits en pierres grossières assemblées avec de l'argile ou du mortier. Il semble que les ensembles de maisons étaient séparés par des rues.
On n'a trouvé que quelques éclats de silex lors des fouilles, et cette pierre n'était donc pas une matière première importante pour les artefacts. En revanche, une pointe de lance à douille, un hameçon et de nombreux fragments de cuivre témoignent de l'abondance du métal.
On a en effet mis au jour un grand atelier où était travaillé le cuivre, couvrant une superficie d'au moins 15 m sur 35 m. De nombreux moules ouverts destinés au moulage de simples plats en cuivre et l'absence de moules bi-valves, mais aussi, apparemment, de moules à la cire perdue, semblent indiquer que les artefacts en cuivre étaient façonnés avant tout par martelage et recuite et non par moulage.
La plupart des creusets sont assez petits, avec un volume estimé de 300-800 cm^3, mais quelques grands creusets d'un volume

En haut. Vue aérienne du tell de Qal'at al-Bahreïn.

En bas. Plan de Qal'at al-Bahreïn. Rempart et entrepôts centraux de l'âge du Bronze.

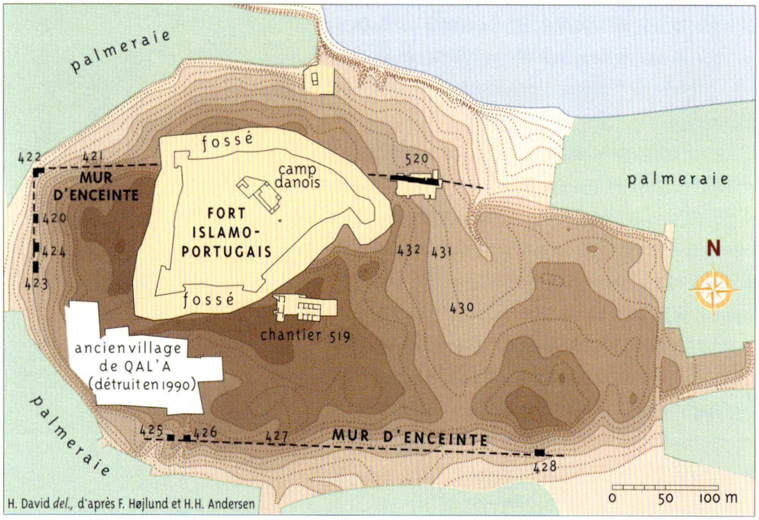

H. David *del.*, d'après F. Højlund et H.H. Andersen

de 4 000 cm^3 environ témoignent d'une production à grande échelle et du travail d'un spécialiste à plein temps.

Le cuivre de l'un des creusets a été analysé et s'est révélé compatible avec celui de la péninsule d'Oman. Il ne fait donc aucun doute que les occupants de Qal'at al-Bahreïn se livraient au transport à grande échelle de cuivre entre Oman et la Mésopotamie ainsi qu'au travail du métal.

La poterie consistait pour l'essentiel en marmites locales modelées, complétées par des récipients destinés à la conservation et des ustensiles pour boire et manger, importés de Mésopotamie et d'Oman.

Un certain nombre d'autres objets témoignent de liens avec la Mésopotamie (outre la poterie, une inscription cunéiforme et un poids en hématite) et avec Oman (outre le cuivre et la poterie, des bols en stéatite). Les relations avec la civilisation de la vallée de l'Indus se traduisent par des perles en cornaline, un poids en pierre et quelques fragments de poterie.

La ville fortifiée

Un événement important dans l'histoire de Qal'at al-Bahreïn eut lieu à la fin du IIIe millénaire av. J.-C. : la construction d'une fortification autour de l'établissement. Le mur a été localisé sur les pentes nord, ouest et sud du tell, mais sur la pente est on n'a jusqu'à présent effectué aucune fouille. Les murs suivent

les directions cardinales et sont perpendiculaires l'un à l'autre ; ils enclosent une superficie d'environ 15 ha, dont la totalité n'était pas bâtie, semble-t-il.
Le mur a été soigneusement étudié du côté nord. Il fut construit en pierres grossières assemblées avec de l'argile et du mortier. L'avant était bâti en blocs plus larges que l'arrière. À l'origine, il avait une épaisseur de 2,30 m, mais il a partout été renforcé ultérieurement. Le mur était percé d'une porte de 1,25 m de large, qui permettait le passage d'un âne chargé ou même d'un chameau, mais non d'un véhicule.
Du fait des dépôts laissés par les occupants, le niveau des constructions est monté à l'intérieur du mur, et celui-ci fut donc reconstruit à plusieurs reprises, si bien qu'on peut distinguer quatre portes successives. Dans la dernière, on a trouvé deux crapaudines, faites d'un matériau noir au grain fin qui a dû être importé. Toutes deux avaient des cupules peu profondes dans le haut pour tenir deux vantaux de porte, d'une largeur de 2,30 m à cette époque.
Du côté ouest, l'extérieur du mur était intact et a pu être exposé sur une dizaine de mètres. Il était construit en grandes pierres équarries, régulières et bien disposées.
L'approvisionnement en pierre pour un tel monument et la construction du mur ont nécessité une main d'œuvre très importante, qui a dû être mobilisée par une forme d'organisation publique.
C'est à celle-ci que l'on doit vraisemblablement aussi un ensemble d'édifices monumentaux construits au centre de la ville. Des deux côtés d'une rue de 12 m de large, orientée nord-sud, plusieurs bâtiments furent érigés, de plan et de construction apparemment identiques. On connaît complètement le plan de l'un des édifices : l'entrée donnait sur la rue, et il avait huit pièces disposées de part et d'autre d'un couloir central, qui faisait plutôt fonction de passage. Les murs étaient impressionnants. Au moins 4,5 m de haut et 1,1 m d'épaisseur, construits en pierre de taille calcaire. Les bâtiments, disposés parallèlement selon deux axes, ont donc dû être construits selon un plan d'ensemble et constituaient une entité unique. La qualité de cette construction, tout à fait exceptionnelle, devait être inégalée à Bahreïn dans le Golfe jusqu'à la période islamique.
On peut penser que cet ensemble d'entrepôts bien conçu et situé à un emplacement dominant au centre du tell faisait partie d'un palais. C'était donc probablement le centre de l'organisation économique du royaume de Dilmoun. Les biens étaient entreposés là avant d'être distribués ou investis dans le commerce international. Vers le nord, la rue conduisait à une immense porte qui donnait peut-être sur d'autres parties du palais.
À l'intérieur du mur nord de la ville et dans les environs de la porte, on a mis au jour un groupe de maisons modestes équipées

Qal'at al-Bahreïn.
Rempart Ouest.

Qal'at al-Bahreïn.
Rempart Nord, avec sa porte.

de puits. Plusieurs rues séparaient les maisons, dont une qui conduisait à la porte. Ces maisons sont de la même taille et utilisent la même technique de construction que celles de la période précédente et devaient être occupées par la population courante.
La poterie donne une forte impression de continuité. La tradition locale prit encore plus d'importance à mesure que les importations de Mésopotamie et d'Oman diminuèrent — surtout des types destinés au stockage, ou pour boire et manger. En même temps, les mêmes types fonctionnels se sont développés en céramique locale.
Parmi les découvertes intéressantes de cette période, il faut signaler des sceaux du type de Dilmoun, des poids de l'Indus de forme cubique et sphérique, ainsi qu'une tablette cunéiforme de type mésopotamien.
La ville fortifiée de Qal'at al-Bahreïn a prospéré pendant plusieurs centaines d'années, jusqu'après 1800 av. J.-C., date à laquelle des événements encore inexpliqués conduirent à la fin de son occupation.

L'habitat Dilmoun de Saar

Jane Moon

Emplacement et caractéristiques principales

L'habitat Dilmoun ancien de Saar est disséminé le long du versant oriental d'une crête peu élevée, parallèle à la côte ouest de Bahreïn. Dans cet environnement plat, très chaud et humide, cette situation légèrement surélevée (environ 13 m) profite de la moindre brise. Immédiatement à l'est on trouve de l'eau douce et des terres cultivables, tandis qu'à l'ouest le calcaire aride, ici couvert de milliers de tumuli, s'étend vers la mer, distante de 3,7 km.

Les restes archéobotaniques et fauniques de l'habitat montrent que l'économie était largement tributaire de l'exploitation des ressources marines, et il est possible que la côte orientale, aujourd'hui distante de 7 km, ait été autrefois plus proche. Même les cartes récentes montrent un bras de mer qui pénètre jusqu'à 3,6 km de Saar.

Le site s'étend sur environ 250 m le long de la crête, se terminant abruptement à une trentaine de mètres au nord du temple. La largeur, au maximum d'environ 100 m, est le plus souvent moindre, le tout occupant 2,5 ha environ.

Les communications avec les habitats voisins devaient être aisées, même si l'on se déplaçait à pied : à seulement 250 m au sud se trouve un établissement de 40 ha, partiellement contemporain. Diraz et Umm es-Sujour se trouvent à 3-4 km au nord-ouest, Barbar 2 km plus loin, et Qal'at al-Bahreïn n'est distant que de 6 km.

Les artefacts, et en particulier la céramique provenant du principal habitat fouillé, sont généralement comparables au matériel de la Cité IIb de Qal'at al-Bahreïn, et pour quelques-uns de la Cité IIc. Des sondages restreints dans des niveaux plus profonds ont révélé de la céramique datant de Cité I. Les origines de l'établissement peuvent donc être datées de 2300 av. J.-C. environ, la phase principale commençant aux alentours de 1900 av. J.-C. et durant peut-être quelque deux cents ans.

Les caractéristiques de l'agglomération sont les suivantes : une large rue principale avec des allées secondaires grossièrement perpendiculaires ; un temple au point le plus haut ; des maisons regroupées en îlots, parfois disposées autour d'une place découverte, et une architecture domestique qui répète un plan de base composé de deux ou trois pièces, mais avec de nombreuses variantes. Du côté est se trouve un puits. Le seul bâtiment ayant une fonction spéciale clairement définie est le temple.

Les bâtiments

Les maisons étaient construites en calcaire local taillé grossièrement, et couvertes de minces solives en bois associées à des branchages en palmier et des nattes tressées dans ce même matériau. On peut voir les empreintes de ces dernières dans le plâtre de couverture, et toujours supposer que les solives étaient également en palmier. Il n'y a pas de traces

d'escaliers, et la quantité de pierres effondrées trouvées lors des fouilles laisse à penser que les habitations n'avaient qu'un seul niveau.
Les bâtiments étaient groupés en îlots, alignant trois demeures distinctes ou davantage.
Dans certains cas, ces îlots étaient disposés autour d'une surface commune découverte.
Cette disposition avait l'avantage de réduire l'exposition aux intempéries de chaque maison.
L'interprétation sociale de ces blocs relève ici de la conjecture : rien dans les éléments trouvés n'indique qu'ils étaient regroupés par profession.
Les parallèles avec les villages proche-orientaux modernes laisseraient à penser que les proches voisins étaient de proches parents.
Dans le plan des maisons on retrouve une disposition de base répétée, faite d'une unité rectangulaire divisée en une surface en forme de L et une seule pièce intérieure. Cette dernière était certainement couverte, tandis que la surface en L avait un sol sale, irrégulier, qui semblerait indiquer qu'elle était découverte, ou peut-être partiellement ombragée. Cette disposition apparaît le plus clairement dans l'îlot G, maisons 100-110. La plupart de ces maisons ont une entrée à l'arrière ainsi qu'une entrée sur la rue, et la porte ouvrant sur la pièce intérieure est placée de manière à donner la plus grande intimité. Certaines maisons n'ont qu'une seule entrée, telle la maison 57, tandis que d'autres ont une seconde cour à l'arrière, telles les maisons 3 et 205 ; d'autres encore en partagent une, comme les maisons 4, 5 et 8, et les maisons 202-204. Ce plan de base connaît d'innombrables variations, telles les doubles pièces intérieures des maisons 60-61. Un ou deux bâtiments s'éloignent de ces normes, telle la maison 53, beaucoup plus grande, et les maisons 301 et 56, plus complexes.
Bon nombre des caractéristiques domestiques révèlent elles aussi une régularité de construction et de disposition. Le plus souvent, juste derrière la porte se trouve un bassin, avec à côté un support à jarre. Les pièces intérieures ont été retrouvées en général propres et vides, et l'on devait venir y dormir ou s'y asseoir, ou y entreposer la literie. On y trouve rarement des traces d'activités. La cuisine se faisait presque toujours dans la cour en forme de L.
On y voit quelques foyers simples, mais beaucoup de maisons ont une véritable « cuisinière » construite contre un mur : un foyer demi-circulaire au niveau du sol, avec trois supports verticaux proches. Un four à pain (tannour) peut être attenant ou séparé.
D'autres ustensiles de cuisine se retrouvent souvent dans les maisons : une grande meule, et généralement plusieurs broyeurs et pilons.
Comme pour le plan, la disposition des installations témoigne d'une certaine régularité, avec parfois d'importantes variantes.
Dans les maisons 4 et 7, par exemple, c'est la pièce intérieure qui renfermait le matériel de cuisine, et dans la maison 222, elle comportait de nombreux récipients, couvercles et outils en pierre.

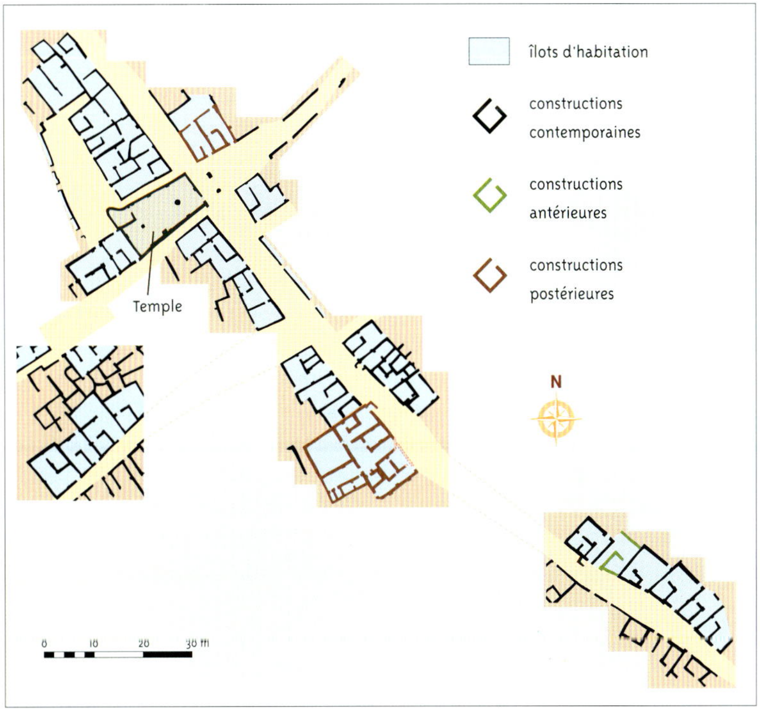

Saar. Plan général des fouilles (état 1994).

Artefacts

Les nombreuses variations dans le plan ne se reflètent pas, d'après ce que l'on sait actuellement, dans la distribution générale des artefacts, laquelle est très uniforme. L'exception à cette règle concerne les scellements en argile, qui n'existent que dans quelques maisons.
En revanche, la plupart des habitations ont livré au moins un cachet.
Mis à part la céramique le plus souvent fragmentaire, la plus importante catégorie d'artefacts est les outils en pierre, qui représentent 20 à 25 % des objets trouvés.
Il s'agit de pilons et de molettes, dont beaucoup sont en calcaire local, et un tiers environ en roche ignée noire importée. Tous les bâtiments en ont livré plusieurs. Les outils en silex étaient moins courants : on a trouvé notamment des éclats ainsi que des percuteurs.
Les scories de fonte du cuivre étaient nombreuses, et on a mis au jour un petit nombre de lingots. Il n'y a pas de traces d'extraction, et on n'a pas retrouvé de moules, ce qui semblerait indiquer qu'on se limitait à fabriquer de petits objets tels que épingles et hameçons, dont on trouve assez fréquemment des fragments. On y ajoutera quelques ustensiles en cuivre plus grands, dont une houe, trois pointes de lances, des ciseaux, des pincettes et des alènes. Les objets personnels en cuivre se limitent à quelques anneaux et épingles.
En règle générale la joaillerie, rarement présente dans l'habitat, n'est représentée que par quelques perles en pierres fines et par quelques perles naturelles.
Les fragments de bitume sont en revanche assez répandus, témoignant de l'importance de ce qui devait être la seule substance imperméable fiable. La plupart des objets sont des vestiges de paniers tressés en feuilles de palmier et recouverts de bitume, mais on trouve aussi de grosses « perles », peut-être des flotteurs pour les filets de pêche.
La céramique est pratiquement toujours faite à la main, et on suppose qu'elle était produite localement, bien qu'il n'ait pas été possible de trouver les sources d'argile correspondant à l'époque moderne. La forme la plus courante est la marmite globulaire, dont on trouve des fragments noircis dans presque tous les contextes. Les jarres avec des côtes peu marquées

sur la panse, et parfois un filtre incorporé, de grandes jarres de stockage côtelées, et des assiettes peu profondes sont les principaux éléments d'un répertoire domestique généralement simple. Les fragments peints ne se rencontrent qu'occasionnellement, et certains des types de céramique décorée caractéristiques qu'on rencontre dans les tombes, tels les vases en céramique fine rouge et les calices peints, sont pratiquement absents, témoignant d'une intéressante dichotomie entre objets funéraires et objets domestiques.

Alors qu'on trouve encore des types céramiques mésopotamiens à Qal'at al-Bahreïn à cette époque, bien qu'en quantité réduite, aucun n'a été identifié à Saar. On n'a exhumé qu'un nombre infime d'éventuels tessons Wadi Suq, ce qui souligne la provenance essentiellement locale de la céramique. On note quelques fragments de type harrapéen, ainsi qu'une grande jarre décorée de motifs polychromes de l'Indus ; un unique poids cubique témoigne également de ces liens avec l'Indus, et l'unique sceau-cylindre découvert révèle une inspiration mésopotamienne ou syrienne dans la forme, mais non dans la décoration, qui est entièrement dans le style local. Le matériau — la stéatite — est le même qui servit à faire les cachets, lesquels, mis à part deux figurines animales mutilées, constituent l'unique forme d'art qui ait survécu de la population de Saar.

On a mis au jour plus de quatre-vingts cachets à Saar. L'étude détaillée en est en cours, mais on peut dire qu'on y retrouve les motifs et les scènes qu'on connaît grâce aux sceaux exhumés à Faïlaka, et ailleurs à Bahreïn, y compris dans des tombes de la période, dont les préférés sont les animaux à cornes, les scènes de chasse, les palmiers et les croissants de lune. Seule une petite minorité appartient au style plus simple dit du « Golfe ». Les empreintes de sceau, qui se concentrent dans les maisons 201, 207, 211, 220 et 224, ont été faites avec des cachets très semblables.

Société et subsistance à Saar

Il est évident que l'essentiel de la population vivait dans des maisons de même type, utilisait les mêmes objets domestiques et de la même manière, ce qui est certainement le reflet d'une société peu hiérarchisée. Bien qu'on ne puisse estimer précisément l'importance de la population, un habitat de plus de soixante-dix demeures paraît avoir nécessité une certaine forme d'autorité centrale, et le temple avait besoin d'un célébrant pour les rites religieux. On peut supposer que le village avait un chef, ainsi qu'un ou plusieurs « notables », mais il est clair que ni leur fortune ni leur prestige ne justifiait une demeure très différente de celle de leurs voisins.

Plus de 90 % en poids des ossements retrouvés à Saar proviennent de poissons marins, le reste étant principalement des os de mouton et de chèvre, avec une petite proportion d'os

Maison-type de Saar, avec sa pièce couverte et sa cour.

Aire d'activité domestique.

de bœuf et de gazelle. Les coquillages marins sont répandus, sans être extrêmement abondants. Les vestiges de plantes sont difficiles à retrouver, mais montrent incontestablement qu'on cultivait largement le palmier-dattier. Ses nombreux usages pour l'alimentation, la construction et l'artisanat sont bien attestés par les exemples contemporains, et il ne fait guère de doute que les habitants de Saar l'utilisaient abondamment. La chasse ne jouait pas un rôle économique de premier plan, même si elle a pu constituer une importante activité sociale.

Quant aux activités non liées à la subsistance, rien ne montre que les habitants soient allés au-delà de leurs propres besoins. La présence de biens importés tels que le cuivre d'Oman, le bitume d'Iran, la cornaline d'Inde, montre cependant que le commerce et les échanges jouaient un certain rôle dans leur vie, également attesté par la présence des sceaux.

Les fouilles n'ont pas permis de déceler de dispositif défensif ; il n'y a pas de rempart, et peu d'armes. Lorsque Saar fut finalement abandonné, ce fut une opération pacifique et progressive.

Saar est unique pour le moment, puisque aucun habitat comparable n'a été l'objet de fouilles aussi extensives, et il suscite de nombreuses questions : comment, notamment, le village s'intégrait-il à l'ensemble de la société dilmounienne, et quelle était sa relation avec la capitale ? Il est à espérer que la poursuite des études sur Qal'at al-Bahreïn éclairera d'autres aspects de la société dans le Golfe antique.

66, 67 Jarres de stockage ou de transport
Nécropole de Madinat Hamad (BS2), fouilles bahreïniennes 1984-85, Tumulus 149.34 ; (BSWL/5), 1995-96, Tumulus 22
Dilmoun ancien,
vers 2000-1800 av. J.-C.
Céramique
H 36 et 34 D MAX. 29 et 28,5 cm
Manama, Musée national de Bahreïn, inv. n° 8673-2-91 et 5593-2-91
Inédit. Ibrahim 1982, p. 145, fig 36 ; p. 212, pl. 50

Ces jarres à panse finement côtelées, fabriquées localement dans une pâte jaune de bonne qualité, sont également présentes dans les habitats ; on note que l'une d'entre elles a subi une réparation au bitume, ce qui paraît indiquer qu'elles n'étaient pas dénuées de valeur aux yeux de leurs utilisateurs.

68 Mortier et broyeur
Habitat de Saar,
fouilles jordaniennes 1984-85,
maison non spécifiée
Dilmoun ancien,
vers 2000-1800 av. J.-C.
Calcaire
H 18 D MAX. 25,5 cm
Manama, Musée national de Bahreïn, inv. n° 685-2-88
Inédit

Le matériau à grain très fin, la forme très élaborée et la finition soignée de cette pièce laissent supposer qu'il s'agit là d'une réutilisation, et que sa fonction première était différente. Elle a été retrouvée dans une unité domestique, associée à plusieurs broyeurs.

69 Mortier et broyeur
Habitat de Saar,
fouilles jordaniennes 1984-85,
maison non spécifiée
Dilmoun ancien,
vers 2000-1800 av. J.-C.
Calcaire
H 9,5 D MAX. 31,5 cm (mortier) ;
H 6 D MAX. 7 cm (broyeur)
Manama, Musée national de Bahreïn, réserves
Inédit

70 Jarre de stockage
Source de Umm es-Sujour, fouilles japonaises 1995-96
Dilmoun ancien, vers 2000-1800 av. J.-C.
Céramique
H 48 D MAX. 55,5 cm
Manama, Musée national de Bahreïn, inv. n° 93-3-1
Inédit. Parallèle : *Bahrain National Museum* 1989, n° 11 ; Højlund et Andersen 1994, p. 89, fig. 174

Ce type de récipient à parois côtelées épaisses et à fond arrondi était peut-être partiellement enterré dans le sol des rez-de-chaussée ou des cours des maisons du Dilmoun ancien ; il a pu servir au stockage de l'eau ou des céréales.

71 Jarre de stockage ou de transport
Nécropole de 'Ali, fouilles bahreïniennes 1989-90, Tumulus 65.1
Dilmoun ancien, vers 1900-1800 av. J.-C.
Céramique
H 38,4 D MAX. 26,2 cm
Manama, Musée national de Bahreïn, inv. n° 2036-2-90
Inédit. Parallèles : Højlund et Andersen 1994, p. 166, fig. 697

Cette jarre, provenant d'un contexte funéraire, possède cependant ses équivalents exacts dans la plupart des sites d'habitat mis au jour à Bahreïn ; sa forme ovoïde, son col court à lèvre de section triangulaire et sa panse couverte de bandes horizontales peintes imitant un décor côtelé, en fait même l'une des formes domestiques les plus courantes à la fin du Dilmoun ancien, de fabrication assurément locale.

72, 73 Marmites domestiques
Habitat de Saar, fouilles britanniques 1991 (16 : 22 : 31), Maison 203, fouilles jordaniennes 1985 (IIIK28)
Dilmoun ancien, vers 2000-1800 av. J.-C.
Céramique
H 25 et 12,3 D MAX. 17,3 et 25 cm
Manama, Musée national de Bahreïn, réserves et 70-2-88
Inédit

74, 75 — Récipients de cuisson
Nécropole de 'Ali,
fouilles bahreïniennes 1989-90,
Tumulus 65.1
Nécropole de Madinat Hamad
(BS2), fouilles bahreïniennes
1984-85, Tumulus 205.13
Dilmoun ancien,
vers 2000-1800 av. J.-C.
Céramique
H 8 et 6,5 D MAX. 18,8 et 19,5 cm
Manama, Musée national
de Bahreïn, inv. nº 2617-2-90
et 39-2-88
Inédit. Parallèles : *Bahrain National Museum* 1993, p. 40 ; Velde 1998, p. 248, fig. 2 : 5, 6

Ces marmites à fond plat sont infiniment moins courantes que le type précédent (Cat. 72, 73), récurrent à Saar comme à Qal'at al-Bahreïn. On remarque sur l'une d'elles, l'ingénieux système de poignée amovible (ici reconstituée en bois) adaptable à un tenon latéral cranté, curieux prototype d'un dispositif similaire bien connu des ménagères actuelles !

76 Ancre de bateau
Qal'at al-Bahreïn,
fouilles danoises 1970,
Rempart Nord
Dilmoun ancien,
vers 2000-1800 av. J.-C.
Calcaire
L 52 l MAX. 37 cm P 28,8 kg
Manama, Musée national
de Bahreïn, réserves
Inédit

Les ancres de pierre, ajoutées aux quelques représentations stylisées d'embarcations sur les cachets de pierre tendre et à de rares fragments de calfatage au bitume, sont les seuls témoins des fameux bateaux de Dilmoun que les textes économiques mésopotamiens mentionnent fréquemment. Celle-ci fut retrouvée non loin de la porte du Rempart Nord de la cité de Qal'at al-Bahreïn, qui ouvrait directement sur la plage et le mouillage où stationnaient les nombreux bateaux en attente de chargement ou de déchargement.

« La maison au bord du quai » : l'entrepôt du royaume

Harriet Crawford

Les îles de Bahreïn ne sont pas riches en matières premières, mais elles sont idéalement situées pour acquérir les biens qui leur manquent, à mi-hauteur de la partie supérieure du Golfe, au large de la côte orientale d'Arabie. Les îles ont d'abondantes réserves d'eau douce et des ports bien abrités pour accueillir les marins et commerçants venus de régions mieux dotées. Ces atouts permirent à Dilmoun d'acquérir les produits dont il avait besoin pour sa propre consommation, mais aussi des richesses considérables, en servant d'entrepôt incontournable sur la route maritime qui reliait la Mésopotamie à des régions aussi éloignées que la vallée de l'Indus.

La priorité de Dilmoun était les matières premières, notamment la pierre et le métal de bonne qualité. Le palmier-dattier cultivé localement donnait un bois de qualité inférieure, et les mangroves apparemment présentes sur l'île dans le passé offraient un peu de bois de meilleure qualité ; mais il semble qu'on ait eu des besoins plus importants, peut-être pour construire les navires servant au commerce.

Le silex local servait pour les outils, tandis que la pierre calcaire était largement disponible comme matériau de construction ; mais pour les travaux plus raffinés il fallait faire venir une pierre de meilleure qualité. On importait donc la pierre dure destinée au revêtement des édifices monumentaux ou à la fabrication des nombreux pilons et meules trouvés sur les sites de cette époque. Les pierres plus décoratives, comme la cornaline et le lapis-lazuli, et la pierre tendre utilisée pour les sceaux fabriqués sur des sites comme Qal'at et l'île de Failaka, devaient toutes être importées, de même que le cuivre, qui était travaillé sur place en relativement petites quantités pour produire des outils simples et des ornements. En témoignent les scories et gouttelettes de cuivre qu'on trouve largement répandues sur les sites de cette époque, restes de la fonte et de l'usinage du cuivre.

On importait également divers biens manufacturés, dont les vases en pierre tendre étaient peut-être les plus courants.

Ceux-ci vont des quelques exemples dans le Style Interculturel figuratif, qui devient rare à la fin du IIIe millénaire, aux nombreux simples pots, bols et couvercles décorés d'un cercle pointé qui avaient leurs origines dans la péninsule d'Oman. On trouve également quelques poteries qui ne viennent pas de la région. Les potiers locaux étaient suffisamment habiles pour les copier, si bien qu'il est difficile de distinguer les poteries importées de celles produites sur place. Des objets exotiques telle la célèbre tête de taureau du temple de Barbar pourraient également avoir été importés, avec d'autres objets en cuivre et des récipients en albâtre provenant du même site.

Les sources de ces importations étaient nombreuses et variées. Le cuivre et la pierre tendre, comme nous l'avons vu plus haut, semblent originaires d'Oman, l'ancienne Magan.

77 Crapaudine votive d'Ur-Nanshé, roi de Lagash
Mésopotamie : Tello, ancienne Girsu (Pays de Sumer)
Époque dynastique archaïque III (vers 2500 av. J. -C.)
Calcaire
H 11,2 D MAX. 28 cm
Paris, musée du Louvre, inv. nº AO 252
B E. Sollberger, Paris 1956 : Urn 36 ; B. André, 1982, nº271 p. 228 ; J. S. Cooper, 1986, p. 30 (La 1.22)

La pierre, portant un trou central destiné à accueillir un pivot de porte, fut trouvée dans les fondations d'un temple, à Girsu, grande ville de l'État de Lagash.
Ses vingt-quatre cases d'inscriptions rapportent la construction de plusieurs sanctuaires, ceux des divinités majeures du panthéon local, pour lesquelles le roi Ur-Nanshé « fit apporter (à Lagash), par les bateaux de Dilmoun, du bois des pays lointains » (Cat. 1).

Béatrice André-Salvini

De la céramique peinte provenait d'Arabie orientale et d'Iran, d'autres poteries et de la cornaline de la vallée de l'Indus, tandis que le lapis-lazuli était originaire du Badakshan, qui fait partie de l'Afghanistan moderne. Les contacts avec l'Indus semblent avoir été particulièrement importants, car certains des plus anciens sceaux trouvés à Bahreïn, les sceaux dits du Golfe arabe, trahissent clairement l'influence de la civilisation harappéenne. Les sceaux sont décorés de motifs originaires de la vallée de l'Indus, tel le taureau à bosse. Certains portent de brèves inscriptions dans l'écriture de la vallée de l'Indus, bien que les épigraphistes pensent qu'il pourrait s'agir plutôt d'une transcription de la langue locale que de celle de l'Indus. Il pourrait même y avoir eu des contacts plus lointains avec l'Asie centrale, qui sont peut-être à l'origine de la tête de taureau et d'autres objets du temple de Barbar mentionnés ci-dessus.

Le rôle de Dilmoun en tant qu'entrepôt à la fin du IIIe millénaire av. J.-C. a apparemment déclenché son rapide essor au début du IIe millénaire ; mais le seul aspect de ce commerce pour lequel subsiste une importante documentation écrite est celui avec l'ancienne Mésopotamie ; les tablettes cunéiformes nous apprennent que l'organisation du négoce changea fréquemment au cours de la période 3200- 2000 av. J.-C. environ.
Les premières références écrites à Dilmoun, dans les tablettes mésopotamiennes, ont trait à des artefacts en cuivre et précèdent de beaucoup les premiers villages et villes sur l'archipel de Bahreïn. Le nom de Dilmoun, à cette date précoce de 3200 av. J.-C. environ, semble renvoyer aux régions productrices de cuivre d'Oman.
Tout au long du IIIe millénaire, on continue de trouver des références, peu nombreuses, au cuivre et aux bois précieux arrivant de Dilmoun,

souvent destinés à la construction de temples par des souverains comme Ur-Nanshé de Lagash, mais, vers 2400 av. J.-C., le nom paraît désigner la province orientale d'Arabie plutôt qu'Oman, tandis que la région minière d'Oman est maintenant baptisée Magan. À la fin du IIIe millénaire, pendant les quelque cent ans où les rois d'Ur III détenaient le pouvoir en Mésopotamie, Dilmoun est à peine cité, et les contacts se faisaient entre les marchands dans la capitale d'Ur et Magan (Oman), qui produisait du cuivre.

En 2 000 av. J.-C., on relève un autre changement : les tablettes ne parlent plus que de Dilmoun, nom qui désigne à présent les îles de Bahreïn. Un peu plus tard, il comprend également Failaka et la province orientale d'Arabie. Nous ne savons pas pourquoi ce changement se fit ni comment les navires mésopotamiens furent détournés de Magan vers Dilmoun, encore qu'il fût à l'évidence plus facile et moins onéreux pour eux de terminer leurs voyages à Bahreïn et de s'y approvisionner plutôt que d'aller jusqu'à Magan. Peut-être les marchands de Dilmoun surent-ils vendre moins cher que leurs concurrents de Magan. Il semble peu probable, en tout cas, que les habitants de Dilmoun aient utilisé la force pour s'emparer de ce marché lucratif car les sites de l'île ont livré très peu d'armes. Peut-être le progrès dans les dimensions ou la vitesse des navires de Dilmoun permit-il à Bahreïn de prendre le dessus sur ses rivaux et de réduire les prix. D'un autre côté, il semble qu'il y ait eu d'importants troubles à Magan même, qui pourrait de ce fait avoir perdu le contrôle du commerce, tout en continuant à exploiter le cuivre.

Par chance, nous savons mieux comment fonctionnait le commerce entre Ur et Dilmoun, car les fouilles faites à Ur ont mis au jour les registres d'un homme appelé Ea-Nasir qui vécut au tout début du IIe millénaire et qui, en tant que marchand, était spécialisé dans le commerce avec Dilmoun. De tels marchands étaient appelés *Alik Dilmun*, ou « ceux qui vont à Dilmoun ». Ces hommes travaillaient, semble-t-il, pour le temple d'Ur, qui leur fournissait les fonds pour leurs expéditions à Dilmoun afin d'acquérir du cuivre, lequel était alors un bien de consommation courante plutôt qu'un luxe, et divers autres biens, notamment, étain, bois, pierres semi-précieuses, ivoire et animaux exotiques. L'importance du cuivre dans l'économie mésopotamienne est attestée par les très grandes quantités citées dans certains textes. L'une des cargaisons pesait jusqu'à 18,33 tonnes. Les autres produits représentaient des volumes moins importants.

Outre les marchands qui venaient d'Ur, il semble probable que certains négociants dilmouniens aient voyagé vers le nord et vécu à Ur, puisqu'on y a trouvé un certain nombre de leurs sceaux caractéristiques. Ils paraissent s'être aventurés un peu plus loin, puisqu'il est fait référence à des individus de Dilmoun dans les célèbres lettres de Mari trouvées en Syrie sur les rives du cours moyen de l'Euphrate. Ces Dilmouniens sont qualifiés de messagers, et dans l'un des textes il est question d'un *lugal* ou roi de Dilmoun à qui on envoie de l'huile en cadeau. Grâce à d'autres éléments d'information, tel le sceau de Dilmoun sur une tablette de Suse, et quelques tablettes, nous savons que l'Iran était également mêlé à ce réseau complexe de relations commerciales, et la présence d'un temple dédié au dieu dilmounien Inzak à Suse pourrait indiquer que des marchands de Bahreïn y vivaient également.

Alors que les textes nous informent sur les biens arrivés dans le sud de la Mésopotamie, il est curieux que nous sachions si peu de choses sur les biens envoyés en retour à Dilmoun. On pensait autrefois que le grain formait une part importante de ces exportations, mais cette hypothèse a récemment été mise en doute, car le grain est difficile à transporter en vrac et de relativement peu de valeur. Il semble désormais plus probable que des marchandises comme les textiles et les huiles, également mentionnées dans les textes, constituaient l'essentiel, et que d'autres biens périssables, dont certaines céréales, ne jouaient qu'un rôle secondaire. Il est également question dans les textes cunéiformes de sacs et d'autres objets en cuir. Aucun de ces biens périssables n'a pu laisser d'importantes traces archéologiques. On a cependant identifié récemment un bien plus durable : du bitume provenant de Hit sur l'Euphrate, à Qal'at al-Bahreïn. Il y a peu d'objets manufacturés du Dilmoun ancien dont on puisse prouver qu'ils sont d'origine mésopotamienne, mais les sceaux présentent certains motifs caractéristiques de la région tel un dieu portant le casque à cornes typique du panthéon mésopotamien. D'autres motifs semblent d'origine syrienne.

Un réseau commercial de l'importance et de la complexité de celui qui existait entre la Mésopotamie et Dilmoun exige des techniques administratives relativement compliquées pour la pesée, la fixation des prix et l'enregistrement des transactions. Si nous possédons des textes cunéiformes de Mésopotamie, comme nous l'avons vu, il ne subsiste pas de documents comparables provenant de Dilmoun. Le système d'écriture local, pour autant qu'il ait existé, utilisait sans doute des matériaux périssables comme l'encre et les peaux, qui n'ont pas survécu. Nous avons pourtant des témoignages sur deux systèmes de poids et mesures en usage dans les îles : l'un provient de Mésopotamie, grossièrement fondé sur le système sexagésimal, tandis que l'autre est un système binaire provenant de la vallée de l'Indus. Les poids du premier système sont en forme de balles de fusil et sont souvent faits en hématite, tandis que ceux du second sont des cubes de pierre finement veinée ; les uns et les autres étaient employés avec un trébuchet d'un type utilisé dans le Golfe par les marchands de perles depuis des temps immémoriaux. Le plus important objet administratif était sans doute le sceau décoré dans le style Dilmoun ancien caractéristique. Ces sceaux servaient à identifier les parties

78 Document administratif sumérien mentionnant un bateau de Dilmoun
Mésopotamie : Tello, ancienne Girsu (Pays de Sumer)
Époque dynastique archaïque III (vers 2400-2380 av. J.-C.)
Argile
H 4,5 l 4,5 E 2,3 cm
Paris, musée du Louvre, inv. n° AO 283
B F. Thureau-Dangin 1903, n° 23 ; M. Lambert 1953, p. 110-111 ; H. Limet 1960, p. 67-68 ; W. Heimpel 1987, p. 73

Cette tablette concerne la fabrication d'objets de bronze destinés au Trésor du temple de la déesse Nanshé, dans la ville de Girsu : « 9 mines de cuivre mêlé d'étain, pour un (objet de) bronze en forme de (timon ? de) bateau de Dilmoun. Nigin-mud est le forgeron ; c'est la propriété du *sangu* (l'administrateur du temple) ». Dilmoun possédait une flotte commerciale nécessaire à son rôle maritime, et qui est parfois évoquée de façon très schématique sur les sceaux. L'appellation « bateau de Dilmoun » est listée dans les textes lexicographiques. La quantité de bronze mentionnée — l'équivalent de 4,5 kg —, fait penser qu'il s'agit d'une partie ornementale ou utilitaire d'un bateau, ou bien d'un modèle de bateau. Six siècles plus tard, lorsque les marchands d'Ur, spécialisés dans le commerce avec Dilmoun, iront eux-mêmes prendre livraison des marchandises à Dilmoun, ils voueront des modèles de bateaux en argent à la déesse Ninégal, la protectrice des marins, pour la remercier de leur prospérité et de les avoir fait revenir sains et saufs de leur long voyage.

Béatrice André-Salvini

79 Document administratif sumérien mentionnant des marchandises d'échange avec Dilmoun
Mésopotamie : Tello, ancienne Girsu (Pays de Sumer)
Époque dynastique archaïque III : an 6 du règne de Lugalanda (vers 2350 av. J.-C.)
Argile
H 5,7 l 5,7 E 2,5 cm
Paris, musée du Louvre, inv n° AO 13725
B F. Allotte de la Fuye 1920 : DP 518 ; M. Lambert 1953, p. 62-63

Les archives économiques des temples et du palais de Lagash attestent d'importantes relations commerciales entre cet État et Dilmoun. En l'an 6 du règne du prince Lugalanda, la princesse Baranamtara fait peser 5 mines (2,5 kg) de vêtements de laine de mouton et un poids égal d'argent, dans le palais, pour le commissionnaire Girnibadib partant pour le pays de Dilmoun. La laine est une ressource importante de l'État de Lagash, mais l'argent est certainement une importation, réexportée vers Dilmoun.

Béatrice André-Salvini

prenant part à une transaction, ainsi qu'à sceller les marchandises.
Les empreintes faites avec ces sceaux sont le meilleur témoignage sur la manière dont ils étaient utilisés. Une étude de ces marques au revers de bulles d'argile laisse à penser que la plupart d'entre eux servaient à sceller des sacs fermés par un lien, des cols de jarres, des coffres et peut-être même des portes. Un grand nombre de ces empreintes furent trouvées sur le site de Saar, toutes dans le style dilmounien (Cat. 107-111). Il semble donc que les biens sur lesquels elles étaient apposées furent à l'origine emballés à Dilmoun même. Rien, dans les textes, n'indique ce circuit d'échanges locaux, et comme bon nombre des biens étaient, semble-t-il, des denrées consommables, il n'en reste pas de traces archéologiques non plus ; la glyptique témoigne ici de tout un aspect de la vie économique qui n'a pas été consigné par ailleurs.
Outre les scellements évoqués ci-dessus, on connaît un certain nombre de « jetons » provenant de Bahreïn dont on ignore l'usage, mais qui avaient, semble-t-il, une fonction administrative, puisqu'ils pourraient avoir servi d'autorisations ou de reçus. Ce sont des pièces d'argile en forme de disque ou de bouton, faits avec soin, parfois percés d'un trou pour être accrochés, et portant un cachet d'un côté ou des deux (Cat. 112-114). Il est intéressant de noter que, dans au moins l'un des cas, le motif de cercles concentriques en boucle est le même sur des exemples provenant d'au moins trois sites de Bahreïn, Qal'at, le temple de Barbar et Saar.

Les trois premiers siècles du IIe millénaire marquèrent l'apogée de la prospérité de Dilmoun et sa plus grande expansion géographique.
L'île de Failaka, à l'embouchure de la baie de Koweit, fut occupée peu après 2000 av. J.-C., sans doute pour rendre plus facile et plus rapide le transfert des biens vers les villes du sud de la Mésopotamie. Le cuivre resta la matière de base pour le commerce vers le nord, jusqu'à ce que le réseau cesse plus ou moins de fonctionner vers 1700 av. J.-C. Trois facteurs principaux semblent avoir provoqué le déclin de Dilmoun ; Ur, le principal port d'entrée pour le cuivre de Dilmoun dans le sud de la Mésopotamie, fut détruit à la suite de révoltes locales contre le gouvernement central sous le règne du fils d'Hammourabi de Babylone ; le marché potentiel du cuivre dans le sud de la Mésopotamie se tarit, car la région se dépeupla après ces troubles, et les fournisseurs du Golfe durent affronter la concurrence d'un cuivre meilleur marché provenant d'Anatolie et de Chypre, de plus en plus aisément disponible. La réaction classique à ce genre de situation économique aurait été, pour Dilmoun, de chercher de nouveaux marchés ; mais, malheureusement, le déclin économique de la vallée de l'Indus limitait les possibilités de diversification, et de toutes les régions environnantes seule Suse demeura suffisamment prospère pour maintenir les liens traditionnels pendant un temps limité. Après quoi, Dilmoun sombra dans les limbes de l'histoire pendant deux ou trois cents ans, avant de réapparaître dans l'histoire écrite comme province kassite.

80 Sceau-cylindre portant une inscription et une scène de présentation à une divinité

Nécropole de al-Maqsha, fouilles bahreïniennes 1991-92, Tombe 27/a
Époque de l'Empire d'Ur III (fin IIIe millénaire av. J.-C.)
Hématite
H 0,5 D 2,6 cm
Manama, Musée national de Bahreïn, réserves
Inédit. Pour comparaison, voir par ex. M.V. Nikolskij, 1908

La scène devait figurer une « présentation » d'un orant, par une déesse protectrice, à un dieu barbu assis sur son trône, derrière lequel un aigle aux ailes éployées plane au-dessus de deux lions dressés, entrecroisés. Le fauve qui est tourné vers la gauche tient une hampe. C'est l'iconographie caractéristique de l'époque d'Ur III.
L'objet a été retaillé, peu de temps après sa fabrication, pour permettre au lapicide de rajouter une inscription de trois lignes, dans un cartouche, supprimant ainsi la figure de l'adorant. Le bras droit de la déesse, replié pour saisir le personnage par la main, est coupé par le cadre inscrit, de même que les pattes du lion dressé tourné vers la droite et la hampe qu'il devait tenir, symétriquement à celle de l'autre animal. L'harmonie de la scène est ainsi détruite.
L'inscription, en sumérien donne deux noms propres et un titre : « Kaga, "l'homme des grands bateaux", fils de Abbagula ». Le titre mentionné (*lu ma gal-gal*), n'est pas fréquemment attesté, mais il apparaît plusieurs fois, ainsi que le type de bateau auquel il est lié (*ma gal-gal*), déjà dans des textes administratifs de l'époque dynastique archaïque III (vers 2400 av. J.-C.). Ce sont des listes de bateaux, de marins et bateliers où il occupe la première place (par ex. Nikolskij, 1908 n° 12,1 et 306,1), ce qui souligne son importance. Il peut être traduit comme « capitaine au long cours ». Chez les commerçants maritimes de Dilmoun, il devait s'agir de personnages de haut rang.

Béatrice André-Salvini

81 Document administratif sumérien mentionnant l'arrivée à Lagash de cuivre venant de Dilmoun

Mésopotamie : Tello, ancienne Girsu (Pays de Sumer)
Époque dynastique archaïque III : an 1 du règne d'Enentarzid (vers 2365 av. J.-C.)
Argile
H 6 l 6 E 2,5 cm
Paris, musée du Louvre, inv. n° AO 3999
B F. Thureau-Dangin 1903, n° 26 ; M. Lambert, 1953, p. 60-61

Les textes économiques de Lagash montrent que le marchand Ur-Enki avait une activité importante dans le trafic maritime entre Lagash et Dilmoun. Ce reçu témoigne qu'il apporte à Dimtu, femme du prince Enentarzid, 214 mines de cuivre, soit 85 kg. Le grain et le blé sont les marchandises d'échanges.

Béatrice André-Salvini

82 Billet de provisions pour des fonctionnaires royaux revenant de Dilmoun

Mésopotamie : Tello, ancienne Girsu (Pays de Sumer)
Époque de la IIIe dynastie d'Ur, règne de Shulgi (vers 2080 av. J.-C.)
Argile
H 2,5 l 2,5 E 1,4 cm
Paris, musée du Louvre, inv. n° AO 3474
B F. Thureau-Dangin 1902, p. 75 et 93 ; F. Thureau-Dangin 1903, n° 337 ; T. Fish 1954, p. 84

Si les souverains de l'empire d'Ur allaient se fournir directement en cuivre au pays de Magan, situé au-delà de Dilmoun, ils n'en continuèrent pas moins à avoir des relations avec Dilmoun. Ce reçu accorde 2 litres (2 sila) de farine à Ur-Dumuzi, le messager, qui revient à Lagash avec deux missionnaires subalternes, souffrants. Agaushlugal ne reçoit qu'un demi-sila de farine.

Béatrice André-Salvini

83 Document administratif sumérien mentionnant des produits de Dilmoun
Mésopotamie : Tello,
ancienne Girsu (Pays de Sumer)
Époque dynastique archaïque III
(vers 2380-2350 av. J.-C.)
Argile
H 5,2 l 5,2 E 2,5 cm
Paris, musée du Louvre,
inv. n° AO 13611
B F. Allotte de la Fuye 1913 :
DP 405

Compte de plantes potagères des jardins de Girsu, parmi lesquelles de l'« ail de Dilmoun ». Avec les dattes, mentionnées également dans les textes des archives de la principauté de Lagash, ces plantes à bulbe étaient cultivées à Dilmoun, puis exportées et les Sumériens les considéraient comme un produit de choix.

Béatrice André-Salvini

84-86 Lingots de cuivre
An-Nasiriyah,
découverte fortuite
Dilmoun ancien,
vers 2000-1800 av. J.-C.
Cuivre
L 16,5, 13,5 et 10,5
l MAX. 4,8, 6,5 et 3,4 cm
Manama, Musée national
de Bahreïn, réserves
Inédit

Ces lingots qui revêtent divers aspects, de la calotte presque sphérique au tronc de cône aplati, appartiennent au type dit « plano-convexe », très répandu au Proche-Orient ancien. Leur forme résulte de leur procédé de production qui consistait, vraisemblablement sur le lieu d'exploitation minière, à extraire le métal dans un fourneau grossier creusé dans le sol ; une fois atteinte la température de fusion (environ 1083°). Le cuivre, libéré de sa gangue de minerai et séparé de ses scories, s'écoulait vers le fond du fourneau et s'accumulait au fond de la dépression qui donnait sa forme, irrégulière, au lingot. C'est sous cette forme que le cuivre était sans doute exporté des régions minières d'Oman. Il pouvait être aussi préalablement affiné par des refontes successives en creuset avant sa commercialisation ; il n'est d'ailleurs pas exclu que cette dernière opération ait pu se dérouler parfois à Bahreïn même. Le célèbre « Vase à la Cachette » de Suse, vers 2450 av. J.-C., a livré des lingots similaires, dont le degré d'affinage était déjà important (Tallon 1987, p. 195-196).

87 Jarre à décor peint
Nécropole de Madinat Hamad,
saison et tombe non spécifiées
Dilmoun ancien,
vers 2000-1800 av. J.-C.
Céramique
H 20,5 D MAX. 23,2 cm
Manama, Musée national
de Bahreïn, inv. n° 302-2-88
Inédit

Les potiers de Dilmoun étaient devenus de véritables experts pour copier certains types céramiques qui abordaient l'île de Bahreïn dans le cadre du commerce de transit, et il est souvent malaisé de distinguer les productions originales de leurs imitations locales. Ce type de vase globulaire reproduit un décor familier de l'Iran oriental ou même de la région de l'Indus, mais peut aussi avoir été réalisé à Bahreïn.

88 Vase en pierre tendre
Nécropole de al-Hajjar,
fouilles bahreïniennes 1979,
Tombe 2
Dilmoun ancien,
vers 2000-1800 av. J.-C
(contexte de découverte)
Chlorite
H 5 D MAX. 8,8 cm
Manama, Musée national
de Bahreïn, inv. n° 3183-4-98
Inédit

Ce petit récipient cylindrique est l'un des très rares exemples à Bahreïn de vases en pierre d'origine probablement iranienne. Le décor couvrant toute la surface, profondément incisé, représentation naturaliste d'un motif natté, est à associer à une production qui s'est développée pendant le deuxième tiers du IIIe millénaire av. J.-C. À partir des montagnes du centre sud de l'Iran, elle a exporté largement vers les sites mésopotamiens, et dans une moindre mesure, vers le Golfe, où on les retrouve souvent dans des contextes plus tardifs.

89 Vase à décor peint
Nécropole de Saar,
fouilles bahreïniennes 1989,
Tumulus 178
Dilmoun ancien,
vers 2000-1800 av. J.-C.
Céramique
H 16,3 D MAX. 16 cm
Manama, Musée national
de Bahreïn, inv. n° 2066-2-90
Inédit

Le décor peint de cette petite jarre globulaire, réalisée dans une pâte de grande qualité, évoque celui que l'on observe sur la riche production céramique du cimetière de Shahdad, dans le Kerman, en Iran (cf. Hakemi 1997, p. 584-604).

90 Vase tronconique en pierre tendre
Nécropole de al-Hajjar,
saison et tombe non spécifiées
Dilmoun ancien,
vers 1800 av. J.-C.
Chlorite
H 9 D MAX. 9,5 cm (vase) ;
H 6 D MAX. 4,5 cm (couvercle)
Manama, Musée national
de Bahreïn, inv. n° 195-2-88
Inédit

La forme tronconique très accentuée de cet élégant vase en chlorite, importé de la péninsule d'Oman, et celle de son couvercle au profil incurvé, associée à son décor (cercles pointés simples associés à des séries de lignes droites) sont également représentatives de la période dite du « Wadi Suq ». L'absence de moyen de préhension sur la panse tend à le situer dans une phase tardive de cette culture.

91 Vase à bec-verseur de tradition omanaise
Nécropole de 'Ali,
fouilles bahreïniennes 1988-89,
Tumulus 101.16
Dilmoun ancien,
vers 1900-1800 av. J.-C.
Céramique
H 17 D MAX. 18,5 cm
Manama, Musée national
de Bahreïn, inv. n° 2017-2-90
Inédit. Parallèles : *Bahrain National Museum* 1993, p. 33

La culture omanaise dite du « Wadi Suq », vallée où elle fut repérée pour la pemière fois, et qui fait suite à celle d'Umm an-Nar, au IIe millénaire av. J.-C., a produit à profusion ce type de jarre globulaire sans col, dotée d'un bec-verseur (Donaldson 1984 : fig. 8-9, p. 288-289). On sait cependant, grâce à des analyses archéométriques, qu'elles furent également copiées par les potiers du Dilmoun ancien, dans l'argile typique de Bahreïn. C'est le cas du présent vase.

92 Gobelet sur piédestal
Nécropole de Saar,
fouilles bahreïniennes 1977-78,
Tumulus 100
Dilmoun ancien,
vers 2000-1800 av. J.-C.
Céramique
H 13,2 D MAX. 9,2 cm
Manama, Musée national
de Bahreïn, inv. n° 413-2-88
B Ibrahim 1982 : 32 ; fig. 38 : 3 ;
pl. 49 : 3

Ce type de gobelet en pâte grise fine, avec son bourrelet caractéristique soulignant la liaison entre le pied et la panse, représente sans aucun doute une importation de la région de l'Indus. On connaît ainsi des exemplaires de forme très proche, réalisés dans une pâte brun clair, et associés aux niveaux de la période VIII de Mehrgarh, au Pakistan, vers 1900 av. J.-C. (Jarrige *et alii* 1995, p. 356, fig. 7.27 : c ; Catalogue *Les cités oubliées de l'Indus*, n° 131).

93 Vase à décor peint dans le style de l'Indus
Nécropole de Dar Kulayb,
fouilles bahreïniennes 1994-95,
Tumulus 12
Dilmoun ancien,
vers 2000-1800 av. J.-C.
Céramique
H 11,9 D MAX. 9 cm
Manama, Musée national
de Bahreïn, inv. n° 94-6-1
Inédit

Comme paraît l'indiquer son décor caractéristique de feuilles de pipal, traditionnel dans l'iconographie harapéenne, mais aussi sa forme, ce petit vase est certainement une production de la vallée de l'Indus, peut-être de la région de Amri. Un exemplaire identique a été mis au jour dans la Province orientale d'Arabie Saoudite (Bukholder 1984, n° 30).

94 Lot de perles de l'Indus
Nécropole de Madinat Hamad,
fouilles bahreïniennes 1998-99,
Tumulus 420
Dilmoun ancien,
vers 2200-2000 av. J.-C.
Cornaline traitée
L de 0,55 à 3
l ou D de 0,5 à 1,7 cm
Manama, Musée national
de Bahreïn, réserves
Inédit

Ce lot inclut plusieurs perles à décor géométrique blanc obtenu par « gravure » ou décoloration partielle à l'aide d'une pâte à l'alcali ; elles sont une production caractéristique de la civilisation de l'Indus qui les exportait en Mésopotamie, en Susiane ou dans le Golfe (Reade 1979). Le modèle le plus couramment rencontré à Bahreïn (paire de cercles concentriques juxtaposés) est généralement daté, d'après Reade, entre 2300 et 2150 av. J.-C.

95, 96 Vases miniatures en pierre tendre

Nécropole de al-Maqsha,
fouilles bahreïniennes 1992-93,
Tombe 4
Dilmoun ancien,
vers 2000-1800 av. J.-C.
Chlorite
H 4,6 et 5,5 D MAX. 2,7 et 5,5 cm
Manama, Musée national
de Bahreïn, inv. n° 93-1-2 et
réserves
Inédit

Ces deux vases miniatures sont des exemples typiques d'importations originaires de l'Iran. Le premier, en forme de bouteille miniature à panse quadrangulaire et à col rond, décoré sur ses faces de cercles pointés, appartient à un type découvert au nord de la Bactriane, au sud du Kerman, ainsi qu'en Susiane (sud-ouest de l'Iran) ; sa présence à Bahreïn aussi bien que dans la péninsule d'Oman (Tombe A de Hili Nord) atteste de l'étendue des échanges inter-régionaux à l'âge du Bronze. La forme du second, à la panse couverte du motif d'écailles caractéristique de cette production du IIIe millénaire av. J.-C., trouve des équivalents exacts parmi des vases de grande taille exhumés en Iran, en Mésopotamie ou dans l'île de Tarut.

97 Collier

Nécropole de Saar,
fouilles bahreïniennes 1978-79,
Tumulus 267.5
Dilmoun ancien,
vers 2000-1800 av. J.-C.
Cornaline, lapis-lazuli, cuivre
L 29,5 cm
Manama, Musée national
de Bahreïn, inv. n° 1809-2-8
Inédit

Cette parure se distingue par la présence de quatre perles discoïdales en lapis-lazuli, originaires du Badakshan (Afghanistan) ; elle a cependant pu être réalisée, à Bahreïn, par des artisans locaux.

98 Gobelet sur piédestal, à parois concaves
Nécropole de Saar,
fouilles bahreïniennes 1988,
Tumulus 140
Dilmoun ancien,
vers 2000-1800 av. J.-C.
Céramique
H 20 D MAX. 12 cm
Manama, Musée national
de Bahreïn, inv. n° 1843-2-89
B *Bahrain National Museum* 1993, p. 22

Cet élégant calice, réalisé dans une pâte extrêmement fine et au décor peint géométrique soigné, a parfois été rattaché à une tradition harapéenne de gobelets à pied de la période VII de Mehrgarh, au profil cependant plus lourd, et de datation plus ancienne (Cf. par ex. Jarrige *et alii* 1995, p. 171 : c), qui possèdent cependant des correspondants plus tardifs, en albâtre, dans la région de Quetta. Il serait tout aussi approprié de rechercher l'origine de ce type du côté de la Bactriane occidentale, où des calices plus proches, bien que non décorés, proviennent des tombes de Dashly Tépé 3, par exemple, datées du tout début du IIe millénaire av. J.-C. (Francfort 1989, p. 355, fig. 37 : type III, 1). Un spécimen similaire en cuivre, de même période, a été également découvert dans un tumulus de Bahreïn (Crawford 1988a, fig. 5.4, p. 85).

99 Bol
Nécropole de 'Ali,
fouilles bahreïniennes 1988-89,
Tumulus 2
Dilmoun ancien, vers
2000-1800 av. J.-C.
Calcite zonée (« albâtre »)
H 5 D MAX. 9,8 cm
Manama, Musée national
de Bahreïn, inv. n° 1835-2-89
Inédit

La forme de ce bol en calcite, aux parois très fines, est connue en Mésopotamie, ainsi qu'en Iran, région dont il provient très certainement (Casanova 1991, pl. 9 : 104).

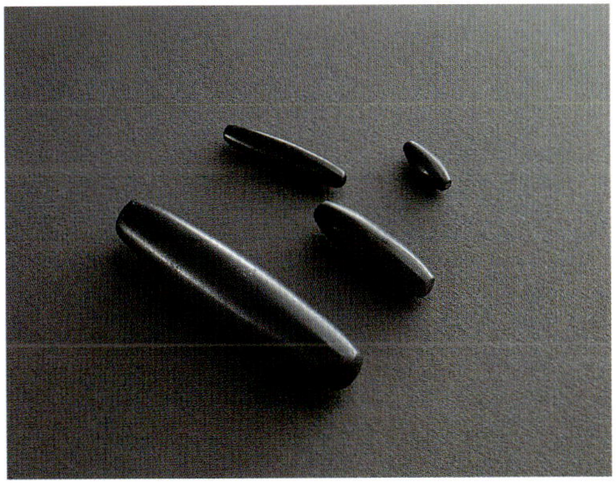

100-103 Poids fusiformes
Nécropole de Saar,
fouilles bahreïniennes 1991,
Tumulus 4
Dilmoun ancien,
vers 2000-1800 av. J.-C.
Hématite
L 2, 4,1, 4,1, 8,3
D MAX. 0,8, 1,2, 0,85, 1,8 cm
P 3,02, 16,40, 8,08, 81,87 gr
Manama, Musée national
de Bahreïn, réserves
Inédit

104, 105 2 Poids-canard
Nécropole de Saar,
fouilles bahreïniennes 1991,
Tumulus 4
Dilmoun ancien,
vers 2000-1800 av. J.-C.
Hématite et calcaire veiné
L 3 et 2,3 D MAX. 1,9 et 1,3 cm
P 24,50 et 5,12 gr
Manama, Musée national
de Bahreïn, réserves
Inédit

106 Poids de l'Indus
Habitat de Saar,
fouilles britanniques 1992-93
(I12 : 5019 : 01), Maison 223
Dilmoun ancien,
vers 2000-1800 av. J.-C.
Silex
H 1,5 L 1,2 l 1,2 cm P 6,8 gr
Manama, Musée national
de Bahreïn, réserves
B Crawford *et alli* 1997, fig. 91.
Parallèles : Højlund et Andersen
1994, fig. 19985, p. 395

Dans le système de l'Indus, ce type de poids cubiques voisine souvent avec d'autres, de forme sphérique, qui ont également été retrouvés à Qal'at al-Bahreïn ou à al-Hajjar. Cet exemplaire de Saar correspond exactement à la demi-valeur de l'unité de base du système de l'Indus (13,625 gr).

107-111 Scellements commerciaux, avec empreintes de cachets
Habitat de Saar, fouilles
britanniques 1992 (1045 : 01),
1991 (H13 : 12 : 1), 1992 (1042 : 19),
1991 (F17 : 75 : 1), 1992 (1596 : 01),
Maison 211 et Temple
Dilmoun ancien,
vers 2000-1800 av. J.-C.
Argile
D MAX. 2,5 à 3,2 E de 0,8 et 1,2 cm
Manama, Musée national
de Bahreïn, réserves
B Crawford et Matthews 1997,
p. 58 : 28 ; p. 56 : 13

112-114 Jetons estampés
Habitat de Saar,
fouilles britanniques 1995
(6539 : 01), 1994 (2665 : 06),
1992 (2126 : 01),
Maisons 60, 53, 57.
Dilmoun ancien,
vers 2000-1800 av. J.-C.
Argile
D MAX. 2,1, 2,05 et 1,5
E 0,9, 0,84 et 0,8 cm
Manama, Musée national
de Bahreïn, réserves
B Crawford 1998, p. 52, pl. 2 ;
p. 54, fig. 1-2 ; p. 57-58

« Saint est le pays de Dilmoun... »

Pierre Lombard

La question de la vie religieuse antique à Bahreïn est un sujet tout à la fois attirant et frustrant pour les historiens et les archéologues.

La plupart des spécialistes s'accordent sur le fait que les mythes mésopotamiens qui qualifient le pays de Dilmoun de « pur » et de « lumineux », confirment de fait le prestige immense et immémorial dont il jouissait auprès des Sumériens. Dilmoun, on l'a vu, représentait pour eux un partenaire vital, qui les impressionnait de surcroît pour sa situation environnementale et hydrologique si particulière : le lieu rare où l'*apsû* d'eau douce se mêle au Golfe salé, celui où les Deux Mers se rencontrent... Grâce à cette image forte, illustration idéale des fondements de la cosmogonie sumérienne, et colportée sans doute par des générations de marins et de commerçants, il n'est guère étonnant que le pays de Dilmoun ait même été progressivement idéalisé comme un endroit propice à la vie éternelle, où les dieux de Sumer placèrent en résidence le survivant du Déluge, Ziusudra, le seul humain digne de cette attention exceptionnelle.

On a aussi voulu voir à travers les nombreux édifices de culte mis au jour à Bahreïn une illustration de cette position privilégiée et du caractère sacré de Dilmoun. L'attitude même des Dilmouniens face à la mort, pleine de respect et génératrice d'une énergie collective à l'origine de la construction de dizaines de milliers de tumuli qui ont livré les indices d'une conception probable d'une vie dans l'au-delà, peut être effectivement considérée comme l'expression d'un profond sentiment religieux.

Pourtant, la rareté des textes ou inscriptions découverts à Dilmoun même limite rapidement l'interprétation des trouvailles archéologiques et il faut bien admettre que notre connaissance de la religion locale se limite à peu de choses.

Les édifices

On peut être effectivement frappé par le nombre de « temples » qui ont été découverts jusqu'ici, et ce sur une portion restreinte du nord de l'île principale de Bahreïn. Le bâtiment le plus connu est naturellement le complexe de temples de Barbar (cf. plus loin), qui fut l'une des premières découvertes de l'Expédition danoise à Bahreïn, en 1954. Sa fonction paraît incontestable, tout comme celle du remarquable édifice à colonnade mis au jour en 1973 par une équipe britannique à Diraz, mais qui demeure malheureusement inédit. Comme très probablement le précédent, le temple découvert à Saar (cf. plus loin) est totalement intégré à l'habitat, dont il constitue en quelque sorte la clé de voûte : c'est vers lui que convergent apparemment allées et rues. On considère par ailleurs que les deux puits du site d'Umm es-Sujour revêtaient un caractère sacré dont pourraient témoigner la centaine de blocs de pierre taillés qui parsèment leurs abords immédiats : ils ont toutes chances, en effet, de constituer les restes du bâtiment, sans aucun doute impressionnant, qui aurait été détruit au VIIIe siècle de notre ère sur les ordres du calife ommeyade Abdul al-Malik bin Marwan. Ce bâtiment aurait abrité un culte païen dont l'origine pourrait remonter au Dilmoun ancien ; c'est de cette période que datent plusieurs découvertes de la mission japonaise qui étudia le site en 1993-1994, dont un remarquable autel en pierre calcaire (Cat. 118).

Un culte lié à l'eau douce ?

Les puits sacrés d'Umm es-Sujour, connectés à l'une des plus importantes sources artésiennes de Bahreïn, renforce l'idée tentante, on le verra plus loin, d'associer étroitement le Temple II de Barbar et son puits-source, en supposant un culte dilmounien en relation directe avec l'*apsû* des textes religieux sumériens. C'est peut-être aller vite en besogne, dans la mesure où on ne connaît pas la (les) divinité(s) vénérée(s) à Barbar, ni à Umm es-Sujour. La connexion d'Enki, maître des abysses, et de Dilmoun est naturellement connue (cf. plus haut) ; c'est lui qui apporta la vie à Dilmoun, en autorisant Utu à approvisionner le pays en eau douce, tout comme il choisit de sauver Ziusudra du Déluge et de l'installer au Paradis de Dilmoun. Rien n'indique pourtant qu'il ait été vénéré à Bahreïn, où les temples identifiés étaient peut-être plutôt consacrés au fils d'Enki, Inzak, traditionnellement présenté comme la divinité tutélaire (*nabû*) de Dilmoun, ainsi qu'à son épouse Meskilak ; les membres de la diaspora dilmounienne avaient même consacré un temple à Inzak jusqu'à Suse (Iran). On notera également que ni le temple de Diraz, ni celui de Saar n'ont livré de puits ou d'installations en relation avec l'eau.

L'iconographie des sceaux

On verra plus loin combien l'iconographie des sceaux de Dilmoun apparaît hautement symbolique. Elle comporte pourtant, c'est évident, de nombreux élements en relation avec les croyances et les activités religieuses des Dilmouniens. Des personnages y côtoient régulièrement des figures arborant la tiare à cornes traditionnelle des dieux mésopotamiens (Cat. 125), tandis que d'autres paraissent visiblement engagés dans des scènes de culte, devant des autels ou des tables d'offrandes (Cat. 127). D'autres scènes, qui demeurent incompréhensibles pour nous, illustrent sans doute, telles des images pieuses, des épisodes familiers de la religion locale ; les scènes érotiques récurrentes (Cat. 123), qui mettent souvent en scène des personnages placés sur des podiums ou des autels, pourraient, au-delà de simples représentations profanes, appartenir à cette même catégorie.

Les temples de Barbar

H. Hellmuth Andersen, Flemming Højlund

Au cours de sa première campagne archéologique à Bahreïn en 1954, P.V. Glob repéra un tell peu élevé au sud du petit village de Barbar, à quelques centaines de mètres de la côte. Un grand bloc de pierre équarri qui dépassait du tell retint son attention, et, pour préciser la nature de l'élévation, il fit creuser une tranchée diagonale nord-sud.
En l'espace de quelques jours, il apparut que le tell de Barbar contenait les vestiges de temples très importants, et tous les ans jusqu'en 1961 de vastes fouilles furent conduites ici, sous la direction de Hellmuth Andersen et Peder Mortensen.
Trois temples successifs furent élevés, les temples I-III, en cinq états architecturaux (Ia-b, IIa-b et III). Le premier temple était placé sur un monticule descendant vers une dépression au sud-ouest où jaillissait une source d'eau douce. Un peu plus au nord-est on trouva un autre temple.
La structure générale des temples I et II est un « temple haut » muni d'une double plate-forme à gradins, l'une supérieure, trapézoïdale, et l'autre inférieure, ovale, deux ailes, un puits monumental à l'ouest et un enclos à l'est.
Le temple II était le mieux conservé, construit en pierre calcaire finement ouvragée, provenant peut-être de l'île de Jiddah. Du niveau du sol, un escalier conduisait à la plate-forme inférieure. La plate-forme supérieure, de forme trapézoïdale, était entourée d'un mur de soutènement de 2 m de haut. Le sol était couvert de dalles, et au centre du sanctuaire proprement dit se trouvait un double autel circulaire. Un certain nombre de pierres d'autel perforées au sommet étaient plantées dans le sol. Elles pourraient avoir servi à attacher des animaux pour les sacrifices, ou alors, comme ces pierres similaires érigées dans les temples levantins, elles étaient peut-être des ancres à l'origine. On a également découvert plusieurs pièces spectaculaires enterrées dans une fosse : des vases cylindriques en albâtre, un manche de miroir en cuivre en forme de figure humaine, un oiseau en cuivre et, le plus célèbre objet du temple de Barbar, une tête de taureau en cuivre. Cette tête surmontait peut-être à l'origine la caisse de résonance d'une lyre telles celles qu'on connaît en provenance des tombes royales d'Ur ou que l'on voit représentée sur un sceau de Dilmoun. On découvrit aussi des feuilles de cuivre qui étaient à l'origine clouées sur des structures en bois.
Le puits monumental, situé au pied de la plate-forme ovale, était une chambre construite sous le niveau du sol, avec une source d'eau douce. Il mesurait 4 x 2,5 m et était entouré de hauts murs en pierre de taille. Au moment des fouilles, l'eau montait à 1,5 m de haut. Trois larges canaux souterrains conduisent l'eau dans les jardins environnants. Un escalier, de 15 m de long et de près de 2 m de large, avec une trentaine de marches, menait du bassin vers la plate-forme supérieure, haute de 7 m. Au pied du mur de soutènement de la plate-forme supérieure,

Vue aérienne du complexe
de Barbar, après son
redégagement en 1983.

l'escalier était flanqué d'une double rangée de huit grandes pierres, chacune percée de deux trous. Dans les trous restaient des traces de bois revêtu de feuille de cuivre, sans doute des vestiges de statues cultuelles, peut-être des quadrupèdes ou des étendards portant des symboles cultuels.
Dans l'enclos à l'est se déroulaient de nombreux sacrifices, comme l'attestent les dépôts de cendres grises contenant les ossements brûlés des animaux. Une rampe reliait l'enclos à la plate-forme supérieure.
Le temple III était à l'origine beaucoup plus grand que les deux temples précédents, mais il fut gravement endommagé et ses pierres furent pillées. Érigé sur les vestiges remblayés du temple II, il comportait une plate-forme carrée, et se dressait à une hauteur d'au moins 4 m. Le temple III présente une remarquable rupture avec la tradition, dans la mesure il n'y a pas de trace des structures adjacentes précédentes, c'est-à-dire le puits monumental et l'enclos sacrificiel. Il est cependant intéressant de noter que le petit puits à l'angle sud-ouest, un peu à l'est du puits monumental et de l'enclos sacrificiel, passe par cinq stades de construction qui correspondent aux cinq stades du temple.
À 15 m au nord-est du tell principal, se dressent, contemporains du temple III, les vestiges d'un autre temple, dit temple « nord-est », gravement endommagé par les pillages.
Là aussi on a retrouvé les traces

de deux plates-formes ; celle, supérieure, était un carré parfait, et un grand trou au centre indiquait une structure en profondeur, sans doute un puits monumental, qui était probablement le principal sanctuaire de ce temple.
La conception d'un sanctuaire double, avec l'ajout du temple nord-est, correspond peut-être à la séparation de cultes qui auparavant étaient intégrés dans le même édifice.
Les temples sont en ruines en raison des démolitions liées aux reconstructions successives, mais aussi en raison des pillages à des époques ultérieures.
Les temples peuvent être datés des environs de 2000 av. J.-C., et sont contemporains de l'apparition des sceaux, des tumuli royaux de 'Ali et de la plus ancienne ville fortifiée à Qal'at al-Bahreïn.
La forme ovale des temples I et II pourrait révéler d'anciennes traditions remontant aux temples sumériens tel le temple d'Obeid dans le sud de la Mésopotamie. Un type spécial de gobelet conique, trouvé en grand nombre dans les fondations du temple I – apparemment des vestiges d'une cérémonie de libations – pourrait également indiquer des liens avec la Mésopotamie.
Quelle divinité était vénérée dans le temple de Barbar ? Il n'est pas facile de répondre à cette question, car on n'a trouvé ni inscriptions ni statues identifiables au moment des fouilles.

Barbar. Mur de soutènement de la plate-forme centrale du temple.

Barbar. Puits monumental du Temple II.

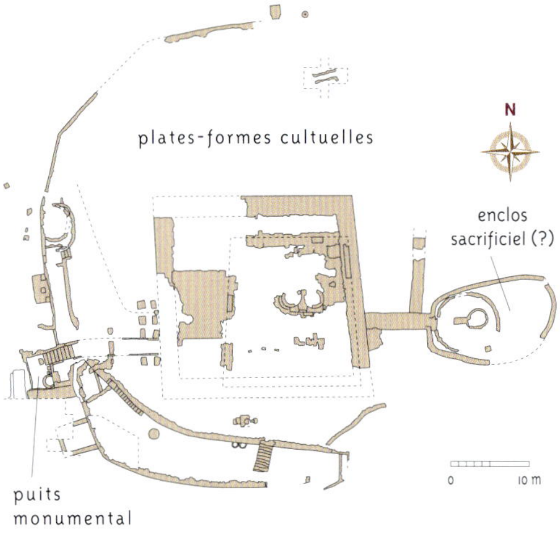

Barbar. Plan du Temple II.

Mais il faut souligner certaines caractéristiques frappantes du temple de Barbar. Le temple était situé sur une source d'eau douce, laquelle incarnait probablement l'objet même du culte. Sur cette source était érigé le puits monumental, et nous savons qu'un culte de l'eau s'y déroulait. Il n'est pas exclu qu'on puisse l'associer au dieu mésopotamien Enki, maître de l'océan d'eau douce souterrain, appelé *apsû*. Le temple-*apsû* est bien connu grâce aux sources écrites de Mésopotamie, mais il a été extrêmement difficile à identifier dans les fouilles.
Ni les inscriptions cunéiformes trouvées à Failaka et à Bahreïn, ni les sources écrites originaires de Mésopotamie ne prouvent cependant que Enki était vénéré à Dilmoun, dont la principale divinité était Inzak, que les Mésopotamiens introduisirent dans leur propre panthéon en tant que fils d'Enki. Peut-être ces dieux étaient-ils apparentés, dans l'esprit des Mésopotamiens, et Inzak également considéré à Dilmoun comme le dieu de l'eau douce.
Nous ne savons pas si le temple de Barbar, le plus grand temple mis au jour à Dilmoun, était consacré à la divinité tutélaire du pays, Inzak. D'autres dieux pourraient y avoir été vénérés, ainsi l'épouse d'Inzak, Meskilak.
Après sa fouille, le temple de Barbar fut réenfoui afin de protéger le site. À l'occasion de la conférence Bahrain Through the Ages en 1983, il fut à nouveau dégagé et rendu accessible au public.

Le temple de Saar

Robert Killick

Le temple de Saar occupe une position élevée au centre de l'habitat de l'âge du Bronze, à la jonction des deux rues principales. Il fut construit aux alentours de 1900 av. J.-C., au moment où l'établissement fut considérablement remanié, au cours de la période de la Cité IIb, et resta en usage pendant 150 à 200 ans, alors que bon nombre des maisons attenantes étaient déjà délabrées.
Le temple fut construit en pierre calcaire brute, provenant des carrières locales, à la différence du temple de Barbar, dont la maçonnerie est particulièrement soignée. La forme irrégulière de l'édifice n'a pas d'équivalents connus, mais peut se justifier partiellement par le fait qu'il devait s'insérer entre des bâtiments existants. En revanche, on ne sait expliquer l'étrange excroissance du mur dans le coin ouest.
Devant le temple se trouvaient des supports circulaires ou tables à offrandes que l'on remarque aussi dans le temple voisin et contemporain de Diraz.
Le temple possède une entrée unique qui conduit à la salle principale, avec une pièce secondaire dans l'angle ouest. Trois contreforts dans les murs longitudinaux indiquent les endroits où étaient placées les principales poutres du toit. Celles-ci étaient également soutenues par trois colonnes centrales. On n'a pas retrouvé de matériau de couverture du temple, mais celle-ci était probablement faite de couches de feuilles de palmier posées sur des poutres et des sablières, et scellées avec un enduit de boue.

Saar. Le temple et son quartier d'habitat adjacent.

Le temple a subi une série de modifications, tantôt majeures, tantôt mineures. Toutefois, pendant l'essentiel de son existence, il ne se composait que de la salle principale et de la réserve secondaire. Toutes les activités liées au culte devaient prendre place dans cette salle centrale. En l'absence de textes, on en est réduit aux hypothèses quant à leur nature, bien que certaines aient laissé des traces archéologiques. La principale aire cérémonielle au sein du temple était un groupe de banquettes auquel on accédait par deux petites marches. Cette partie bénéficiait d'un traitement spécial : le sol était

Saar Reconstitution axonométrique du temple (phase 2).

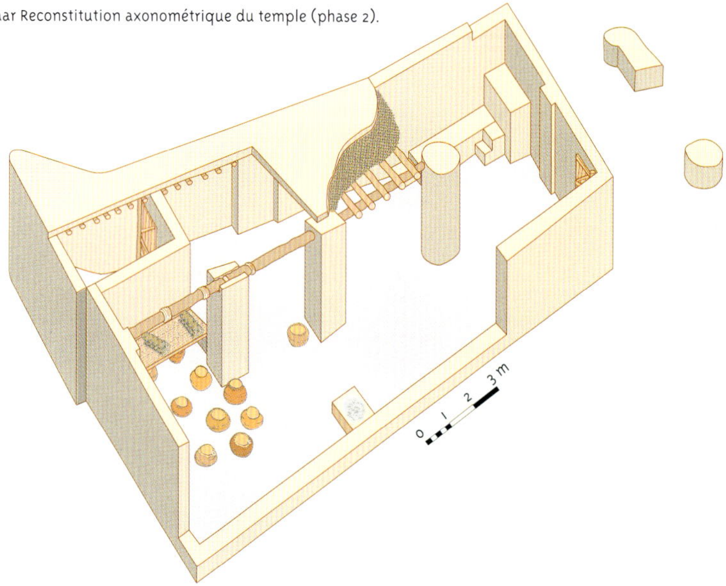

Saar. Partie ouest du temple.

maintenu très propre, certaines surfaces étaient couvertes de nattes, et les murs recouverts d'un enduit pourpre. La banquette principale apparaît comme un élément immuable de l'aménagement du temple, qui perdura tout au long de la vie de l'édifice. Elle était importante non pas en elle-même, mais pour ce qu'on y déposait, probablement les statues ou les symboles cultuels des divinités vénérées à Saar.
Un second point de culte était représenté par les deux autels, l'un adossé à la colonne centrale et l'autre sur le mur sud. Ces deux autels étaient de construction semblable, avec un socle en pierre et une partie arrière de forme concave. Ce motif courbe représente peut-être un croissant de lune stylisé ou des cornes de taureau. Les deux autels avaient une fonction semblable et servaient à

brûler des offrandes de nourriture, et peut-être des aromates, en l'honneur des dieux.
Pourquoi fallait-il deux autels ? On ne le sait pas, mais les explications plausibles sont nombreuses : peut-être la quantité d'offrandes et le nombre des cérémonies étaient-ils tels qu'un seul autel ne suffisait pas ; ou peut-être vénérait-on deux divinités distinctes, chacune ayant son propre autel.
L'arrière du temple, l'endroit le plus éloigné de l'entrée, servait de remise. C'est ici qu'on conservait les vases et les coffres contenant la nourriture et les autres substances nécessaires aux rituels. On y a trouvé de nombreux scellements brisés, jetés lorsque les récipients furent ouverts. La petite pièce dans l'angle ouest offrait un espace supplémentaire pour le stockage, peut-être réservé aux biens plus précieux du temple.
À l'extérieur, les supports ou tables à offrandes dans la rue devaient avoir une fonction religieuse. Ils étaient posés directement sur le sable meuble, sans aucun reste brûlé ni signe de calcination, laissant à penser qu'ils n'avaient pas la même fonction que les autels intérieurs. S'il s'agissait de tables à offrandes, peut-être servaient-elles à recevoir les donations et offrandes privées faites au temple. Elles pourraient aussi avoir servi de piédestaux pour exposer en public les statues ou les symboles des dieux, soit de façon permanente, soit, plus vraisemblablement, en des occasions spéciales.
Le rôle du temple dans la vie religieuse de l'habitat est sans équivoque. Sa position surélevée et sa conception architecturale particulière indiquent à elles seules qu'il occupait une place centrale dans les croyances religieuses des habitants. Il est difficile de préciser ce que recouvrait cette foi religieuse, mais on peut dire qu'elle partageait certaines caractéristiques avec les pays voisins : le culte nécessitait un édifice spécial (il n'y a pas de sanctuaires domestiques à Saar) et des dévotions qui comprenaient des actes propitiatoires à travers des offrandes de nourriture et de boisson. Le symbolisme religieux, tel qu'on le voit sur les sceaux, emprunte beaucoup à la Mésopotamie, encore que sa signification profonde a pu évoluer avec son transfert à Dilmoun. Il est donc dangereux de faire des rapprochements trop étroits avec des divinités particulières, et on pourrait penser que, compte tenu de la nature rustique du temple, ce n'était peut-être pas un membre particulièrement important du panthéon de Dilmoun qui était vénéré à Saar.
Le temple jouait-il également un rôle dans la vie économique et politique de la population ? Tout ce que l'on peut dire, c'est que rien ne montre que le temple servait à entreposer les biens et à les redistribuer à la communauté, ni que les responsables du temple jouaient également un rôle administratif ou d'élites ; on peut aussi se demander si cette situation était également applicable à l'ensemble de la société de Dilmoun.

115, 116 Vases rituels ou de fondation

Barbar, fouilles danoises, 1954 (517.BX, 517.YL), Temple IIa, plate-forme centrale
Dilmoun ancien, vers 2000-1800 av. J.-C.
Calcite zonée (« albâtre »)
H 12,5 et 17,5 D MAX. 12,2 et 13,2 cm
Manama, Musée national de Bahreïn, inv. n° 604-2-88 et 606-2-88
B Glob 1959, p. 140, fig. 31, et p. 139, fig. 2 ; *Bahrain National Museum ;* 1989, n° 36a, b

Ces deux vases faisaient partie d'un groupe d'objets, placés rituellement dans le dépôt de fondation du Temple II. L'exemplaire à parois verticales concaves relève d'une tradition bien attestée en Iran oriental (à Shahdad, au Séistan et à Khurab, cf. Casanova 1991, type IVc, p. 34 et pl. IV, n° 48), région dont l'un et l'autre sont très probablement originaires. Ce type de vaisselle d'albâtre, qui a largement circulé au Proche et Moyen-Orient aux IIIe et IIe millénaires, est généralement considéré comme une production de luxe s'inscrivant dans un réseau d'échanges tout à la fois économiques, politiques et symboliques.

117 Sceau-cylindre représentant une scène de culte ?

Nécropole de Madinat Hamad (BS3/D), fouilles bahreiniennes 1991-92, Tumulus 20
Pierre tendre (stéatite ?) chauffée
L 3 D MAX. 1,3 cm.
Manama, Musée national de Bahreïn, réserves
B Denton & Al-Sindi 1996, fig. 1-2

Profondément gravée sur l'un des rares sceaux-cylindres livrés par les niveaux du Dilmoun ancien à Bahreïn, cette scène associe une figure principale féminine au torse apparemment dénudé et à la poitrine marquée, peut-être une déesse, devant laquelle se prosterne un personnage au sexe indéterminé. La déesse (?) tend apparemment une coupe à une figure mâle qui s'apprête à la saisir. La composition de la scène ne permet pas de dire si cette dernière figure est placée en second plan ou si elle est juchée sur le dos du personnage agenouillé, ce qui, dans cette hypothèse, pourrait indiquer sa position inférieure ou de vaincu. Ce cylindre illustre nettement deux traditions iconographiques, celle du Golfe septentrional (capridés à long cou, sans oublier la décoration de cercles pointés sur les deux tranches du cylindre, qui évoque le traitement du revers des cachets de Dilmoun), et celle de l'Iran central (région du désert de i-Lut, cf. Amiet 1986, fig. 132 : 6-10, 12). Il a été suggéré que cette pièce pourrait avoir été réalisée à Bahreïn, soit par un artisan iranien de passage, soit par un artisan dilmounien, à la requête d'un marchand originaire de l'Iran central, qui lui en aurait dicté l'iconographie.

Béatrice André-Salvini

118 Autel (?)

Umm es-Sujour, fouilles japonaises 1994, Puits II
Calcaire
H 43 L 60 l 33 cm
Manama, Musée national de Bahreïn, réserves
B Konishi 1996, fig. 6 : 7

Cet énigmatique bloc de calcaire sculpté, à la forme relativement élaborée, a été interprété par les fouilleurs comme un autel associé à l'escalier d'accès à la seconde source de Umm es-Sujour. La forme incurvée de sa partie supérieure n'est pas sans rappeler, en effet, celle des deux autels maçonnés et enduits du temple de Saar (cf. plus haut). Si cette identification se trouvait confirmée, les deux puits du site auraient alors revêtu le même aspect sacré que celui en fonction à Barbar, et il n'est pas exclu que des activités religieuses aient pu s'y dérouler. La présence, autrefois, d'un bâtiment important, ainsi que la volonté d'y détruire toute trace d'un culte païen au début de l'Islam va dans le même sens.

119-122 Gobelets coniques à pied

Barbar, fouilles danoises 1955 (517.DE, .CS2, .DG, .CS1), Temple Ia, plate-forme centrale
Céramique
H 12, 13, 11,2 et 8,8 D MAX. 8,5, 7,5, 8,8 et 8 cm
Manama, Musée national de Bahreïn, inv. nº 593-2-88, 592-2-88, 594-2-88 et 591-2-88
B Glob 1955, p 182 : fig. 5 ; *Bahrain National Museum* 1989, p. 14

125 Tête de taureau

Barbar, fouilles danoises (517.FJ), Temple IIa, plate-forme centrale
Cuivre
H 18 D MAX. 15 cm (cornes)
Manama, Musée national de Bahreïn
B Glob, P.V. 1955b, p. 191 ; Bibby 1969, pl. V ; E.C.L. During-Caspers 1971 ; *Bahrain National Museum* 1989, nº 44

Cette pièce-vedette de la culture de Dilmoun (aujourd'hui fréquemment reproduite sur les billets de banque ou les timbres de l'État de Bahreïn...) est généralement interprétée comme un élément du décor de la caisse de résonnance d'une lyre ou d'une petite harpe, à l'image des instruments similaires des Tombes royales d'Ur (Wooley 1934). Elle s'inscrit de fait dans une longue tradition d'objets qui est attestée de la Mésopotamie au sud du Turkménistan (Masson 1976, p. 16-17 et pl. I), en passant par l'Arabie orientale et le Golfe. Il est difficile de déterminer si l'exemplaire de Barbar est l'œuvre d'un bronzier local ou s'il est l'un des produits issus du réseau d'échanges auquel l'île de Bahreïn participait.

123 Cachet représentant une scène érotique

Qal'at al-Bahreïn, fouilles danoises 1957 (520.LA), Rempart Nord
Pierre tendre (chlorite/stéatite)
H 1,1 D 2,7 cm
Manama, Musée national de Bahreïn, inv. nº 2825-2-90
B Glob 1958 : 143, fig. 13a ; *Bahrain National Museum* 1989, nº 267 ; A-Sindi 1994, nº 221 ; Kjaerum 1994 : 331-332, fig. 1743

Les cachets représentant des scènes érotiques ne sont pas rares au Dilmoun ancien et ont été découverts aussi bien dans les habitats que dans les tombes. Celui-ci figure un homme nu sur un podium/autel, le sexe maladroitement gravé à la hauteur du genou (!), et placé face à une partenaire qui maintient ses jambes et ses bras fortement écartés ; derrière l'homme est représentée une antilope, tête en bas ; derrière la femme, on note un scorpion et, face à son visage, un objet indéterminé, probablement un vase. Dans les scènes équivalentes sur de nombreux autres sceaux de Dilmoun, la femme est souvent en train de boire à l'aide d'un chalumeau dans une jarre et souvent associée, comme sur celui-ci, à un scorpion. Le podium représenté sur ce cachet, de même que d'autres symboles particuliers sur la plupart des autres scènes érotiques, laisse supposer que cet acte se déroule dans un temple. On peut donc très probablement considérer qu'il s'agit là de l'évocation d'une scène rituelle ou sacrée.

124 Cachet avec représentation d'Enki ?

Barbar, fouilles danoises, Temple IIb, puits monumental
Chlorite
H 0,9 D 2,2 cm
Manama, Musée national de Bahreïn, inv. nº 4097
B Andersen 1986, fig. 43a ; Al-Sindi 1994, nº 203

L'homme nu qui se tient ici dans une sorte de sanctuaire porte deux jarres à eau, qui s'inscrivent dans les murs mêmes de celui-ci. On doit probablement l'identifier à Enki, le dieu régnant sur l'*apsû*, la mer d'eau douce souterraine, et qui en fit bénéficier le pays de Dilmoun. Les « murs » de son sanctuaire ou chapelle sont souvent représentés, en Mésopotamie, sous la forme d'un flux d'eau nourricière reliant les deux jarres.

[126] Cachet représentant une scène mythologique
Habitat de Saar,
fouilles britanniques 1994
(5168 : 01), Maison 220
Chlorite
H 1,1 D 2,54 cm
Manama, Musée national
de Bahreïn, réserves
B *Ancient Saar* : 34 ; Crawford, Killick & Moon 1997 : fig. 32

Ce cachet évoque très probablement une scène mythologique, sans doute familière au propriétaire du sceau, mais qui demeure énigmatique pour nous en l'absence de toute référence textuelle. On y voit un dieu assis sur un trône, la main droite levée face à un homme placé devant lui ; ce dernier apparemment touche le buste du dieu avec sa main gauche (possiblement armée d'un bâton ou d'une épée ?). Derrière la divinité se tient un auxiliaire qui lève la main droite ; la figure d'un taureau occupe le premier plan.

[127] Cachet représentant une scène de culte
Nécropole de Saar,
fouilles bahreïniennes 1991-92,
Tumulus 99
Chlorite
DH 1,2 D 2,7 cm
Manama, Musée national
de Bahreïn, inv. n° 2889-2-91-3
Inédit

Ce sceau, *a priori*, est apparemment séparé en deux « registres ». Le registre supérieur figure deux podiums ou autels, placés sur une ligne évoquant le sol, et flanqués par deux protomes d'antilopes ; au centre, un homme nu se saisit des cornes des deux animaux ; une jarre lui fait face. Au registre inférieur figure une homme vêtu « étendu », tenant de la main gauche un symbole architectural (?) derrière son dos, la main droite en contact avec la ligne de sol du registre supérieur. En réalité, l'interprétation de cette scène, probablement religieuse, est rendue délicate par le mode même de composition iconographique ; si l'on décode le système de représentation conventionnellement adopté par les artisans de Dilmoun pour ces scènes complexes, les deux « registres » doivent en fait être « redressés » en position verticale pour rendre la scène cohérente : ainsi l'homme « étendu » se trouve à présent face à l'autre personnage nu, possiblement un prêtre qui officie entre deux autels et leurs protomes symboliques.

Les sceaux de Dilmoun : l'art caché d'une civilisation

Poul Kjærum

Les plus anciens sceaux régionaux furent fabriqués à Bahreïn aux alentours de 2050 av. J.-C. et sont l'un des nombreux indices d'un changement structurel dans la société de Dilmoun. C'est à cette époque qu'on fortifia l'ancienne capitale, Qal'at al-Bahreïn, que les temples de Barbar, de Saar et de Diraz furent fondés, et que les tombes « royales » de 'Ali furent édifiées.
Les sceaux eux-mêmes étaient un moyen d'organiser le commerce et l'administration de la société, et ils étaient utilisés tant par les particuliers que par les personnages officiels. Apposés sur des documents de toutes sortes, sur les contrats, sur les scellements et les étiquettes attachées aux biens, ils en attestaient l'authenticité ou l'appartenance.
On connaît aujourd'hui à Bahreïn plus de 400 sceaux de la période de Dilmoun, trouvés dans les temples, les maisons et les tombes. À quelques exceptions près, ce sont tous des cachets à une seule face, dont la forme de base est la même, avec un avers circulaire et plat et un revers bombé en dôme. À la base de cette convexité se trouve une perforation en forme de V destinée à recevoir le fil ou l'anneau métallique qui permettait de suspendre le sceau à une épingle ou à un collier, et servait au moment de l'impression.
Les matériaux de prédilection pour les sceaux sont la chlorite et la stéatite, pierres tendres et homogènes, faciles à sculpter, mais qui peuvent durcir et subir une forme de fusion lorsqu'elles sont fortement chauffées ; la surface des cachets, une fois « cuits », devenait donc glaçurée.
Ce procédé garantissait — et c'est important — qu'on ne pouvait rien changer ni ajouter au motif ; en outre, la surface brillante donnait plus d'attrait au cachet et en facilitait l'impression dans l'argile humide.
Si la forme des sceaux est en principe restée la même pendant les quelque quatre cents ans où l'on en produisit à Dilmoun, les ornements du revers, comme le style et le décor de la face fonctionnelle, ont évolué. Les plus anciens sceaux de Bahreïn, réalisés peu après la fortification de la ville de Qal'at al-Bahreïn, sont qualifiés de « sceaux du Golfe » ; ils présentent généralement au revers un décor consistant en une à trois fortes rainures transversales, perpendiculaires à la perforation.
Les motifs représentés sur la face fonctionnelle consistent en différents animaux — taureaux, antilopes, chèvres et lions —, tandis que les figures humaines sont rares. Il n'y a généralement pas de rapport évident entre les figures animales isolées, qu'elles soient placées perpendiculairement l'une à l'autre, ou orientées

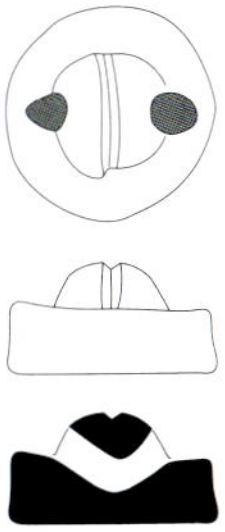

Sceaux du golfe

128 Cachet
Nécropole de Saar,
fouilles bahreïniennes 1988,
Tumulus 122
Dilmoun ancien,
vers 2000 av. J.-C.
Chlorite ou stéatite
H 1,2 D 2,6 cm
Manama, Musée national
de Bahreïn, inv. n° 2626-2-90
B Al-Sindi 1994, n° 134

129 Cachet
Nécropole de Madinat Hamad,
fouilles bahreïniennes 1987-88,
Tumulus 3
Dilmoun ancien,
vers 2000 av. J.-C.
Chlorite ou stéatite
H 0,8 D 2,1 cm
Manama, Musée national
de Bahreïn, inv. n° 2720-2-90
Inédit

130 Cachet
Nécropole de Dar Kulayb,
fouilles bahreïniennes,
saison et tombe non spécifiées
Dilmoun ancien,
vers 2000 av. J.-C.
Chlorite ou stéatite
H 1,3 D 2,2 cm
Manama, Musée national
de Bahreïn, réserves
Inédit

131 Cachet
Qal'at al-Bahreïn, fouilles danoises 1965 (520.ALX), Rempart Nord
Dilmoun ancien, vers 2000 av. J.-C.
Chlorite ou stéatite
H 1,3 D 2,1cm
Manama, Musée national de Bahreïn, inv. n° 52-2-90
B Bibby 1967, fig. 4d; *Bahrain National Museum* 1989, n° 251; Al-Sindi 1994, n° 177; Kjærum 1994, p. 325, fig. 1732; *Barbar* nd, p. 38 (attribué par erreur au Temple de Barbar)

132 Cachet
Qal'at al-Bahreïn, fouilles danoises 1970 (520.AZS), Rempart Nord
Dilmoun ancien, vers 2000 av. J.-C.
Chlorite ou stéatite
H 1,45 D 2,85 cm
Manama, Musée national de Bahreïn, inv. n° 3011-11-90
B Al-Sindi 1994, n° 279; Kjærum 1994, p. 322, fig. 1725; Parpola 1994: p. 307, n° 5

vers la périphérie, comme si celle-ci représentait le sol (Cat. 128, 131).
Outre les grands animaux, on trouve toutes sortes d'oiseaux et des scorpions, souvent de la même taille que les ruminants, et entre eux figurent des symboles en forme de pied (Cat. 129) ou, plus souvent, des symboles astraux tels étoiles ou croissant de lune. Ces différents motifs ne semblent pas avoir de relations entre eux, comme l'a fait remarquer Edith Porada (1971, p. 35): « Chacun avait peut-être une signification propitiatoire particulière, dont le propriétaire du sceau pensait qu'il pouvait tirer profit. »
Quelques cachets de ce groupe sont exceptionnels en ce qu'ils possèdent une inscription dans l'écriture, toujours non déchiffrée, de l'Indus (Cat. 132); elle est souvent associée à une figure de ruminant dans un style proche, précisément, de celui des représentations harapéennes. Ce style fut adapté et utilisé parallèlement au répertoire local. La gravure des cachets était à cette époque encore un art nouveau à Bahreïn, qui reflétait tout à la fois les influences étrangères et le sens artistique individuel de l'artisan. Le style variait du tracé linéaire, simple mais ferme, aux reliefs extrêmement modelés de caractère presque naturaliste.
Les motifs avec des figures humaines sont relativement rares. Ces individus apparaissent en protecteurs des troupeaux, luttant avec des lions ou, plus paisiblement, assis en train

133 Cachet
Nécropole de Madinat Hamad (BS2), fouilles indiennes 1984-85, Tumulus 1812
Dilmoun ancien, vers 2000 av. J.-C.
Chlorite ou stéatite
H 1,3 D 2,75 cm
Manama, Musée national de Bahreïn, inv. n° 2842-2-90
B Srivastava 1991, p. 27; fig. 55a: 2; pl. XXXIX: b; Al-Sindi 1994, n° 10

134 Cachet
Nécropole de 'Ali, fouilles bahreïniennes 1981-82, Tumulus 48
Dilmoun ancien, vers 2000 av. J.-C.
Chlorite ou stéatite
H 1,4 D 2,4 cm
Manama, Musée national de Bahreïn, inv. n° 3892-2-91-10
Inédit

de boire de la bière avec un chalumeau (Cat. 133-134), ou en pêcheurs debout sur un bateau. Ces motifs, issus de la sphère culturelle mésopotamienne, sont exécutés à Dilmoun dans un style local assez fruste.

Au cours du premier siècle du IIe millénaire av. J.-C., le style décoratif du revers évolua progressivement et se normalisa. On conserva la forme principale du sceau, mais la décoration du dos devint standard: deux cercles pointés de part et d'autre de trois fines rainures.
Un indice stylistique très particulier réside dans le traitement des têtes animales, ici constituées d'un cercle pointé auquel ont été ajoutés le museau, les cornes et les oreilles, et dont l'orifice central forme l'œil. Les motifs sont

135 Cachet
Nécropole de Abou Saybi (?), saison et tombe non spécifiées
Dilmoun ancien,
vers 2000-1800 av. J.-C.
Chlorite ou stéatite
H 0,55 D 2,55 cm
Manama, Musée national de Bahreïn, inv. n° 2808-2-90
B Al-Sindi 1994, n° 68

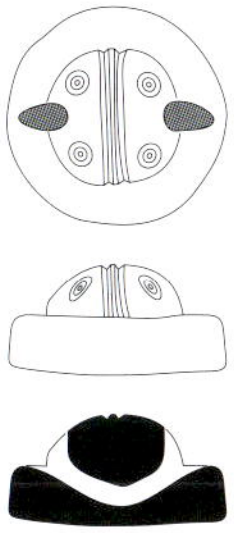

Sceaux de Dilmoun

soigneusement gravés inversés, en intaille, afin de rendre le motif véritable en relief, lors de l'impression. Parallèlement à cette évolution, les traits de l'Indus disparaissent ; les scènes deviennent plus cohérentes, avec une interaction marquée entre les figures principales, qu'il s'agisse d'animaux ou d'humains. Les sceaux de ce type, qualifiés de « sceaux de Dilmoun », ont été découverts en grand nombre (plus de 800 au total) sur tout le territoire de Dilmoun qui, vers 2000 av. J.-C., s'était étendu vers le nord avec la fondation d'un comptoir commercial sur l'île de Faïlaka au Koweït.
Les relations commerciales à grande distance sont en outre illustrées par des sceaux isolés découverts aussi loin vers le sud-est que le port de Lothal dans l'Indus ou, vers le nord, que la rivière Diyala en Mésopotamie. Les cités d'Ur et de Suse, centres commerciaux essentiels de Mésopotamie et d'Élam, ont livré aussi plusieurs de ces cachets, ainsi que quelques contrats authentifiés avec des sceaux de Dilmoun (Cat. 140). Le répertoire des figures représentées, extrêmement éclectique, est emprunté aux

136 Cachet
Nécropole de al-Hajjar, fouilles bahreïniennes 1974 (?), Tombe 28/29
Dilmoun ancien,
vers 2000-1800 av. J.-C.
Chlorite ou stéatite
H 1,3 D 2,5 cm
Manama, Musée national de Bahreïn, inv. n° 2832-2-90
B Al-Sindi 1994, n° 69

137 Cachet
Nécropole de 'Ali, fouilles bahreïniennes 1988, Tumulus 24.3
Dilmoun ancien,
vers 2000-1800 av. J.-C.
Chlorite ou stéatite
H 1,2 D 2,8 cm
Manama, Musée national de Bahreïn, inv. n° 2839-2-90
B Al-Sindi 1994, n° 63

138 Cachet
Nécropole de Saar, fouilles bahreïniennes 1989-90, Tumulus 26
Dilmoun ancien,
vers 2000-1800 av. J.-C.
Chlorite ou stéatite
H 1 D 2,9 cm.
Manama, Musée national de Bahreïn, inv. n° 2146-2-90
B Al-Sindi 1994, n° 60

139 Cachet
Nécropole de 'Ali, fouilles bahreïniennes 1987-88, Tumulus 4
Dilmoun ancien,
vers 2000-1800 av. J.-C.
Chlorite ou stéatite
H 1,3 D 2,6 cm
Manama, Musée national de Bahreïn, inv. n° 2747-2-90
Inédit

141 Cachet
Nécropole de al-Maqsha,
fouilles bahreïniennes 1992-93,
tombe non spécifiée
Dilmoun ancien,
vers 2000-1800 av. J.-C.
Chlorite ou stéatite
H 1,2 D 2,7 cm
Manama, Musée national
de Bahreïn, réserves
Inédit

140 Tablette de l'administration susienne, portant l'empreinte d'un cachet du Golfe
Suse (Iran du Sud-Ouest)
Début du IIe millénaire av. J.-C.
Argile
H 6,3 l 4,7 cm
Paris, musée du Louvre,
inv. n° Sb 11221 + Sb 12404
B V. Scheil 1939, n° 436 ; P. Amiet 1970, p.109 ; M. Lambert 1976, p.71-72

Au temps où les marchands-navigateurs d'Ur naviguaient vers l'entrepôt de Dilmoun, l'Iran, du côté oriental de la côte du Golfe, participait au trafic international. Les gens de Dilmoun avaient peut-être une installation à Suse ou dans l'arrière-pays d'Élam. Ce texte trouvé à Suse est un contrat mentionnant le reçu de 10 mines (5 kg) de cuivre, dont la contrepartie est 1 boeuf et 10 [? texte mutilé]. Il y est fait mention d'un certain Tem-Enzag, dont le nom est composé avec celui du dieu de Dilmoun : Enzag (ou Inzak). Le cachet du Golfe qui y est imprimé, appartient à la série ancienne. Il représente des animaux aux pattes repliées sous le corps.

civilisations voisines de Mésopotamie, d'Iran et de Syrie, et adapté aux usages locaux de Dilmoun, avec des modifications sur le plan stylistique ainsi que dans l'interrelation entre les figures. On doit considérer que ces représentations étaient comprises par les Dilmouniens et que ces reliefs miniatures illustraient en fait aussi bien les croyances, les rites, les objets de culte, mais aussi la vie quotidienne à Dilmoun. À l'exception de quelques pièces sculptées en bronze ou en stéatite, c'est le seul art figuratif qui subsiste ; grâce à lui, nous avons une idée du monde imaginé et observé par les Dilmouniens. Les animaux étaient encore très prisés, notamment les grands ruminants, les taureaux et les chèvres domestiques, au côté de gazelles, d'antilopes, même de lions, ainsi que de divers oiseaux. Ces animaux sont toujours mis en évidence dans les représentations, associés à des objets de culte ou sur un pied d'égalité avec hommes et démons, ou encore eux-mêmes objets de culte – c'est-à-dire présentés comme des idoles sur des podiums, ou mis en scène avec dieux et humains. En outre, des avant-trains, des têtes ou des cous d'animaux sont parfois associés à des autels – symboles d'animaux sacrés en tant

142 Cachet
Nécropole de Buri,
fouilles bahreïniennes 1987-88,
Tumulus 19.5
Dilmoun ancien,
vers 2000-1800 av. J.-C.
Chlorite ou stéatite
H 1,2 D 2,3 cm
Manama, Musée national
de Bahreïn, inv. n° 2819-2-90
B Al-Sindi 1994, n° 189

143 Cachet
Nécropole de Saar,
fouilles bahreïniennes 1993,
Tumulus 14
Dilmoun ancien,
vers 2000-1800 av. J.-C.
Chlorite ou stéatite
H 0,8 D 2,4 cm
Manama, Musée national
de Bahreïn, réserves
Inédit

144 Cachet
Barbar, plate-forme ouest
du Temple II,
fouilles danoises (517.ALE)
Dilmoun ancien,
vers 2000-1800 av. J.-C.
Chlorite ou stéatite
H 0,85 D 2,1 cm
Manama, Musée national
de Bahreïn, inv. n° 4098-18-90
B *Barbar* nd, p. 38 ; Al-Khalifa 1986 : fig. 82.Al-Sindi 1994, n° 186

145 Cachet
Nécropole de Madinat Hamad
(MR), fouilles bahreïniennes
1985-86, Tumulus 94
Dilmoun ancien,
vers 2000-1800 av. J.-C.
Chlorite ou stéatite
H 1 D 2,2 cm
Manama, Musée national
de Bahreïn, inv. n° 3023-2-90
B Al-Sindi 1994, n° 232

146 Cachet
Habitat de Saar, fouilles britanniques 1990 (P19 : 1 : 10). Maison 100, secteur 101
Dilmoun ancien, vers 2000-1800 av. J.-C.
Chlorite ou stéatite
H 1,32 D 2,6 cm
Manama, Musée national de Bahreïn, inv. n° 2989-3-90
B Crawford 1991 : 261 (c) ; Al-Sindi 1994, n° 19 ; *Ancient Saar*, p. 35 ; Crawford, Killick & Moon 1997, p. 90, fig. 88

147 Cachet quadrangulaire
Nécropole de Saar (« Complexe funéraire »), fouilles bahreïniennes 1984-85, Tombe A/E8.4
Dilmoun ancien, vers 2000-1800 av. J.-C.
Chlorite ou stéatite
H 1,3 L 2,9 l 2,1 cm
Manama, Musée national de Bahreïn, inv. n° 2735-2-90
B Al-Sindi 1994, n° 50

que *pars pro toto* (Cat. 145) –, ou disposés de façon rayonnante très particulière à partir du centre du cachet, tels les rayons d'une roue (Cat. 144). Des parties d'animaux différents pouvaient être également réunies pour former un monstre.

Les scènes rituelles ou mythologiques sont généralement reproduites dans une espèce de tableau centré sur des objets de culte, devant lesquels dieux et humains accomplissent des activités ; ces tableaux devaient fournir au spectateur initié un indice sur la signification spirituelle de la scène, un peu à la manière de nos peintures religieuses.

Les dieux portaient une tiare à corne, comme leurs modèles mésopotamiens, encore qu'ici plus simple et consistant en une paire unique de cornes de taureau ; la plupart d'entre eux ont une curieuse double mèche qui leur tombe sur le cou ; ils portent un vêtement long qui rappelle une robe à volants (Cat. 141). La scène la plus remarquable représente un dieu assis sur son trône, peut-être une statue ou une idole dans un temple (Cat. 146). Il boit, sans doute de la bière, en présence d'un auxiliaire nu, et face à une antilope. Dans d'autres scènes, le dieu boit avec un compagnon, ou est représenté comme le maître ou le protecteur des animaux, symbolisant probablement ici le peuple.

Les dieux couronnés sont relativement rares, tandis que les hommes vetus de la même robe à volants – le rang suivant dans la hiérarchie – sont nombreux. Ils sont fréquemment représentés dans les mêmes fonctions que les dieux couronnés, et sont souvent face à des fidèles.

En général, cependant, ils sont associés à d'autres rites grâce à des objets de culte tels que des étendards surmontés de divers symboles astraux – croissant de lune, soleil, étoiles – et par des autels. Ces derniers sont souvent ornés de protomes de ruminants, représentations *pars pro toto* d'animaux sacrés, et sur les autels on trouve des symboles tels que des étendards, des branches de palmier ou un animal (statue cultuelle ou animal sacrificiel).

Les hommes nus sont enfin les plus nombreux et on les observe dans diverses fonctions. Ils sont au service des dieux ou des hommes vêtus, ou sont représentés en adorateurs devant eux, parfois avec une branche de palmier dans leurs mains levées, ou tenant un étendard. Ils peuvent être également représentés en héros, luttant avec des

148 Cachet
Nécropole de al-Hajjar, fouilles bahreïniennes, saison et tombe non spécifiées
Dilmoun ancien, vers 2000-1800 av. J.-C.
Chlorite ou stéatite
H 1,4 D 2,8 cm
Manama, Musée national de Bahreïn, inv. n° 4060-4-90
B Al-Sindi 1994, n° 47

149 Cachet
Nécropole de al-Maqsha, fouilles bahreïniennes 1992-93, Tombe 1
Dilmoun ancien, vers 2000-1800 av. J.-C.
Chlorite ou stéatite
H 1,2 D 2,6 cm
Manama, Musée national de Bahreïn, réserves
Inédit

150 Cachet
Nécropole de al-Maqsha, fouilles bahreïniennes 1991-92, Tombe 25
Dilmoun ancien, vers 2000-1800 av. J.-C.
Chlorite ou stéatite
H 0,9 D 2,5 cm
Manama, Musée national de Bahreïn, inv. n° 4219-2-91-7
B Al-Sindi 1994, n° 81

151 Cachet
Nécropole de 'Ali, fouilles bahreïniennes, saison et tumulus non spécifiés
Dilmoun ancien, vers 2000-1800 av. J.-C.
Chlorite ou stéatite
H 1,2 D 2,8 cm
Manama, Musée national de Bahreïn, réserves
Inédit

lions (Cat. 148), en maîtres des animaux, en prêtres au service des dieux ou accomplissant divers rites, ou plus simplement comme des hommes ordinaires vaquant à leurs occupations quotidiennes ; on les voit ainsi revenir de la chasse (Cat. 149) ou porter de l'eau avec un joug, montant des ânes ou engagés dans des scènes érotiques (Cat. 123). On déchiffre le caractère mythique ou rituel de ces fonctions grâce aux symboles qui leur sont attachés ; le porteur d'eau pourrait être le dieu de l'eau lui-même, ou l'un de ses assistants, tandis que la scène érotique peut évoquer un rite de fécondité – le mariage sacré entre dieux de la fécondité.
Un démon, sous forme d'un être hybride composé d'une tête et d'un torse humain, mais d'un arrière-train de taureau, porte le même couvre-chef que les dieux. Son alter ego mésopotamien est au service du dieu du Soleil. À Dilmoun, il tient généralement un étendard, parfois surmonté d'un disque solaire, mais le plus souvent avec un croissant de lune (Cat. 151).
Vu l'absence quasi-totale de sources écrites locales, l'interprétation du contenu spirituel des sceaux est délicate. On a déjà mentionné le nom du seul couple divin connu – Inzak, le dieu tutélaire de Dilmoun, et son épouse Meskilak –, mais on ne connaît même pas leurs attributs.
À travers les nombreuses images de caractère rituel ou cultuel, on a cependant un aperçu des pratiques religieuses officielles, un peu à la manière d'un voyageur qui assisterait à une cérémonie dans une culture étrangère…

TROISIÈME CHAPITRE

Bahreïn au milieu du IIe millénaire avant J.-C.

L'occupation des Kassites de Mésopotamie

Pierre Lombard

Le déclin économique et stratégique de Bahreïn, à partir de 1800 av. J.-C., est le résultat d'une série d'événements parmi lesquels la disparition de la civilisation de l'Indus mais aussi un repli économique majeur du Sud mésopotamien, accompagné de l'émergence de nouveaux acteurs commerciaux, concurrents de Dilmoun, se sont avérés capitaux. L'historien comme l'archéologue peuvent le mesurer aisément ; d'une part, le nom de Dilmoun disparaît pour un peu plus de deux siècles des textes historiques et économiques mésopotamiens ; d'autre part, on observe l'abandon progressif, mais définitif, de plusieurs sites représentatifs de l'apogée de la culture de Dilmoun : le temple de Barbar, les habitats de Diraz et de Saar. Les couches archéologiques du tell de Qal'at al-Bahreïn témoignent elles-mêmes d'un hiatus dans l'occupation de ce « site-mémoire ».

152-159 Groupe de vases de style kassite
Nécropole de al-Maqsha, fouilles bahreïniennes 1988, Tombe 10
Nécropole de Madinat Hamad (BSW1), fouilles bahreïniennes 1986-87, Tumulus 2 ; (DS3), 1984-85, Tumulus 3.1 ; (BS2), 1984-85, Tumuli 47.D, 153.24 et 153.27
Dilmoun moyen, vers 1450-1350 av. J.-C.
Céramique
H de 6, 5 à 25 cm
D MAX. de 6 à 15 cm
Manama, Musée national de Bahreïn, inv. n° 2395-2-90-7, 5388-2-91, 2621-2-90, 10101-2-88, 7095-2-91, 9518-2-91, 9515-2-91 et réserves
Inédit

Ces divers spécimens représentatifs de la « céramique caramel », identifiée pour la première fois à Qal'at al-Bahreïn (« Cité III ») par l'Expédition danoise, proviennent de diverses nécropoles de l'île, partiellement réoccupées à la phase Dilmoun moyen. De nombreux types, courants en contexte funéraire, ne sont cependant pas illustrés dans les niveaux d'habitat, et ne sont donc pas toujours aisés à dater (Denton 1994). L'abondance de cette céramique de type kassite à Bahreïn, mais aussi l'utilisation de dégraissant sableux pour sa fabrication, incite à y voir une production locale, directement inspirée des modèles mésopotamiens.

Lorsque l'île de Bahreïn réapparaît sur la scène proche-orientale vers le milieu du IIe millénaire av. J.-C., Qal'at al-Bahreïn, et sans doute l'ensemble du pays de Dilmoun, sont alors occupés par une population venue de Mésopotamie, les Kassites.
La dynastie kassite, qui s'installa sur le trône de Babylone à la faveur de l'instabilité qui suivit, au début du XVIe siècle av. J.-C., la prise de la prestigieuse capitale par les Hittites, demeure l'une des plus mal connues de l'histoire mésopotamienne, alors que, paradoxalement, elle se maintint au pouvoir pendant près de 450 ans. On sait cependant que ses souverains successifs s'attachèrent à consolider leur pouvoir en Babylonie, en garantissant au nord la frontière qui les séparait de l'Assyrie, mais aussi en unifiant l'ensemble de la Mésopotamie du Sud sous leur tutelle. C'est précisément l'ultime conquête du « pays de la Mer », la région marécageuse entourant les bouches de l'Euphrate, par Kashtiliash III, vers 1490 av. J.-C., qui conduisit le pouvoir kassite à s'intéresser à Dilmoun et à ses îles, dont Bahreïn et Faïlaka. On suppose en effet que, dès 1600 av. J.-C., le pays de la Mer s'était lui-même rendu maître de Dilmoun, facilitant dès lors la tâche des futurs envahisseurs kassites.

En incorporant Dilmoun à leur royaume, les souverains kassites ont d'abord été guidés par des préoccupations d'ordre économique ; le riche environnement et la position stratégique

À gauche. Seuil d'entrée monumental du palais kassite de Qal'at al-Bahreïn.

À droite. *Madbasa* (étuve à dattes) partiellement détruit par le fossé du fort islamo-portugais.

de Bahreïn (certes dorénavant concurrencée et quelque peu marginalisée) ne leur avaient pas échappé. Le nouveau réseau de routes commerciales qui s'établissait peu à peu en cette seconde moitié du IIe millénaire pouvait être idéalement contrôlé depuis cette île. C'est par Bahreïn que devait assurément transiter à cette époque une large part du lapis-lazuli du Badakhshan et peut-être du Pakistan, cette pierre précieuse alors très recherchée que la Babylonie kassite fournissait aussi bien aux Hittites qu'aux pharaons égyptiens du Nouvel Empire. Les Kassites transformèrent donc Bahreïn et Dilmoun en une colonie du royaume babylonien, en y installant une administration régulière, placée sous l'autorité d'un « gouverneur » (*Shakkanakku*). On connaît même le nom de l'un d'entre eux, Illi-Ipashra, et les difficultés qu'il rencontrait à Dilmoun au XIVe siècle av. J.-C., révélés par deux tablettes de sa correspondance officielle retrouvées à Nippur, en Iraq.

Dès 1956, les archéologues de l'Expédition danoise avaient identifié, à Qal'at al-Bahreïn, un niveau (« Cité III ») caractérisé par un type de poterie très particulier, de couleur brun clair et à dégraissant sableux, qualifié alors de « céramique caramel ». Celle-ci demeure aujourd'hui encore le meilleur « traceur » de la phase kassite de l'histoire de Bahreïn, le Dilmoun moyen.

Le palais kassite de Qal'at al-Bahreïn

Il paraît aujourd'hui clair que les colons kassites ont choisi la cité de Qal'at al-Bahreïn pour y établir le siège de leur administration et, sans aucun doute, la résidence de leur gouverneur. Un important programme de construction commença alors, qui consista à restaurer, au centre du site, les bâtiments monumentaux du Dilmoun ancien qui devaient déjà abriter le siège du pouvoir à cette époque, ainsi que, très probablement, un lieu de culte, qui fut lui aussi réhabilité. Succédant aux travaux danois, les fouilles de la Mission archéologique française ont confirmé la réutilisation et l'extension de ce complexe architectural, tout en complétant une partie de son plan ; une porte d'accès a notamment révélé une pierre de seuil monumental en calcaire coquillier (environ 3,60 x 1,30 m), l'une des plus grandes dalles monolithiques antiques de l'île. Une large portion du bâtiment demeure cependant toujours enfouie à l'est, alors que les parties nord et ouest ont disparu lors du creusement du fossé de la forteresse islamo-portugaise voisine, aux XVe et XVIe siècles de notre ère.

La vocation administrative de ce nouveau « palais » a été largement confirmée, en 1995, par la découverte d'un important lot de tablettes cunéiformes. Le rôle économique du complexe apparaît tout aussi évident : il abritait notamment une série de *madbasa*, sortes d'étuves à dattes destinées à accélérer la maturité du fruit et à récupérer son jus ; ce dispositif local typique, que l'on trouvait naguère encore sur l'île, trouve donc sa plus ancienne attestation dans le palais kassite de Qal'at al-Bahreïn. Plusieurs des tablettes cunéiformes découvertes sur le site semblent par ailleurs fournir des éléments permettant peut-être de restituer un temple à proximité immédiate.
Ce palais monumental témoigne enfin d'un violent incendie qui mit fin à son existence, probablement vers le début du XIVe siècle av. J.-C. Largement ruiné, il fut sans doute partiellement réoccupé par des « squatters », mais ne sera jamais reconstruit. Il n'est pas exclu, d'ailleurs, qu'à partir de cette époque le siège de l'administration kassite à Dilmoun ait été transféré sur l'île de Faïlaka (Koweït).

Les tombes « kassites » de l'île

Plusieurs nécropoles de Bahreïn ont livré des tombes plus ou moins contemporaines des niveaux d'occupation Dilmoun moyen de Qal'at al-Bahreïn (la « Cité III » de la chronologie danoise). Il semble aussi qu'à cette période des tumuli du Dilmoun ancien aient été réoccupés sporadiquement, à Saar ou à 'Ali, par exemple. Dans ces sépultures, l'inhumation collective paraît de règle ; on considérait encore il y a peu que les Kassites avaient eux-mêmes introduit cette pratique, *a priori* en complète rupture avec le mode d'inhumation individuel caractéristique des tumuli de la phase précédente ; on sait en fait aujourd'hui que dès la fin du Dilmoun ancien, ce rite apparaît déjà ici et là, toujours associé à des caveaux rectangulaires de grande taille, creusés dans le substrat rocheux et obturés par des dalles grossières. C'est précisément ce type de tombe qui sera pérennisée à la période kassite, tout en évoluant vers des formes plus complexes. Ces sépultures collectives d'al-Hajjar, d'al-Maqsha ou de Madinat Hamad contenaient généralement plusieurs dizaines d'inhumations ; on a même dénombré les restes de trente-six individus dans une tombe de ce dernier site. Le dépôt funéraire, tel qu'il apparaît, se compose toujours de nombreux vases, qui illustrent une production largement influencée par les types mésopotamiens, le plus souvent réalisée dans la céramique « caramel » typique de la période ; des sceaux-cylindres et quelques rares objets personnels sont également présents, mais le matériel métallique n'a généralement pas survécu au pillage fréquent de ces sépultures.

180 181 Sceaux-cylindres
Al-Hajjar, fouilles bahreïniennes 1992-93, Mont 7, Tombe 8 (intrusive dans l'habitat Dilmoun ancien)
Dilmoun moyen, milieu du IIe millénaire av. J.-C.
Faïence
H 2,7 et 2, 2 D 1,1 et 1 cm
Manama, Musée national de Bahreïn, réserves
B B. Denton 1999, fig. 26 et 25

Ces deux sceaux, qui paraissent de facture locale, trouvent leur inspiration dans les productions mitaniennes syro-mésopotamiennes du Bronze moyen. L'iconographie du premier est bien connue dans le « Style mitannien commun » (par ex. : Collon 1986, nos 31, 36-45) : deux rangées d'hommes vêtus d'un pagne et coiffés d'un casque, marchant d'un pas militaire et cadencé, devant un personnage au repos, évoquent une danse rituelle ou un défilé militaire. L'inscription de quatre lignes, écrite de façon peu soignée, est une prière à Marduk : « *Qu'il soit béni, il donne la vie, Marduk, le miséricordieux* » ; la plupart des inscriptions des sceaux-cylindres d'époque kassite portent une telle invocation. Bien que non inscrit, le second exemplaire est à rattacher au même groupe que le précédent, habituellement associé aux céramiques kassites les plus anciennes de l'île. Deux figures féminines, les deux mains levées, sont placées de part et d'autre d'un arbre symbolique surmonté d'un disque ; derrière elles se tiennent cinq antilopes ou gazelles dressées, tandis qu'un motif guilloché borde la partie supérieure du sceau. Bien représentés à Bahreïn comme dans l'île de Faïlaka, ce type de sceaux influencés par la tradition mitanienne sont généralement datés entre 1450 et 1350 av. J.-C. environ.

Béatrice André-Salvini

182 Gobelet haut de style kassite
Nécropole de al-Hajjar, fouilles bahreïniennes 1974, Site 1, Tombe 25
Dilmoun moyen, vers 1300 av. J.-C.
Céramique
H 30,6 D MAX. 8,5 cm
Manama, Musée national de Bahreïn, inv. n° 2196-2-90
B *Bahrain National Museum 1993, p. 34*

Ce type de gobelet, présent dans les tombes comme dans l'habitat, est une forme particulièrement typique de la céramique kassite tardive, notamment en Basse-Mésopotamie, mais aussi à Faïlaka (Koweït) et Bahreïn où on la trouve essentiellement à Qal'at al-Bahreïn et à al-Hajjar (cf. Denton 1994, p. 126, Type IA).

Les tablettes cunéiformes de Qal'at al-Bahreïn

Béatrice André-Salvini

La cinquantaine de tablettes et fragments inscrits, découverts en 1995 et 1996 par la Mission archéologique française dans le grand édifice kassite de Qal'at al-Bahreïn, constituent une partie d'une ou vraisemblablement de deux archives locales, correspondant à des lots distincts. Ces textes viennent enrichir considérablement le mince corpus, déjà connu, de neuf tablettes complètes et fragmentaires et d'une étiquette (non publiée), provenant des fouilles de l'Expédition danoise effectuées au début des années 60 dans une autre partie du complexe, et récemment publiées (Eidem, 1997). L'étude de ces documents est encore partielle, mais il paraît utile d'offrir une présentation, même lacunaire, de cette trouvaille importante, dès avant sa publication.

163 Vocabulaire bilingue sumérien/akkadien (babylonien)
Qal'at al-Bahreïn,
« Palais kassite »,
fouilles françaises 1995
(QA94.390)
Dilmoun moyen,
vers 1450 av. J.-C.
Argile
H 5,75 L 5 E 4,3 cm
Manama, Musée national
de Bahreïn, réserves
Inédit

Ce fragment d'une grande tablette à plusieurs colonnes comporte des extraits de diverses listes lexicales babyloniennes, faisant partie des ouvrages classiques destinés à l'enseignement des scribes. À chaque terme sumérien, langue morte mais savante au temps de la rédaction de cette copie, correspond son équivalent en langue akkadienne, parlée en Mésopotamie et écrite à Dilmoun, au moins dans le milieu palatial où les fonctionnaires et missionnaires babyloniens devaient être nombreux. On y trouve des morceaux choisis des deux grandes séries encyclopédiques :
- la quatrième tablette de la grande série en vingt-quatre volumes, répertoriant toutes les données de la nature et de la civilisation, nommée HAR.RA = *hubullu ;* les termes concernent ici essentiellement le vocabulaire des vêtements princiers ;
- la liste consacrée aux êtres humains et à leurs titres et professions : les termes énumèrent ici des fonctions officielles (prince, administrateur...).
Le revers est détruit.

164 Lettre
Qal'at al-Bahreïn,
« Palais kassite », fouilles
françaises 1995 (QA94.57)
Dilmoun moyen,
vers 1450 av. J.-C.
Argile
H 4,2 L 4,1 E 1,7 cm (dimensions originelles : env. 12 x 8 cm)
Manama, Musée national
de Bahreïn, réserves
Inédit

La tablette est très fragmentaire, et il ne reste que le début de quelques lignes. On peut néanmoins y reconnaître une lettre, adressée à un personnage important, roi ou gouverneur. Il y est fait mention d'une ville, et d'une confiscation, ayant peut-être un rapport avec des champs : « *[...] dans la ville d'Ar [...], jusqu'au champ... [que] mon seigneur a p[ris]... [ils] ont confisqué... moi, [j'ai] 100 [?..], mon seigneur [...]* »

165 Document administratif
Qal'at al-Bahreïn,
« Palais kassite », fouilles
françaises 1995 (QA94.421)
Dilmoun moyen,
vers 1450 av. J.-C.
Argile
H 3,5 L 5 E 2,1 cm
Manama, Musée national
de Bahreïn, réserves
Inédit

Ce document, recueilli dans le remplissage du coffre à crapaudine associé au grand seuil de porte mis au jour sur le site en 1993, peut correspondre à un dépôt accidentel ou à une réutilisation symbolique. Il s'agit d'un compte d'ouvriers, dont 40 (hommes de) corvée et 36 serviteurs [?].

166 Étiquette de forme ovoïde
Qal'at al-Bahreïn,
« Palais kassite », fouilles
françaises 1996 (QA96.98)
Dilmoun moyen,
vers 1450 av. J.-C.
Argile
H 2,4 L 5 E 2,4 cm
Manama, Musée national
de Bahreïn, réserves
Inédit

L'objet, percé pour permettre le passage d'un lien, était destiné à être attaché à un panier contenant de la laine en flocons, sèche. L'enregistrement a eu lieu le douzième jour du douxième et dernier mois (février-mars) d'une année qui fut marquée par la douceur particulière du miel !

167 Document administratif
Qal'at al-Bahreïn,
« Palais kassite », fouilles
françaises 1994 (QA94.56)
Dilmoun moyen,
vers 1450 av. J.-C.
Argile
H 2,4 L 3,3 E 1,6 cm
Manama, Musée national
de Bahreïn, réserves
Inédit

Message du Palais mentionnant une livraison, au cours du huitième mois de l'année (début novembre). La tablette est brûlée.

168 Reçu administratif
Qal'at al-Bahreïn,
« Palais kassite », fouilles
françaises 1995 (QA94.49)
Dilmoun moyen,
vers 1450 av. J.-C.
Argile
H 2,5 L 4,3 E 1,5 cm
Manama, Musée national
de Bahreïn, réserves
B André-Salvini et Lombard, 1997, p. 167

Enregistrement d'une livraison de condiments, sésame et nigelle (*nigella sativa*), au cours du deuxième mois de l'année (début mai), en l'an 4 du roi de Babylone, Agum (III ?). Date : « *mois de aiaru, 19e jour, an 4 d'Agum* ».

169 Billet de livraison
Qal'at al-Bahreïn,
« Palais kassite », fouilles
françaises 1996 (QA96.155)
Dilmoun moyen,
vers 1450 av. J.-C.
Argile
H 2,2 L 3,35 E 1,35 cm
Manama, Musée national
de Bahreïn, réserves
Inédit

Apport d'une part de récolte.

Les tablettes, de petites dimensions et de formes irrégulières, sont rédigées en une écriture cunéiforme médio-babylonienne très cursive et mal formée. Il ne reste que peu de documents complets, mais l'état de nombreux fragments permet d'affirmer que tous les documents économiques, qui constituent la presque totalité de la découverte, étaient datés selon la coutume et le calendrier babyloniens : le jour, le mois et l'année de règne du souverain de Babylone sont notés avec précision.
Ces éléments permettent de penser qu'il s'agit de factures et de comptes provenant d'un bureau administratif du « palais », mentionné plusieurs fois, qui était probablement le siège du gouverneur de la province. On enregistrait quotidiennement des opérations administratives simples, consistant en « apports » (Cat. 169) et en « reçus » (Cat. 168) de marchandises.
Un lot de textes mentionnent le nom du roi sous le règne duquel ces transactions ont été effectuées, et le très petit nombre de formules de datation complètes permet de restreindre la durée de vie de cette archive à une période de deux années, c'est-à-dire à la troisième et à la quatrième année de règne de ce souverain, qu'il faut vraisemblablement identifier au roi kassite Agum III (Cat. 168). Ils nous apportent aussi la confirmation que Dilmoun était alors vassal des rois de la dynastie régnant sur la Mésopotamie du Sud. Les quelques noms propres mentionnés sont, pour la plupart, babyloniens. Historiquement, Agum III est connu uniquement par une source babylonienne bien postérieure à son règne, qui relate une expédition militaire menée par lui contre le « Pays de la Mer », vers 1465. Quelques documents comportent peut-être une autre formule de datation, mais ils appartiennent à une période d'occupation proche dans le temps. Les tablettes provenant des fouilles danoises, bien que non datées, sont à attribuer à la même phase culturelle.
Ces pièces d'archives retrouvées ne forment certainement pas la totalité des documents écrits enfouis dans le grand bâtiment kassite de Qal'at al-Bahreïn. On reconnaît en effet plusieurs écritures différentes sur les tablettes qui ont été retrouvées, ce qui permet de penser qu'il y avait un véritable atelier scribal et une école locale. Les fouilleurs danois ont mis au jour un et peut-être deux exercices scolaires. Cette supposition est encore renforcée par la présence, parmi les textes découverts en 1995, d'un dictionnaire ou vocabulaire bilingue suméro-akkadien, portant un choix d'extraits copiés par un scribe de Dilmoun ou un apprenti-scribe, soucieux de rassembler des termes utiles à sa profession et aux besoins particuliers des textes qu'il devait écrire (Cat. 163). Une tablette, à l'argile plus fine et à l'écriture plus soignée que les autres, est peut-être une lettre venue de l'extérieur, autant que son état fragmentaire permette d'en juger (Cat. 164).

QUATRIÈME CHAPITRE

Bahreïn à l'âge du Fer (1000-400 avant J.-C.)

Bahreïn à l'âge du Fer : les derniers siècles de Dilmoun (1000-500 av. J.-C.)

Pierre Lombard

Dilmoun n'a pas attendu la disparition de la dynastie kassite, vers le milieu du XIIe siècle av. J.-C., pour être relégué, une fois encore, aux oubliettes de l'Histoire. Dès 1225, le souverain assyrien Tukulti-Ninurta I marche sur Babylone, capture le roi kassite Kashtiliash IV qu'il emmène à Assur avec, sacrilège suprême, la statue de Marduk qu'il a retirée du prestigieux E-sa-Gila, le temple majeur de la ville. Il ajoute alors à ses titres celui de « roi de Dilmoun et de Meluhha » pour montrer, symboliquement, la nature de son butin politico-militaire.
Mais Dilmoun est loin de l'Assyrie et Bahreïn ne représente plus à ses yeux un réel enjeu économique...
On en est donc réduit aux hypothèses sur le destin de l'île à cette époque. Le contrôle politique de l'Assyrie étant sans doute purement formel, on peut imaginer que, lentement, le pays reconstruisit les bases d'une organisation politique et économique propre, mais dont l'histoire et l'archéologie ne parlent pas.

170 Vase compartimenté en pierre tendre
Nécropole de al-Hajjar, fouilles bahreïniennes 1970, Site 1, Tombe 3
Dilmoun récent, X^e/VIIe siècle av. J.-C.
Stéatite.
^{H} 14 ; ^{L} 9,6 ^{l} 6,5 cm
Manama, Musée national de Bahreïn, inv. n° 188-2-88
^{B} *Bahrain National Museum* 1989, n° 123

Les vases compartimentés de l'âge du Fer sont les héritiers directs des spécimens déjà importés de la zone omanaise à la fin du IIIe millénaire av. J.-C. (cf. Cat. 42).
Un exemplaire étonnamment identique à celui-ci provient d'un niveau contemporain du site de Tell Abraq, aux Émirats arabes unis (Potts 1990, p. 117-118 : fig. 143, 144).

La réapparition de Dilmoun

C'est en revanche de manière spectaculaire que le nom de Dilmoun réapparaît quelque 500 ans plus tard. À Khorsabad, au cœur de l'Assyrie, le grand Sargon II achève un palais monumental sur lequel veillent les fameux taureaux ailés, depuis exilés au Louvre et à Chicago.
Vers 709 av. J.-C., dans la grande tradition néo-assyrienne, le souverain fait transcrire sur les bas-reliefs muraux, les pavements et les seuils, les fastes de son règne, autrement dit le récit, parfois subjectif, de ses batailles et de ses hauts faits. C'est là que, pas moins de sept fois, est rappelé l'épisode de la « subjugation » d'Oupéri, « roi de Dilmoun, qui vit, tel un poisson, à trente doubles heures au milieu de la mer du Soleil-Levant », et qui, impressionné par la toute-puissance de Sargon II, lui aurait envoyé des présents.
Cette série de mentions de Dilmoun, que la langue et les indications géographiques imagées des annales néo-assyriennes permettent ici d'associer parfaitement à Bahreïn, est d'importance. Davantage qu'une soumission, le geste d'Oupéri doit être sans doute interprété comme un acte diplomatique prudent et habile, qui traduit bien l'image que présente alors Dilmoun : celle d'un petit royaume prospère

et autonome qui n'hésite pas à approcher, sinon à séduire, le nouveau pouvoir mésopotamien afin de ménager ses débouchés économiques.

Mais Bahreïn n'est plus le grand carrefour international de l'âge du Bronze et sa position, face à son voisin dominateur et impérialiste, demeure fragile en ce VIIIe siècle av. notre ère. Dès le règne d'Assarhaddon (681-668 av. J.-C.), celui-ci « impose » à Qanaia, l'un des successeurs d'Oupéri, « *le tribut qu'il (lui) devait en tant que sujet* ». Quelques années plus tard, vers le milieu du VIIe siècle, Assurbanipal fait officiellement figurer Dilmoun sur la liste des provinces assyriennes, scellant ainsi définitivement le sort de Bahreïn. Un texte du dernier roi néo-babylonien, Nabonide, confirme, si besoin était, qu'en 544 av. J.-C. le pays est placé sous l'autorité d'un *bêl pihati*, autrement dit d'un administrateur-résident. On suppose enfin que les Perses achéménides héritèrent de Dilmoun après leur conquête de la Babylonie, mais les sources historiques ne l'évoquent pas directement. On verra plus loin qu'en revanche, les fouilles archéologiques de Qal'at al-Bahreïn documentent largement cette période, pendant laquelle l'archipel a joui d'une prospérité évidente.

À la recherche d'Oupéri

L'épisode d'Oupéri et de son geste sans lendemain est toujours demeuré vivace dans l'esprit des archéologues danois, puis français, travaillant

Qal'at al-Bahreïn, secteur du « Palais d'Oupéri ». Rue et porte monumentale.

Qal'at al-Bahreïn, secteur du « Palais d'Oupéri ». Salle à pilliers dégagée en 1992-93.

à Qal'at al-Bahreïn. Sans doute ce bref texte répétitif est-il, par la date de sa découverte, le premier qui ressuscita au siècle dernier le nom de Dilmoun, après une éclipse de 2400 ans. Mais ils l'associèrent aussi très vite au nouveau complexe monumental qui fut érigé sur les ruines du palais kassite, au centre de la ville : situé stratigraphiquement entre les niveaux Dilmoun moyen de la fin du IIe millénaire et ceux de la période hellénistique, ce nouveau bâtiment (« Cité IV » de la chronologie danoise) pouvait être contemporain de cet événement historique et, pourquoi pas, avoir été la résidence d'Oupéri, à la fin du VIIIe siècle av. J.-C.
Les longues années de fouilles consacrées à ce niveau de l'âge du Fer n'ont malheureusement pas apporté de réponse claire à cette hypothèse. Les niveaux de la « Cité IV » illustrent plusieurs

Qal'at al-Bahreïn,
secteur du « Palais d'Oupéri »
(état fin 1996).

états d'occupation qu'il n'est pas toujours possible de dater avec précision ; le plus ancien, qui pourrait de fait remonter à la période d'Oupéri, présente une architecture monumentale impressionnante, tant par sa qualité de construction que par sa conservation, mais il n'a guère livré de matériel archéologique assurément datable. Un ensemble d'objets contenu dans une couche de remblai plus récente pourrait cependant provenir de ce premier état et être associé au lieu de culte que la mission française propose de reconnaître à l'ouest de l'édifice ; il se compose d'une céramique très abondante, mais surtout de curieuses figurines masculines fragmentaires, parfois des cavaliers (Cat. 188-202). Leur nombre inhabituel (près d'une centaine) qui pourrait inciter à y voir des ex-voto, ainsi que la présence, à leur côté, d'un support cylindrique fenestré en céramique (Cat. 181), identique à un type d'objet de culte traditionnel de l'âge du Fer en Palestine ou au Levant, renforce ici l'idée de la proximité immédiate d'un temple.
Plusieurs sépultures mises au jour à al-Hajjar et à Madinat Isa sont, en revanche, à dater de cette première moitié du Ier millénaire av. J.-C. Elles ont souvent réutilisé des tombes plus anciennes et ont livré un riche matériel (céramique peinte, vases en pierre tendre, armes en bronze, cachets, etc.). Ces offrandes témoignent de contacts étroits avec les cultures de l'âge du Fer de la péninsule d'Oman voisine ; certaines pièces, pratiquement interchangeables avec celles livrées par les habitats ou les tombes de cette région, indiquent peut-être qu'une communauté de marchands du piémont omanais vivait alors à Bahreïn.

La phase achéménide

Sous l'influence, plus tardive, des Perses achéménides, le pays a probablement perdu son indépendance politique, mais conserve sa prospérité économique. Les niveaux archéologiques de cette période en témoignent : l'impressionnante demeure de la Cité IV de Qal'at al-Bahreïn est à nouveau restaurée et agrandie, sans que l'on sache vraiment si elle conserve encore sa fonction palatiale. Elle livre pourtant le plan caractéristique des luxueuses résidences que l'on trouve alors en de nombreuses régions du Proche-Orient ancien : comme ses modèles d'Ur ou de Babylone, elle distingue partie publique et partie privée, possède une cour centrale, et révèle un système sanitaire très élaboré. La possible fonction religieuse de l'aile occidentale du complexe, elle aussi restaurée, se confirme à cette période ; on y a découvert, en plusieurs localisations, près d'une cinquantaine de bols enfouis sous les sols, qui contenaient chacun le

squelette d'un serpent sacrifié et déposé ici selon un rituel attesté nulle part ailleurs au Proche-Orient (Cat. 209, 210). La vocation publique de ce secteur est aussi indiquée par l'installation de huit latrines (qui ont pu fonctionner comme aires d'ablutions).
En cette fin du Dilmoun récent, on constate qu'à Qal'at al-Bahreïn, les morts voisinent avec les vivants : des inhumations d'enfants dans des jarres (Cat. 205), ainsi que de nombreux adultes inhumés en fosse ou dans des « sarcophages-baignoires » de terre cuite, ont été découverts sous les sols d'habitat. Cette pratique, en complète rupture avec la tradition funéraire de Bahreïn, où les cimetières, depuis l'âge du Bronze, ont toujours été tenus à l'écart des villes et des villages, est en revanche courante en Mésopotamie vers le milieu du Ier millénaire. Elle est sans nul doute l'indice, là aussi, d'une colonie babylonienne installée à Bahreïn.

La fin de la civilisation de Dilmoun voit donc la coexistence de diverses populations venues des régions voisines, qu'elle assimile sans problème apparent ; Bahreïn retrouve un peu de la pluralité culturelle qui fut la sienne lors de son apogée à l'âge du Bronze. Passé sous la coupe successive des grands Empires qui l'entourent, l'archipel demeure toujours un lieu exceptionnel de rencontre des hommes, et sans doute encore des marchandises ; c'est ainsi qu'il impressionnera les amiraux d'Alexandre le Grand, qui le découvriront un siècle plus tard.

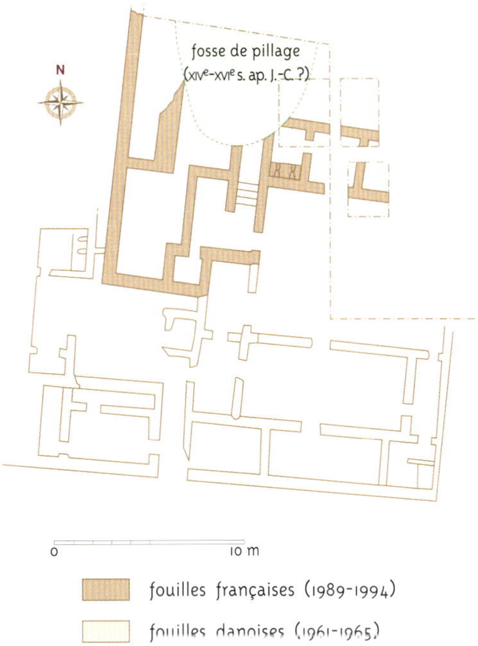

Qal'at al-Bahreïn.
Plan de la résidence d'époque achéménide (état 1994).

Dépôt votif de « bols à serpent ». Qal'at al-Bahreïn, 1993.

171-173 Vases à bec verseur
Nécropole de al-Maqsha, fouilles bahreïniennes 1978, Tombe 4
Nécropole de Madinat Isa, fouilles bahreïniennes 1968 (?), tombe non spécifiée
Dilmoun récent, xe/viie siècle av. J.-C.
Céramique
H 9, 8,5 et 6,4
D MAX. 11,8, 11,4 et 15 cm
Manama, Musée national de Bahreïn, inv. no 3769-2-91-7, 168-2-88 et 169-2-88
B *Bahrain National Museum* 1989, no 93, et inédit

Ces élégants vases à long bec-gouttière, réalisés dans une pâte de grande qualité et à la surface soigneusement lustrée, rappellent aussi les traditions céramiques iraniennes du Fer II, mais à la différence de la pièce suivante, ne paraissent pas originaires de la péninsule d'Oman, qui en ignore la forme. Le type n'apparaît pas non plus dans les niveaux d'habitat du Dilmoun récent, pourtant riches en diverses catégories céramiques, de Qal'at al-Bahreïn ; il pourrait s'agir d'une fabrication originaire du plateau iranien, à destination peut-être spécifiquement funéraire.

174 Vase à bec verseur
Nécropole de al-Hajjar,
fouilles bahreïniennes 1971,
Site 1, Tombe 21/22
Dilmoun récent,
X^{e}/VIIe siècle av. J.-C.
Céramique
H 8,4 D MAX. 10,9 cm
Manama, Musée national
de Bahreïn, réserves
Inédit. Parallèle : *Bahrain National Museum* 1989, n° 95

Parfois qualifiés de « théières » par les archéologues — ils intègrent souvent un filtre incorporé —, ces petits vases à bec ponté et au décor peint très caractéristique possèdent leurs équivalents exacts dans les tombes et les habitats omanais de l'âge du Fer, développés durant la première moitié du Ier millénaire av. J.-C. le long du piémont de la chaîne du Hajjar ; c'est ainsi le cas à Rumeilah, par exemple, dans l'oasis d'al-Aïn, émirat d'Abou-Dhabi (Boucharlat et Lombard 1985, pl. 50 : 1-3). Ce spécimen a été très probablement importé de cette région ; plus généralement, cette forme est bien connue tout au long du Fer II iranien (Magee 1997, p. 94-96).

175 Vase tronconique en pierre tendre
Nécropole de al-Hajjar,
fouilles bahreïniennes 1970,
Site 1, Tombe 7
Dilmoun récent,
X^{e}/VIIe siècle av. J.-C.
Stéatite
H 7,5 D MAX. 10,9 cm (vase)
H 5,5 D 3,8 cm (couvercle)
Manama, Musée national
de Bahreïn, inv. n° 191-2-88a-b
Bahrain National Museum 1989, n° 119/120 ; 1993, p. 43

Les tombes de l'âge du Fer de Bahreïn ont livré de nombreux vases en pierre, taillés dans un matériau plus tendre et plus clair que la chlorite utilisée à l'âge du Bronze (stéatite et dérivés). On les trouve généralement associés à la céramique peinte de type omanais et sont sans aucun doute de même provenance. La qualité exceptionnelle des exemples recueillis à Bahreïn est généralement soulignée ; ce vase caréné à couvercle, à la forme très pure et au décor incisé géométrique soigneusement exécuté, constitue l'une des plus belles pièces de ce type découvertes dans la région du Golfe.

176-179 Vases divers en pierre tendre
Nécropole de al-Maqsha, fouilles bahreïniennes 1991-92, Tombe 66/B
Nécropole de al-Hajjar, fouilles bahreïniennes 1970, Site 1, Tombe 7
Dilmoun récent, x^{e}/viie siècle av. J.-C.
Stéatite
H 5,3, 10,4, 9,3 et 9
D MAX. 9,7, 7,2, 6,9 et 5,9 cm
Manama, Musée national de Bahreïn, réserves et inv. n° 2 5168-2-91-7, 212-2-88, 185-2-88
Inédit et *Bahrain National Museum* 1989, n° 111

180 Vase en pierre tendre
Nécropole de al-Maqsha, fouilles bahreïniennes 1988, Tombe 12
Dilmoun récent, vers 800-700 av. J.-C.
Stéatite.
H 7,5 D MAX. 8,7 cm
Manama, Musée national de Bahreïn, inv. n° 197-2-88
Inédit

181 Support cultuel
Qal'at al-Bahreïn,
secteur du « Palais d'Oupéri »,
fouilles françaises 1991
(QA91.646).
Dilmoun récent,
x^{e}/viie siècle av. J.-C.
Céramique
H 31 ; D MAX. 16,6 cm
Manama, Musée national
de Bahreïn, réserves
Inédit

182 Poignard
Nécropole de Shakhoura,
fouilles bahreïniennes
1992-1993, Mont 3, Tombe 10
Dilmoun récent,
x^{e}/viie siècle av. J.-C.
Bronze
L 47,6 l MAX. 2,4 cm (lame) ;
l 5,4 cm (pommeau)
Manama, Musée national
de Bahreïn, réserves
Inédit

Les poignards à manche évidé, destinés à recevoir une incrustation de bois ou d'os, sont également une spécialité des métallurgistes de la péninsule d'Oman, région où les alliages cuivreux et le bronze sont restés en usage jusqu'à une période très tardive. Ces armes traditionnelles, à leur tour inspirées de modèles iraniens du Fer II, ont sans doute été produites sur une période de plusieurs siècles (Lombard 1984). Cet exemplaire, retrouvé isolé dans une tombe de type inhabituel de Shakhoura, ne peut malheureusement aider à en préciser la chronologie.

183-187 Cachets pyramidaux
Nécropole de al-Maqsha,
fouilles bahreïniennes 1988,
Tombe 3 ; 1992-93,
Tombes 1/B, 66A/4, 66B
Dilmoun récent,
x^{e}/viie siècle av. J.-C.
Pierres semi-fines
H 0,8 à 1,3 ; L 1,9 à 2,7 ;
l 1,8 à 2,55 cm
Manama, Musée national
de Bahreïn, inv. n° 2932-2-90,
2944-7-90 et réserves
Inédit

La présence à Bahreïn de ces cachets pyramidaux d'un type surtout limité, jusqu'ici, aux sites de l'oasis d'al-Aïn, dans l'émirat d'Abou-Dhabi (Rumeilah, Qarn Bint Sau'd, cf. Lombard 1998, fig. 1, p. 156), vient confirmer les liens commerciaux très étroits que ces deux régions entretenaient durant la première moitié du Ier millénaire av. J.-C.

188-200 Figurines votives (?)
Qal'at al-Bahreïn,
secteur du « Palais d'Oupéri »,
fouilles françaises 1989-93
(QA89.482, 650, 1275 ; 91.551 ;
92.44, 45, 380, 402, 403 ; 93.8,
13, 20, 39)
Dilmoun récent,
x^{e}/viie siècle av. J.-C.
Terre cuite
^{H} de 4,5 à 10 ^{E} de 1,5 à 3,9 cm
Manama, Musée national
de Bahreïn, inv. n° 1923-2-89,
1930-2-89, 91-1-3, 92-1-2,
92-1-4, 92-1-5, 92-1-6,
97-1-1 et réserves
^{B} Lombard 1994, p. 38 : fig. 14

201 Figurine animale à tête humaine
Qal'at al-Bahreïn,
secteur du « Palais d'Oupéri »,
fouilles françaises 1989
(QA89.1597)
Dilmoun récent,
x^e/viie siècle av. J.-C.
Terre cuite
H 8,1 ; E 3 cm
Manama, Musée national
de Bahreïn, inv. nº 97-1-?
B *Bahrain National Museum*
1993, p. 37 ; Lombard 1994,
p. 38 : fig. 14

203, 204 Dépôt funéraire

Qal'at al-Bahreïn,
secteur du « Palais d'Oupéri »,
fouilles françaises 1990
(QA90.5, 6)
Dilmoun récent,
VIe/Ve siècle av. J.-C.
Céramique
H 6,5 et 21,8 D MAX. 17 et 21,7 cm
Manama, Musée national
de Bahreïn, inv. n° 90-2-1
et 1942-2-89
Inédit

Comme à Babylone, les offrandes funéraires associées aux sarcophages en terre cuite étaient déposées soit à l'intérieur, soit au pied de ceux-ci. C'est le cas de ce groupe de deux vases typiques des productions bahreïniennes de la fin du Dilmoun récent, retrouvés dans cette position exacte, contre la paroi extérieure d'un petit sarcophage-baignoire. Les offrandes éventuellement déposées auprès du corps avaient totalement disparu.

202 Figurine de cavalier

Nécropole de al-Maqsha,
fouilles bahreïniennes 1978-79,
Tombe 3/4
Dilmoun récent,
X^{e}/VIIe siècle av. J.-C.
Terre cuite
H 15,5 L 12 cm
Manama, Musée national
de Bahreïn, inv. n° 856-2-82
B *Bahrain National Museum*, p. 35

Appartenant visiblement à la même tradition que les précédents exemplaires fragmentaires de Qal'at al-Bahreïn, cette pièce complète, qui figure un cavalier curieusement armé d'une hache (utilitaire, de combat, ou d'apparat ?), est la seule figurine de ce type qui provienne d'un contexte funéraire.

205 Jarre funéraire et son inhumation

Nécropole de Madinat Hamad
(NBH4), fouilles bahreïniennes
1989-90, Mont 10
Dilmoun récent,
VIe/Ve siècle av. J.-C.
Terre cuite, ossements
H 37,5 D MAX. 67 cm
Manama, Musée national
de Bahreïn, réserves
Inédit

Cette inhumation d'enfant, remarquablement préservée dans sa jarre à ouverture ovale, provient d'une nécropole de Bahreïn qui a également livré une série de sarcophages de type « baignoires » bien connus en Babylonie, de la fin de la période néo-assyrienne jusqu'à la période achéménide (Baker 1995, p. 213-215). Des sarcophages identiques ont été découverts à Qal'at al-Bahreïn où leur position stratigraphique les attribue clairement à la phase achéménide de l'histoire de l'île, à la fin du Dilmoun récent (Højlund et Andersen 1997, p. 145-151 ; Lombard 1994, fig. 16 et p. 40). À l'exception de l'une d'elles, richement fournie, ce type de sépulture a souvent été l'objet d'un important pillage.

206-208 Cachets conoïdes et bulle de scellement
Nécropole de al-Maqsha,
fouilles bahreïniennes 1992-93,
Tombe 4/A
Qal'at al-Bahreïn,
secteur du « Palais d'Oupéri »,
fouilles françaises 1988
(QA88.12)
Dilmoun récent,
vi^{e}/ve siècle av. J.-C.
Pierres semi-fines, argile
H 2 et 2,5 ; l MAX. 1,7 cm (cachets)
H 4,8 l MAX. 2,5 cm (bulle)
Manama, Musée national
de Bahreïn, inv. n° 2936-11-90,
réserves et 88-1-3
Inédit

Si ces petits cachets à section polygonale constituent la forme de sceau la plus diffusée dans l'aire d'influence babylonienne au Proche-Orient, vers le milieu du Ier millénaire av. J.-C. – l'île de Bahreïn en a livré plusieurs, souvent découverts dans les sarcophages-baignoires –, il est infiniment plus rare de découvrir des vestiges de leurs empreintes. Cette bulle de scellement de l'habitat de Qal'at al-Bahreïn conserve quatre traces d'impression de deux cachets différents (représentant les deux parties d'une transaction commerciale ?) ainsi, qu'au revers, la marque d'un lien torsadé.

209, 210 « Bols à serpent »
Qal'at al-Bahreïn,
secteur du « Palais d'Oupéri »,
fouilles françaises 1992
(QA92.494 et 502)
Dilmoun récent,
vi^{e}-ve siècle av. J.-C.
Céramique, ossements
H 7,5 et 7,7 D MAX. 13,5 et 14,5 cm
Manama, Musée national
de Bahreïn, réserves
B Lombard 1994, p. 40 : fig. 17

Les sacrifices de serpents sont rares, sinon inconnus au Proche-Orient ancien. Le serpent lui-même est un animal très populaire, en revanche, dans la Péninsule arabique, où on l'associe généralement à la notion de fertilité. Les dépôts de Qal'at al-Bahreïn sont cependant sans parallèles jusqu'ici. Il pourrait s'agir de simples pratiques prophylactiques, destinées à attirer protection divine, fertilité et longue vie aux habitants du lieu. Ces dépôts votifs constituaient peut-être aussi un véritable acte rituel, se déroulant au sein d'un édifice public et sacré. Des cultes serpentaires sont attestés à l'âge du Fer dans le monde omanais voisin.

211 Collier
Nécropole de Saar,
fouilles bahreïniennes 1988,
Tumulus 154
Dilmoun récent,
vi^{e}-ve siècle av. J.-C.
Pierres fines (cornaline, agate zonée), pâte de verre, or
L 34 cm
Manama, Musée national
de Bahreïn, inv. n° 1858-2-89
Inédit

Parallèlement aux inhumations en jarres et sarcophages de terre cuite, quelques tombes en fosses contemporaines ont été mises en évidence sur l'île (à al-Maqsha, Saar et Qal'at al-Bahreïn, notamment). Elles contenaient généralement un matériel plus diversifié et plus riche, incluant dans plusieurs cas des parures proches de celles livrées par les sépultures achéménides : c'est le cas de ce collier constitué de perles en pierres fines de types variés et de plusieurs éléments en or.

212 « Trésor de l'Argentier »

Qal'at al-Bahreïn,
secteur du « Palais d'Oupéri »,
fouilles danoises 1961/62
(519.ARS, ARZ)
Dilmoun récent,
vi^{e}-ve siècle av. J.-C.
Céramique, brisures d'argent
H 21,4 D MAX. 21,1 cm (vase)
H 2,85 D MAX. 2,2 cm
(bague à chaton)
Manama, Musée national
de Bahreïn, inv. n° 2075, 8575
B Bibby 1964, p. 86 : 1 et 88 : 2 ;
Krauss, Lombard et Potts 1983 ;
Højlund & Andersen 1997,
p. 175-181 ; Krauss 1997

Ce vase et son contenu inhabituel, volontairement dissimulé sous le dernier sol d'occupation de la luxueuse résidence du Dilmoun récent de Qal'at al-Bahreïn, a parfois été considéré comme le témoin d'une période troublée de l'histoire de l'île. Avec quelques autres découvertes similaires faites en divers points du Proche-Orient ancien, il constitue avant tout un exemple de ces proto-monnayages divers en usage dans cette région du monde avant l'apparition des premières monnaies. On a émis ainsi l'hypothèse que de tels fragments d'argent (coulures de fontes, brisures ou coupures intentionnelles d'anneaux, de bracelets et d'objets divers) circulaient et s'échangeaient couramment lors des opérations commerciales. Ce « trésor » contenait également une bague à chaton en argent, comportant une inscription hiéroglyphique, très maladroitement reproduite. Cet objet est généralement considéré comme une copie locale d'un modèle égyptien de la Basse-Époque, daté d'environ 650 av. J.-C. Compte tenu du type particulier de vase qui contenait ces fragments d'argent, on doit considérer que cette copie est beaucoup plus récente que l'original.

213-222 Dépôt funéraire
Qal'at al-Bahreïn,
secteur du « Palais d'Oupéri »,
fouilles françaises 1991,
Tombe intrusive
Dilmoun récent,
VIe-Ve siècle av. J.-C.
Vases : céramique
H de 18,4 à 6,7
D MAX. de 18,2 à 7 cm
Brûle-parfum : calcaire
H 9,7 L 9,7 l 6,7 cm
Coupelle : chlorite
H 1,7 D MAX. 5,5 cm
Collier : faïence, pierres fines, perles naturelles L 45,5 cm
Cachet : pâte de verre, bronze
H 4,4 D MAX. 2,1 cm
Manama, Musée national de Bahreïn, inv. n° 89-1-1, 89-1-2, 2074-2-90, 2075-2-90, 2076-2-90, 2078-2-90, 2079-2-90, 2081-2-90 et réserves
Inédit

Cet ensemble d'offrandes constituait l'essentiel du dépôt funéraire déposé dans une tombe en fosse intrusive dans l'habitat de Qal'at al-Bahreïn, et quelque peu énigmatique dans la mesure où elle contenait trois corps (un homme âgé, une très jeune femme et un homme d'environ 35 ans) apparemment inhumés en même temps. Les trois vases glaçurés, ainsi que la coupelle en pierre tendre qui contenait le collier, se trouvaient réunis dans un panier bitumé placé à une extrémité de la fosse ; un vase globulaire, la jarre à col (sur laquelle avait été retourné un petit bol) ainsi que le brûle-parfum en calcaire avaient été disposés au contact des corps. Le cachet en pâte de verre (dont la monture à bélière, en bronze, est parfaitement conservée) était quant à lui vraissemblablement suspendu au cou du squelette de l'homme le plus jeune. L'iconographie de ce sceau, de tradition typiquement achéménide (un personnage couronné à forte chevelure maîtrisant deux lions dressés), ainsi que la typologie des céramiques permet d'attribuer cette triple sépulture à l'extrême fin de la phase Dilmoun récent.

CINQUIÈME CHAPITRE

La culture de Tylos (300 avant J.-C-600 après J.-C.)

Bahreïn, d'Alexandre aux Sassanides

Jean-François Salles

223 Statuette funéraire
Nécropole de Saar,
fouilles bahreïniennes 1995-96,
Mont 7, Carré E3
Phase de Tylos,
IIe/IIIe s. ap. J.-C.
Calcaire
H 27,3 l 10,4 E 7 cm
Manama, Musée national
de Bahreïn, inv. nº 378
Inédit

D'un format plus réduit que les stèles figuratives (cf. p. 212-215), mais d'une iconographie proche, ce type de statuette, réalisé dans le calcaire à grain fin de l'île de Jidda, a été soit retrouvé à l'extérieur des tombes, soit, plus rarement, à l'intérieur de celles-ci.

C'est dans le sillage d'Alexandre le Grand que l'archipel de Bahreïn entre dans la littérature grecque et dans les annales historiques hellénistiques. Au retour de son expédition indienne, doublée d'une navigation maritime le long de la côte iranienne par son ami Néarque relatée par Arrien, Alexandre s'apprêtait, dit-on, à conquérir l'Arabie : cela reste une hypothèse scellée par la mort du héros. Mais du moins celui-ci avait-il pris soin de faire explorer la côte arabe du Golfe (la « Mer Érythrée ») vers 325-324 av. J.-C., confiant que grâce au commerce entre l'Inde et la Méditerranée orientale, la région pouvait devenir « aussi riche que la Phénicie » ; Archias, Hiéron et Androsthène furent successivement chargés de cette tâche. Il est assuré que l'une des trois expéditions a abordé l'archipel de Bahreïn et y a probablement séjourné quelque temps : c'est du moins ce que laisse supposer le rapport d'Androsthène de Thasos, texte perdu mais cité par plusieurs auteurs hellénistiques. L'île prend alors le nom grec de Tylos, probablement une transcription de son nom sémitique *TLMN* (Dilmoun). L'île conserve son nom grec jusqu'au IIe siècle ap. J.-C., lorsque Ptolémée la cite dans sa *Géographie* — mais les sources du géographe sont sans doute dérivées d'Androsthène, à peine révisées au Ier siècle av. J.-C. par l'écrivain-roi Juba de Maurétanie. Plus sûre est une inscription de Palmyre datée de 131 ap. J.-C. qui honore « Iaraios, satrape des Thilouanoi pour le compte de Mérédat, roi de Spasinou Charax » tous les commentateurs reconnaissent les habitants de Bahreïn dans les Thilouanoi. D'autres témoignages grecs ou latins postérieurs ne sont que des gloses sur des textes plus anciens, et le nom Tylos disparaît sans doute des mémoires peu de temps après le IIe siècle.

Les sources orientales sur Bahreïn sont peu nombreuses avant l'Islam. On peut évoquer l'expédition controversée d'Ardashir Ier en 240 dans « al-Bahrayn » au sens large, incluant sans doute l'archipel, ainsi que celle de Shapur II dans la même région en 325-326 (une lecture récente propose d'accepter le nom Samahig dans le récit de cette campagne par l'historien arabe Tabari : Samahig = Masmahig = Muharraq ; le nom est aussi connu dans le Thalmud de Babylone, sans date précise) : les deux mentions soulignent seulement l'intégration logique de l'archipel dans l'Empire sassanide — bien qu'aucun texte ne revendique la possession de Bahreïn par les Rois des Rois. Quelques textes syriaques citent « les îles » d'al-Bahrayn et du Jamama (= l'Arabie orientale). Plus précis sont les noms des évêchés connus à partir du Ve siècle dans les textes synodaux de l'Église syriaque orientale. En 410, Batai, évêque de Masmahig, dans le « diocèse des îles » est excommunié ; en 576 Serge, évêque de Masmahig, est présent

à un synode nestorien ; au milieu du VIIe siècle, peu de temps après l'introduction de l'Islam dans l'archipel (entre 634 et 640), l'évêque de Masmahig Abraham se fait tancer par le patriarche Iso'yabh III. Un autre évêché pourrait avoir existé sur la grande île, si le toponyme syriaque *TLN* est assimilé avec l'ancienne Thilouan/a.
Les auteurs arabes, dès le VIe siècle, désignent Bahreïn sous le nom d'Uwal, mais certains connaissent aussi le nom de Samahig.

Les sources classiques livrent deux séries de renseignements sur Bahreïn, toutes issues des rapports du temps d'Alexandre, répétés et « corrigés » jusqu'à l'époque de Ptolémée sans aucun apport nouveau — à l'exception notable d'une description de la Parthie par le géographe Isidore de Charax, rédigée à la fin du Ier siècle av. J.-C, dont ne subsiste qu'une très belle description de la pêche perlière près d'une île du Golfe qui n'est pas citée ; Strabon et Pline citent eux aussi les perles de Tylos.
Une série d'informations décrit la végétation de l'archipel ; dès le début du IIIe siècle, le botaniste Théophraste a rassemblé les données rapportées par Androsthène, et Pline les reprend dans son livre XII. Des dattiers, de la vigne, des arbres fruitiers et des figuiers sont mentionnés, toutes plantations courantes dans l'île de nos jours — à l'exception de la vigne ; des « arbres à laine » (cotonniers) sont également cités, et d'autres indications montrent que la culture du coton a sans doute été acclimatée à Bahreïn pendant quelque temps. Mais la description la plus saisissante est celle de la mangrove, aujourd'hui presque entièrement disparue, que l'étude attentive des textes grecs permet de restituer avec précision. Les auteurs localisent l'île dans le Golfe avec plus ou moins de détails ; Strabon et Pline signalent l'existence de deux îles.

Une autre donnée provient de Strabon, et soulève de nombreux problèmes : « Tyros [Tylos] et Arados, où il y a des sanctuaires semblables à ceux des Phéniciens. Les habitants de ces îles affirment que les îles et les villes du même nom en Phénicie sont leurs propres colonies » (*Géo.*, 16, 3, 4 ; trad. Y. Calvet) ; la tradition d'une origine des Phéniciens dans le Golfe au IIIe millénaire av. J.-C. se retrouve dans plusieurs autres sources classiques. Le débat est vif sur cette mention, qui relève plus de l'histoire des Phéniciens que de celle du Golfe lui-même.

L'histoire de Tylos à partir de la fin du IVe siècle av. J.-C. demeure incertaine. Une question centrale fait l'objet de débats : les Grecs/Séleucides maîtres de la Mésopotamie et de l'Iran hellénistiques ont-ils « occupé » l'archipel, comme ils se sont installés dans l'île de Faïlaka/Ikaros à Koweït ? Ont-ils utilisé Bahreïn comme une escale/port de relâche pour la flotte

militaire qu'ils maintenaient dans le Golfe ? Quelques données pourraient favoriser une réponse positive.
Des habitants de l'île lisaient le grec, puisqu'on y a trouvé trois documents inscrits dans cette langue : un graffite sur une jarre (nom propre terminé en -*raios*), un alphabet en relief sur une céramique datée du IIe siècle av. J.-C., et une stèle funéraire. Tout à fait représentative de l'activité commerciale de l'archipel et de sa population composite, l'inscription honore, vers la fin du IIe siècle av. J.-C., un capitaine de navire nommé Abdishtar, phénicien ou babylonien, fils d'Abdaios, nom certainement phénicien.
De même, Bahreïn possédait probablement un atelier monétaire qui frappait des tétradrachmes d'argent au type d'Alexandre, monnaie de référence dans le monde oriental, avec une légende en grec — peut-être destinés à des mercenaires, grecs à Bahreïn (?), ou Bahreïniens dans les armées séleucides (on connaît des chameliers arabes à la bataille de Magnésie). Si ces arguments ne sont totalement probants — pas plus que quelques fragments de céramique à vernis noir attique retouvés dans les fouilles —, ils suggèrent que l'archipel participait d'une manière ou d'une autre au monde séleuco-grec.
À la fin du IIIe siècle av. J.-C., des luttes se déroulent en Babylonie au moment de l'accession au pouvoir du roi Antiochos III. L'un des appuis du jeune souverain est Puthyiadès, stratège de la province de la mer Érythrée (les bouches de l'Euphrate, cf. la Mésène ci-dessous) et de « ses dépendances » (en grec, *topoi*, mot vague : l'expression administrative désigne des lieux éloignés du centre de la province, le plus souvent maritimes) : celles-ci incluaient Faïlaka/Koweït, mais aussi, probablement, des alliances avec des « chefferies » arabes à Bahreïn et en Arabie orientale (Gerrha).
Lorsqu'il revient d'une expédition en Inde vers 206-205, le même Antiochos III se rend à Gerrha « soumettre » ses habitants, puis fait une brève escale à Tylos : le texte de Polybe, source indépendante des compagnons d'Alexandre, pourrait laisser supposer que Tylos était suffisamment connue de ses lecteurs pour qu'il ne soit besoin ni de situer ni de décrire l'île...

L'Empire séleucide s'effondre vers le milieu du IIe siècle av. J.-C. ; dans ses ruines s'érige un royaume centré sur les bouches de l'Euphrate connu sous le nom de Mésène par les auteurs grecs et latins, *Maishan* en araméen (sources syriaques). Son premier souverain Hyspaosinès, vers 140 av. J.-C., est désigné par un auteur grec comme « roi de la mer Érythrée et de ses dépendances [*topoi*] » : la Mésène a donc étendu très tôt sa domination sur le Golfe et sur Bahreïn, comme le confirme, en 131 ap. J.-C., l'existence d'un gouverneur de Spasinou Charax (capitale de la Mésène) à Thilouan/a (*supra*).
Les documents archéologiques (céramique,

monnaies, etc.) qui attestent l'étroitesse des liens entre Bahreïn et la Mésène sont nombreux, tout comme les textes qui démontrent l'importance des relations de la Mésène avec l'Inde, avec Bahreïn pour escale (l'île est probablement mentionnée dans les *Actes* de saint Thomas qui décrivent son apostolat en Inde). Si l'intervention d'Ardashir Ier vers 240 est avérée, elle a pour conséquence, selon Tabari, d'éliminer un *marzban* — gouverneur parthe de Bahreïn — Sanatruk, dernier « roi » de l'archipel.

On a vu qu'il n'existe pas de sources sassanides sur l'histoire de l'île. Outre les mentions d'expéditions guerrières dans cette région, il faut accepter que, si l'archipel est bien le siège d'un ou deux évêchés dependants de la ville Rev Ardashir/Bouchire en Perse, il serait étonnant qu'il soit politiquement indépendant du pouvoir sassanide.

Aucun roi de Bahreïn n'est connu depuis l'époque d'Alexandre jusqu'à l'intégration de l'île au monde arabo-musulman. Il serait sûrement exagéré de considérer l'archipel comme une simple « colonie » des Séleucides, puis des Méséniens et des Parthes, enfin des Sassanides. L'hypothèse la plus vraisembable est celle d'un domaine « autonome », mais étroitement associé aux dynasties successives qui ont exercé leur autorité sur les marchands et marins qui n'ont cessé de sillonner le Golfe entre les bouches de l'Euphrate et l'Inde.

Nécropoles et coutumes funéraires à l'époque de Tylos

Anja Herling

Les sépultures constituent des témoins incontournables de la période de Tylos à Bahreïn. Davantage que les données textuelles qui reflètent une vision extérieure, cette documentation particulière fournit des éléments concrets sur la vie matérielle et culturelle des habitants de l'île. Vue la rareté des vestiges d'habitats contemporains, le domaine funéraire représente même notre source d'information essentielle.

Le mode d'inhumation le plus courant à Tylos était la sépulture individuelle ; elle se faisait en dehors des secteurs habités, dans des cimetières de surface. Aménagées sur des zones rocheuses ou non cultivables, plusieurs de ces nécropoles ont été fouillées par des équipes locales et étrangères, grâce au judicieux programme de sauvetage mis sur pied par les autorités de l'État de Bahreïn. Au-delà des principes généraux, il est devenu possible de cerner avec précision les coutumes funéraires et même d'en reconstituer de nombreux détails.

Les nécropoles

Les cimetières de Tylos sont restés en usage pendant plusieurs siècles, et renferment généralement un nombre considérable de sépultures, juxtaposées ou superposées. Chacune de ces tombes a été recouverte de sable ou de terre ; avec le temps et la multiplication des inhumations, les cimetières ont fini par former de vastes ensembles de monts étendus et irréguliers, d'élévation moyenne.

À l'origine d'une nécropole se trouve souvent une riche sépulture, sur laquelle on a accumulé un amas de terre particulièrement imposant. Il était ainsi visible de loin et marquait probablement la prise de possession de la zone par un groupe déterminé. On relève parmi ces « fondateurs de nécropole » des individus des deux sexes, dont l'âge élevé étonne souvent. Les inhumations suivantes formaient ensuite des cercles successifs autour de ce centre, avec des amas sableux nettement moins élevés. Par la suite, on se mit à grouper les tombes dans différents secteurs du cimetière et à les superposer à d'autres, plus anciennes.

Le nombre de ces nécropoles est impressionnant et suggère une population importante qui ne devait pas résider uniquement à Qal'at al-Bahreïn. Leur extension progressive dans les régions fertiles (ou en lisière de celles-ci), au nord et à l'ouest de Bahreïn, ainsi que leur nette concentration à proximité de localités modernes comme Saar et Shakhoura (dont l'implantation sur des tells artificiels démontre la haute antiquité), confirment leur relation étroite avec l'habitat.

Plusieurs nécropoles proches ont parfois fonctionné en même temps. Durée d'utilisation et juxtaposition confirment que chacune d'elles représente un élément d'une communauté plus importante. Le nombre des inhumations intervenues dans un espace de temps donné

Nécropole de Saar.
« Mont » funéraire
type de la phase de Tylos.

dépasse les noyaux purement familiaux et leur descendance. Des familles isolées se retrouvent aussi dans plusieurs nécropoles. De fait, seules des comparaisons systématiques du plus grand nombre possible de cimetières permettraient de préciser les critères de choix du lieu de sépulture. On attend beaucoup des analyses faites sur les liens de parenté.

Construction des tombes

La forme la plus habituelle est un ciste de pierre, façonné sur mesure. Une petite maçonnerie de blocs de pierre et de mortier — chaux, sable, cendre et eau, mélangés sur place — est également courante. Au début de la période de Tylos, on chemise volontiers les parois intérieures avec des dalles de calcaire ; le fond et le sommet des murs sont recouverts d'un enduit de mortier. Vers le milieu de la période, cependant, les parois sont simplement enduites, et les revêtements internes en pierre disparaissent. La chambre funéraire était généralement recouverte de deux ou trois dalles irrégulières en pierre, posées à plat sur l'ouverture et scellées au mortier. Plus rarement, ce sont des planches de bois, ajustées sur la saillie des parois, qui font office de couverture. Ces principes généraux varient cependant d'un cimetière à l'autre, reflétant le goût du moment ou les capacités inégales des constructeurs. Avec la pratique de l'enduit intérieur, la profondeur des chambres funéraires passe de 0,50 m à environ 1,40 m. Des tombes

Nécropole de Saar.
Le même « mont » après fouille
(Mission archéologique
allemande, 1993).

Nécropole de Shakhoura.
Section nord-sud du Mont I
(Direction de l'Archéologie
et du Patrimoine, 1996).

Nécropole de Saar. Dalle de couverture d'une tombe (Mission archéologique allemande, 1993).

plus plates, en forme de baignoire, reviennent ensuite à la mode.
Au Tylos ancien, l'orientation est-ouest de la tombe est une pratique courante, la référence étant le parcours visible du Soleil, comme en attestent de légères variations (liées certainement aux saisons). Dès le Tylos moyen, ce sont exclusivement des considérations d'ordre pratique qui déterminent l'orientation des chambres funéraires, laquelle varie donc fortement.
Des empreintes sur l'enduit des murs et du sol montrent qu'il ne s'écoulait le plus souvent que quelques heures entre l'achèvement d'une tombe et son utilisation pratique. Cet indice pourrait aussi indiquer la même rapidité entre la mort et l'ensevelissement du défunt. La construction n'est pas toujours soigneusement faite, comme en témoignent les problèmes de couverture de certaines tombes et le remploi très fréquent d'anciens éléments de construction. Les dalles et plaques de pierre, en particulier, semblent avoir été rares et précieuses, ce qui pourrait expliquer l'abandon progressif du chemisage intérieur des sépultures. On est surpris, en revanche, par un effort constant pour améliorer la qualité du mortier et pour renforcer l'étanchéité de la tombe. De petites rigoles sont également aménagées au fond, du côté des pieds du défunt, afin de permettre l'écoulement de liquides (libations ? sacrifices ?). Quelques chambres funéraires imposantes, dont la construction en blocs de pierre taillés était assurément longue et coûteuse, laissent supposer que le statut social et la richesse personnelle avaient aussi une influence sur la configuration de la sépulture. Un mobilier funéraire coûteux — armes, pièces d'armure, anneaux porteur d'un sceau officiel, etc. — traduit dans ce cas la position privilégiée du défunt. Par contre, l'ensevelissement de cadavres dans des tombes déjà « occupées » — de phases Tylos ou plus anciennes — révèle évidemment des situations moins prestigieuses, illustrées aussi par des fosses peu profondes dont les parois sont simplement renforcées d'un enduit de mortier. On note aussi un moindre soin pour l'ensevelissement des bébés et des enfants en bas âge, qui, comme les fœtus, sont souvent placés dans des récipients de terre cuite. La rareté des inhumations de ce groupe d'âge laisse en outre supposer que l'on s'en débarrassait aussi d'autre façon et que l'on accordait manifestement peu d'importance à cette catégorie de défunts.

Traitement et position de la dépouille

Avant l'ensevelissement, le cadavre était habillé et paré, comme en témoignent les textiles, aiguilles, têtes d'épingle, boucles de ceinture,

Nécropole de Saar.
Squelette *in situ* accompagné de son dépôt funéraire (Mission archéologique allemande, 1993).

pièces d'armure et bijoux retrouvés *in situ*. On affectionnait les anneaux de bras, de cheville ou d'oreille, mais aussi les bagues (de doigt ou d'orteil) en argent et en bronze, ainsi que les colliers et les bracelets en perles de toutes formes et de toutes matières. Les bandeaux et autres ornements d'or étaient particulièrement raffinés. Les enfants portaient souvent des amulettes à valeur apotropaïque. L'inhumation se faisait en position couchée sur le dos, les bras étendus le long du corps, les mains à la hauteur des hanches, plus rarement ramenées sur le ventre ou la poitrine. Les coudes serrés le long du corps signalent souvent l'emploi de bandelettes, même si la fragilité du matériau ne les a conservées que très rarement. Il en va de même pour les bières et les cercueils de bois, dont l'emploi courant est toutefois attesté par les empreintes laissées sur le sol enduit des sépultures et par les traces de corde le long des parois. Au Tylos ancien, les corps sont disposés de façon à regarder le soleil couchant. Cette orientation ne joue ensuite plus aucun rôle. Lorsque l'on enterrait dans d'anciennes sépultures, les restes des précédentes inhumations étaient entassés ou poussés de côté, plus rarement relevés et déposés ailleurs. Dans certains cas, leur décomposition avait à peine commencé, dans d'autres, le processus était vieux de quelques siècles. La structure des tombes montre toutefois que leur réutilisation n'était pas programmée. Les associations sont parfois familiales (mère/enfant, mari/femme), mais elles paraissent aussi souvent le fruit du simple hasard. On ne saurait en conclure ici que le statut ou la richesse aient joué un rôle.

Mobilier funéraire

La disposition de nourritures était apparemment un élément obligatoire du rite funéraire, comme en témoignent des récipients de céramique garnis de restes organiques. Faut-il y voir les traces d'un banquet funèbre, des provisions pour le voyage dans l'au-delà, ou de simples offrandes à une divinité ? La régularité de ce dépôt indique toutefois un lien manifeste avec une certaine conception d'une vie après la mort. Les récipients eux-mêmes avaient peut-être une fonction précise ; les formes, elles, reflètent

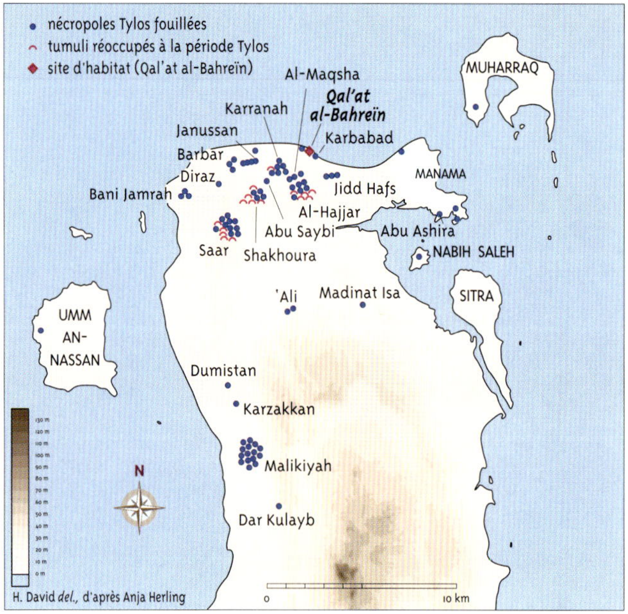

Répartition des nécropoles de la phase de Tylos à Bahreïn.

simplement le goût du moment. Les vases de tradition « arabe » et orientale sont peu à peu concurrencés, puis totalement remplacés par des céramiques glaçurées. Les jattes et bols polyvalents, en céramique commune, ainsi que les pichets restent appréciés. On doit sans doute aussi placer dans la catégorie des nourritures funéraires les offrandes d'œufs et de petits animaux, gibier à plumes en particulier. De petites monnaies, ou des perles isolées, glissées dans la bouche du mort, donnent une indication supplémentaire sur les croyances locales : l'obole destinée à faciliter l'accès à l'au-delà est attestée dans plusieurs cultures, et tout particulièrement dans le monde grec. On ne peut que spéculer, en revanche, sur la signification des autres dépôts. Cela vaut pour quelques figurines de terre cuite ou de plâtre (offrandes propitiatoires ?), mais surtout pour une vaste gamme d'objets usuels réalisés dans les matériaux les plus divers. On relève ainsi des brûle-parfum et des articles de toilette tels que rasoirs, peignes, spatules, conteneurs à parfums ou à cosmétiques ; mais aussi des couteaux, poignards, pointes de flèche, épingles, alènes, louches en métal, ou encore des aiguilles, fuseaux et fusaïoles, coffrets marquetés en os ; on note enfin souvent des pesons de filets et de métier à tisser en pierre. Le dépôt de ces objets n'était pas une règle et plusieurs d'entre eux paraissent plutôt les biens les plus précieux du défunt. Ils étaient probablement d'une valeur matérielle ou sentimentale spéciale, avaient peut-être accompagné le mort dans sa vie terrestre ou exprimaient ses compétences professionnelles, à moins qu'ils aient été considérés comme indispensables pour l'au-delà. En l'état actuel des recherches, les armes paraissent l'apanage exclusif des tombes masculines, tandis que cosmétiques et parures semblent indépendants du sexe du défunt. Le nombre et la qualité de ces « offrandes » laissent supposer le statut social ou la richesse du défunt, mais elles peuvent aussi « traduire » symboliquement la douleur que les vivants éprouvaient ou qu'ils souhaitaient manifester publiquement.
Des aspects individuels influençaient aussi le mode d'ensevelissement, notamment au Tylos moyen. Le mobilier funéraire se limite d'abord à de la céramique et à la présence obligatoire d'une obole. Dans les tombes d'enfant dominent exclusivement, à toutes les périodes, la céramique et les colifichets, ce qui reflète probablement une participation limitée à la vie

sociale. Il n'y avait pas de règles fixes pour le placement des objets : on les trouve souvent groupés aux pieds du mort, mais aussi ailleurs. Vers la fin de la cérémonie intervenait le dépôt rituel d'un récipient rempli de substances brûlées (offrande d'encens ? feu rituel ?), en position retournée, à proximité immédiate du système de couverture. Puis l'on répandait du sable sur la sépulture refermée. En souvenir du défunt et peut-être aussi pour protéger symboliquement la tombe, on dressait enfin une stèle. Son installation sur le bord occidental du mont funéraire, au moins au Tylos ancien, semble correspondre à l'orientation donnée à la dépouille. Les autres rites accompagnant la cérémonie, avant et après, demeurent inconnus.

Nécropole de Shakhoura.
Mont I, stèle funéraire *in situ*.

Conclusion

Le souci apporté aux inhumations est manifeste à la période de Tylos. Il semble que la mort n'ait pas été considérée comme la fin de la vie, mais plutôt comme un passage au cours duquel un soutien rituel était particulièrement indispensable. On disait adieu aux morts comme à des personnes, à l'occasion de quoi différents aspects de leur personnalité et de leurs relations sociales pouvaient être pris en considération. Les monnaies, les figurines, les œufs, les cercueils, tout comme l'emploi de plaques ou de blocs de pierre pour l'aménagement de la tombe, sont des détails bien connus dans le monde grec et doivent refléter les contacts avec celui-ci. On ne sait que peu de choses, en revanche, sur les inhumations de la période précédant immédiatement celle de Tylos. Cela ne permet donc pas de juger de l'importance des changements qui s'accomplirent dans la foulée des transformations politiques, ni dans quelle mesure de nouvelles modes se répandirent sous leur influence, ni à quelle vitesse elles s'imposèrent dans la population locale. En tout état de cause, les évolutions qui se manifestent dans les pratiques funéraires de la période de Tylos montrent bien que l'île de Bahreïn n'était pas isolée, mais plus fortement impliquée dans les systèmes internationaux de souveraineté existant à l'époque qu'on ne l'a longtemps estimé.

Une nécropole représentative des diverses phases de Tylos : le Mont 1 de Shakhoura

Khaled al-Sindi, Mustapha Ibrahim

Le site

Cette élévation, située à 1 km environ au sud de la route de Budaiya, fait partie intégrante de la nécropole Tylos de Shakhoura, l'une des plus étendues de l'île de Bahreïn, et dont l'occupation s'est déroulée entre le IIIe siècle av. J.-C. et le IVe siècle ap. J.-C. Ce mont a été progressivement isolé du reste de la nécropole à la suite de l'expansion du village, notamment dans sa partie est.

Description générale

Le Mont 1 est de forme longitudinale, et d'orientation nord-sud ; ses dimensions atteignent 80 x 50 m, pour une altitude variant de 4 à 12,70 m. Son profil n'est pas régulier et présente plusieurs élévations distinctes. Il a laissé place aujourd'hui à un groupe de logements modernes. Préalablement à sa destruction, le Mont 1 de Shakhoura a fait l'objet d'une fouille de sauvetage systématique, conduite d'octobre 1996 à mars 1997 par une équipe bahreïnienne de la Direction de l'Archéologie et du Patrimoine.

Les fouilles

Elles ont abouti à la découverte de 90 tombes qui constituent un cimetière typique de la phase de Tylos. L'analyse de son plan et de sa stratigraphie révèle l'existence d'un groupe primitif de sépultures au centre du mont ; toutes les autres se sont disposées, par étapes, en cercles ou en arcs concentriques autour de ce noyau originel. On ne peut donc définir d'orientation privilégiée pour ces tombes, à la différence des chambres funéraires des tumuli de l'âge du Bronze. Les fouilles ont d'ailleurs révélé les vestiges de trois sépultures de la période de Dilmoun, directement installées sur le substrat rocheux : à l'image d'autres cimetières de la phase de Tylos, le Mont 1 de Shakhoura s'est visiblement développé sur un site funéraire plus ancien.

Étapes de la construction des sépultures

Du bas vers le haut, on peut déterminer trois étapes d'occupation du cimetière, correspondant à trois « niveaux » de sépultures.

— Le premier groupe comprend les onze plus anciennes tombes, toutes d'adultes. Elles sont d'une construction très soignée et sont enduites de mortier à l'intérieur comme à l'extérieur ; une moulure, destinée à soutenir la dalle de couverture, borde l'intérieur de la chambre ; on note parfois au sol des cavités ou des sillons dont l'utilité n'est pas claire. Un mur d'enceinte incliné, en pierre, était par ailleurs disposé à même l'amas sableux de couverture des toutes premières tombes du groupe, comme si on avait cherché à les isoler du reste de la nécropole ou à en accentuer la signalisation ou même la protection. Les dimensions de la dalle de couverture, généralement unique, et le mode de construction de la chambre elle-même visent à rendre celle-ci totalement hermétique

Nécropole de Shakhoura.
Mont I (fouilles 1996-97)

Dilmoun ancien (vestiges)
Phase I (fin IIe-Ier s. av. J.-C. ?)
Phase II (fin Ier s. av.-début IIe s. ap. J.-C. ?)
Phase III (IIe-IVe s. ap. J.-C. ?)
Tombes en jarres
Stèle

(Les tombes numérotées ont livré du matériel funéraire mentionné dans le catalogue de l'exposition)

H. David *del.*, d'après Ali Omran

pour protéger le dépôt funéraire ; quelques-unes de ces sépultures ont pourtant été violées, comme l'attestent des orifices dans leurs parois. Dans trois cas, on a retrouvé des cercueils dans lesquels avaient été déposés les défunts. Fabriqués dans un bois brun sombre, ils sont de forme rectangulaire, avec un couvercle en bâtière et soigneusement assemblés par un système de tenons et mortaises, sans le moindre clou. Cette découverte est unique pour la période, d'autant qu'à l'exception de leur fond, rongé par l'humidité, ces cercueils présentent une conservation tout à fait remarquable. Ce groupe de tombes est celui qui a livré les offrandes funéraires les plus riches ou les plus spectaculaires.

— Le deuxième groupe rassemble les 57 tombes du niveau intermédiaire. Elles sont concentrées sur le côté nord-ouest du mont et ont été construites par étapes. Le matériau utilisé est une pierre de petit module, recouverte d'un enduit de chaux et de cendres ; le sol est aussi généralement enduit, sauf dans quelques cas où il a été simplement compacté. Les chambres sont ici couvertes de 3 ou 4 dalles juxtaposées, dont les interstices sont comblés par de petites pierres liées au mortier ; certaines de ces couvertures ont parfois entièrement disparu. Ce sont là surtout des sépultures d'adultes, mais on y a identifié aussi quelques squelettes d'enfants de moins de douze ans. L'absence d'offrandes de valeur (y compris dans les tombes inviolées) révèle une population

Tombe 2 de la nécropole :
un riche exemple de la phase I.

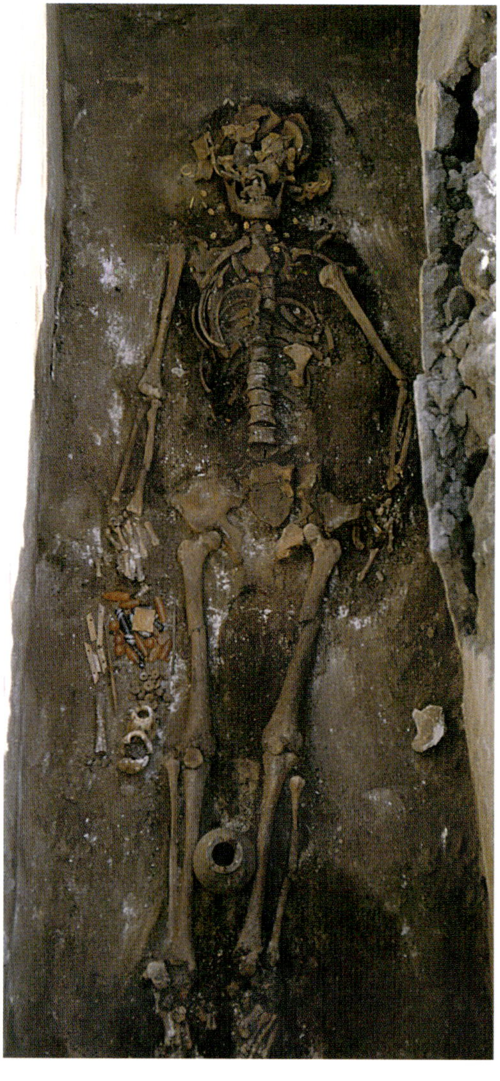

apparemment moins fortunée que les occupants du premier groupe.
— 22 sépultures enfin, construites de façon aléatoire et par étapes successives, constituent le troisième groupe. Ce sont de simples fosses creusées dans les niveaux supérieurs de la nécropole, aux parois renforcées de petites pierres enduites d'une couche de mortier. Il s'agit généralement de sépultures d'enfants, et leur longueur n'excède pas 50 à 60 cm ; elles ont été visiblement construites à la hâte, comme en témoignent des marques de doigts sur

Cercueil en bois (phase I
de la nécropole).

Jarre funéraire
(phase III).

l'enduit intérieur. Au côté de ces tombes traditionnelles, ce dernier niveau a livré huit jarres funéraires de couleur jaune verdâtre, probablement d'anciens récipients de stockage, et renfermant des restes de bébés de moins d'un an ; leur ouverture a été retaillée pour permettre l'introduction des corps, puis obturée par des pierres ou un grand plat ; les petits squelettes étaient parés de colliers, d'anneaux en bronze, ou de coquillages.
Quel que soit le groupe de tombes considéré, toutes les sépultures sont individuelles ; le défunt était généralement allongé sur le dos, les bras alignés le long du corps.

Le matériel funéraire

Plusieurs types d'objets étaient déposés auprès des défunts, dont la qualité ou la quantité varie selon le groupe de tombes considéré : des vases et des plats en céramique glaçurée, des instruments en bronze, des objets en ivoire, en os ou en albâtre, des colliers en pierres semi-précieuses et divers coquillages. On observe aussi le dépôt fréquent d'un vase retourné à un angle de la tombe, qui contenait un mélange d'encens et de cendres.
Ce dépôt funéraire a malheureusement souvent été pillé dans l'Antiquité ; quelques sépultures pourtant y ont échappé. C'est le cas de la Tombe 2, par exemple, qui a livré un dépôt tout à fait exceptionnel ; elle abritait le squelette d'une femme adulte qui portait encore autour du cou un collier composé de perles d'or en forme de grappes alternant avec des perles plus petites en améthyste ; un autre collier, composé de longues perles fuselées en cornaline et en onyx, se trouvait au niveau de sa cuisse droite. La défunte portait également deux boucles d'oreilles simples en or, mais surtout, à la main gauche, une bague en or dont le chaton s'orne d'un camée particulièrement raffiné, de type hellénistique ou romain, figurant un visage de profil, et qu'il convient probablement de dater vers le IIe ou le Ier siècle av. J.-C. Les Tombes 14 et 47, du même groupe le plus ancien, ont par ailleurs livré des amphorisques en verre moulé sur noyau qui renvoient à la même phase chronologique et confirment l'attribution des premières sépultures du Mont I de Shakhoura à la fin de la phase ancienne de Tylos. Ce type de matériel illustre aussi de façon particulièrement nette les influences occidentales qui marquèrent profondément l'île de Bahreïn à cette période.

La culture matérielle de Tylos : Bahreïn aux portes du monde hellénistique et parthe

Jean-François Salles

Dans une île constamment fréquentée par des marins et des marchands de régions très diverses, la culture matérielle de l'époque de Tylos ne pouvait être que composite, aux facettes variées. On évitera ici le terme d'« influences », en faisant appel à d'autres explications, sans que l'archéologie puisse malheureusement conforter ces propositions.

On trouve dans les sites de Bahreïn des objets incontestablement importés : céramique à vernis noir hellénistique, poteries à parois fines de Suse en Iran, céramique peinte du Balouchistan, verres mésopotamiens, etc. (hors monnaies et inscriptions) ; s'agit-il de simples échanges commerciaux, ou ces objets étaient-ils destinés à la consommation spécifique de communautés étrangères installées dans l'île qu'il ne faut pas hésiter à appeler des « diasporas marchandes » ? On recueille aussi dans les fouilles des trouvailles probablement de fabrication locale, qui offrent des ressemblances ou des traits résolument allogènes : monde méditerranéen hellénistique et Babylonie méridionale dans de nombreuses formes céramiques, royaume parthe de Hatra dans la sculpture, etc. Faut-il voir là des imitations de modèles extérieurs que les artisans Bahreïniens voulaient copier, ou les résultats de transferts de technologies qui témoigneraient de l'installation d'artisans étrangers à Bahreïn, ou d'apprentissages à l'extérieur d'artisans locaux ? Il est clair, étant donné le caractère cosmopolite de la population de l'archipel, que l'absence de fouilles d'un réel habitat interdit de mieux cerner la réalité des apports extérieurs dans la création artisanale pendant la période de Tylos, en marge de traditions locales qui paraissent se perpétuer depuis des millénaires (coutumes funéraires, technologie de la céramique commune, etc.).

La culture matérielle bahreïnienne de Tylos existe pourtant : elle s'exprime dans la céramique commune, dans des figurines en terre cuite, dans des pièces d'orfèvrerie, plus fermement dans des tombes aux caractères particuliers, probablement dans un habitat traditionnel trop fragile pour avoir laissé des traces archéologiques — à moins qu'il ne soit enfoui sous les villages du nord de l'île. Cette culture est très proche — à l'exception des coutumes funéraires — de ce qu'on constate à la même époque en Arabie orientale (les références avec Faïlaka/Koweït restent plus ténues) : stèles en pierre, figurines en terre cuite, céramiques dites « arabes » ; il n'est pas toujours aisé de différencier les caractères originaux de chacun de ces ensembles. Au-delà de ce noyau bahreïnien, on voit apparaître, au gré d'une chronologie mal définie, des apports extérieurs bien identifiés, dont on se contentera de dresser la liste, sans entrer dans des discussions de spécialistes loin d'être épuisées :
— les Grecs eux-mêmes, ceux de Faïlaka ou de plus loin, à l'ouest (céramique, monnaies, inscriptions) ;

— la Babylonie (Séleucie-du-Tigre) et la Susiane séleucides, fin du IVe siècle - milieu du IIe s. av. J.-C. (céramique principalement, quelques figurines);
— la Babylonie méridionale, c'est-à-dire la Characène séleucide et parthe (céramique, verres, quelques monnaies), IIIe siècle av. J.-C. - IIe siècle ap. J.-C., l'absence de vestiges archéologiques reconnus à Spasinou Charax rendant l'identification probable, mais non démontrée;
— la Mésopotamie parthe (céramique, verres, pièces d'orfèvrerie, quelques sculptures), Ier siècle av. J.-C. - IIIe siècle ap. J.-C.;
— l'Iran sassanide (céramique), IIIe -VIIe siècle ap. J.-C.

Le point crucial reste la chronologie du matériel archéologique de l'époque Tylos, c'est-à-dire la périodisation interne des quelque neuf à dix siècles que dure cette phase de l'histoire de Bahreïn. L'incertitude tient au fait que la très grande majorité des objets recueillis provient de tombes dont les dates absolues sont impossibles à déterminer à un siècle près au moins. La stratigraphie de Qal'at al-Bahreïn/Tylos a été établie il y a une quarantaine d'années, et la publication récente des fouilles ne permet aucune certitude; aucun autre site d'habitat n'a jamais été fouillé. Plusieurs propositions de chronologie ont été avancées au cours des dernières décennies, y compris par l'auteur de ces lignes: toutes ces tentatives présentent des contours flous. Faute d'une démonstration interne issue de l'archéologie de Bahreïn, ces hypothèses doivent faire référence à des ensembles régionaux fondés sur des analyses comparatives du matériel — méthode toujours aléatoire. La dernière proposition en date (Herling & Salles 1993), tout aussi incertaine que les autres, présente le seul mérite de définir un « *Bahrain Horizon* » (Ier siècle av. J.-C. - Ier siècle ap. J.-C.) qui souligne la grande originalité de la culture matérielle de l'archipel au sein de l'archéologie du Golfe pendant une période donnée... Mais un long chemin archéologique reste à parcourir pour fixer, enfin, les dates des grandes étapes de Tylos/Bahreïn au-delà de ce que nous enseignent les textes.

La céramique

Jean-François Salles, Pierre Lombard

Au-delà de la répartition technologique traditionnelle de la céramique d'époque Tylos en trois catégories (commune, engobée, glaçurée), ce sont les grandes traditions artisanales ou artistiques qui inspirent cette fabrication que l'on souhaite commenter ici. Car il convient bien, avant tout, de parler d'une large production locale, sans doute complétée par quelques importations : la diversité des formes, la limitation même de quelques types à l'île de Bahreïn, en sont autant d'indices. Certes, aucun atelier n'a encore pu être repéré : on ne s'en étonnera pas puisque l'on sait que les données archéologiques de la période de Tylos proviennent pour l'essentiel de nécropoles, et pour une faible part seulement des rares niveaux contemporains fouillés de Qal'at al-Bahreïn, le seul habitat repéré jusqu'ici.

On soulignera d'abord une tradition évidente de *céramique commune :* c'est la production bahreïnienne par excellence, majoritaire dans les tombes du Tylos ancien, progressivement concurrencée avec le temps, mais qui se maintient néanmoins, même en faible pourcentage, jusqu'à la fin de la phase de Tylos. Les formes sont ici généralement simples (vases ouverts, coupes à parois obliques, cruches...).

La *tradition céramique « arabe »* est surtout présente au Tylos ancien (300-100 av. J.-C.). Elle se caractérise, entre autres, par la pose d'un engobe rouge, parfois noir, le plus souvent sur le seul profil intérieur des vases ouverts, et généralement accompagné d'un décor très original au polissoir fait de motifs radiaux et de bandes (Cat. 226-228) ; ce même engobe se retrouve sur quelques formes fermées (Cat. 224-225). Cette tradition qui puise ses origines dans la zone orientale de la Péninsule arabique paraît particulièrement bien représentée à Bahreïn où elle a sans doute été largement produite. Cette céramique à engobe rouge poli voisine souvent avec d'autres types, tels des bols coniques à parois fines que l'on connaît aussi en Péninsule arabique.

La tradition céramique la mieux illustrée à Bahreïn, enfin, est celle de la *céramique à glaçure ;* elle apparaît progressivement au Tylos ancien, mais se développe surtout au Tylos moyen (100 av. - 200/250 ap. J.-C.) et récent (250-600 ap. J.-C.). Plusieurs formes s'inspirent, dès le Tylos ancien, de traditions hellénistiques : coupes à bord rentrant, parfois avec une dépression centrale à l'intérieur, assiettes à poisson, cruches à haut col (de type lagène), etc. Mais d'autres vaisselles caractéristiques des traditions mésopotamiennes sont également présentes : coupes évasées, bols hémisphériques, amphorisques, etc. Cette double parenté, probablement reprise par les potiers de Bahreïn, se maintient jusqu'au début du Ier millénaire ap. J.-C. : les traditions proprement hellénistiques s'estompent peu à peu, comme en Mésopotamie, ainsi que les parallèles étroits qu'on pouvait établir avec les productions

224, 225 Jarres à engobe rouge de tradition « arabe »
Nécropole de Madinat Hamad (BSW), fouilles bahreïniennes 1985-86, Mont 73, Tombe 39
Nécropole de Saar, fouilles bahreïniennes 1991-92, Mont 4, Tombe 17
Tylos moyen, vers le Ier s. av. J.-C.
Céramique
H 13,8 et 11,5 D MAX. 11,3 et 11,9 cm
Manama, Musée national de Bahreïn, inv. n° 2563-2-92 et réserves
Inédit

de Séleucie-du-Tigre, soulignant le déclin de l'influence séleucide dans la région.
Une céramique très caractéristique (glaçure vert sombre, dégradée en mordoré) s'épanouit à Bahreïn comme à Faïlaka (Koweït) ou à ed-Dur (Émirats arabes unis) au début du Tylos moyen ; à moins qu'elle ne soit une production propre de la région du Golfe, il faudrait en chercher l'origine vers le centre urbain le plus actif dans les eaux du Golfe au Ier siècle de notre ère, la grande ville marchande de Spasinou Charax.
Vers la même époque, les parallèles les plus précis s'établissent avec la céramique de Suse, tendance qui ne fera que se développer au Tylos récent, même si la production de Bahreïn continue d'être caractérisée par des formes originales. En fait, il semble bien que les artisans potiers de l'île se sont adaptés aux modes prédominantes dans le monde mésopotamien tout en conservant l'invention créative qu'ils ont manifestée au cours des millénaires antérieurs.
On soulignera enfin la grande rareté de la céramique peinte ; les rares exemples (Cat. 229, 230) sont sans doute à placer au Ier siècle ap. J.-C. et pourraient s'inspirer de spécimens d'Arabie centrale.

230 Vase en forme de panier
Nécropole de Shakhoura,
fouilles bahreïniennes 1991-92,
Mont 2, Tombe 57
Tylos moyen, vers le Ier s. av. J.-C./Ier s. ap. J.-C.
Céramique
H 11,4 D MAX. 7,5 cm
Manama, Musée national de Bahreïn, réserves
Inédit

226-228 Vases de tradition « arabe »
Nécropole de Shakhoura,
fouilles bahreïniennes 1992,
Mont 2, Tombe 14
Nécropole de Karranah,
fouilles françaises 1986
Nécropole de al-Hajjar,
fouilles bahreïniennes 1992-93,
Mont 1, Tombe 8
Transition Tylos ancien/moyen,
vers le IIe/Ier s. av. J.-C.
Céramique
H 11 D MAX. 14,2 cm
H 5,6 D MAX. 12 cm
H 8,7 D MAX. 24 cm
Manama, Musée national de Bahreïn, inv. no 3756-2-91-6, 2396-2-90 et réserves
Inédit

229 Bol à décor peint
Nécropole de Saar,
fouilles bahreïniennes 1996,
Mont 11, Tombe 43
Tylos moyen,
vers le Ier/IIe s. ap. J.-C. (?)
Céramique
H 6 D MAX. 12,8 cm
Manama, Musée national de Bahreïn, réserves
Inédit

231-235 Jarres diverses
Nécropole de Saar,
fouilles bahreïniennes 1996-97,
Mont 5, Tombes 24 et 62;
1995-96, Mont 7, Tombe 34;
1990, Mont 1, tombe
non spécifiée
Nécropole de Madinat Hamad
(E2), fouilles bahreïniennes
1994-95, Mont 1, Tombe 4

Tylos moyen,
Ier s. av. J.-C./Ier s. ap. J.-C.
Céramique à glaçure
H de 9,2 à 21 D MAX. de 8,5 à 16 cm
Manama, Musée national
de Bahreïn, inv. no 4271-2-91
et réserves
Inédit

236 Coupe à pied
Nécropole de Shakhoura,
fouilles bahreïniennes 1987,
Mont 1, Carré D3
Tylos moyen,
Ier s. av. J.-C./Ier s. ap. J.-C.
Céramique à glaçure
H 8,5 D MAX. 14,5 cm
Manama, Musée national
de Bahreïn, inv. no 2539-2-90-6
Inédit

237 Coupe à pied
Nécropole de Shakhoura,
fouilles bahreïniennes 1991-92,
Mont 5, Tombe 2
Tylos moyen,
Ier s. av. J.-C./Ier s. ap. J.-C.
Céramique à glaçure
H 10,7 D MAX. 18,5 cm
Manama, Musée national
de Bahreïn, réserves
Inédit

238 Vase tripode
Nécropole de Saar,
fouilles bahreïniennes 1991-92,
Mont 4, Tombe 30
Tylos moyen,
vers le Ier/IIe siècle ap. J.-C.
Céramique à glaçure
H 15 D MAX. 20,8 cm
Manama, Musée national
de Bahreïn, inv. no 3248-2-91
Inédit

239 Vase globulaire
Nécropole de Shakhoura,
fouilles bahreïniennes 1992-93,
Mont 1, Tombe 94
Tylos moyen,
vers le Ier/IIe s. ap. J.-C.
Céramique à glaçure
H 15,8 D MAX. 16,5 cm
Manama, Musée national
de Bahreïn, réserves
Inédit

240-242 Amphorisques et bouteille piriforme
Nécropole de Saar,
fouilles bahreïniennes 1991-92,
Mont 4, Tombe 14 ; Mont 2,
Tombe 22
Nécropole de Abou Saybi,
fouilles bahreïniennes 1983,
Tombe 84
Tylos moyen,
Ier s. av. J.-C./IIe s. ap. J.-C.
Céramique à glaçure
H 15,3 D MAX 9,3 cm H 16
D MAX. 11,3 cm H 8,2 D MAX. 5,6 cm
Manama, Musée national
de Bahreïn, inv. nº 3852-2-91 ;
921-2-88 et réserves
Inédit

243 « Gourde de pélerin »
Nécropole de Saar,
fouilles bahreïniennes 1988,
Mont 5, au sud de la Tombe 41
Tylos moyen, IIe s. ap. J.-C.
Céramique à glaçure
H 17,6 D MAX. 13,9 cm
Manama, Musée national
de Bahreïn, réserves
Inédit

244 « Gourde de pélerin »
Qal'at al-Bahreïn,
fouilles danoises (519.SE),
Rempart Nord
Transition Tylos ancien/moyen,
IIe/Ier s. av. J.-C.
Céramique à glaçure
H 17 D MAX. 17,5 E 7 cm
Manama, Musée national
de Bahreïn, inv. nº 871-2-88
B *Bahrain National Museum*
1989, nº 171 ;
Højlund et Andersen 1997,
fig. 817, p. 216

245 Lagène
Nécropole de Saar,
fouilles bahreïniennes 1991,
Mont 7, Tombe 1
Tylos moyen, Ier s. ap. J.-C.
Céramique à glaçure
H 30,8 D MAX. 22,3 cm
Manama, Musée national
de Bahreïn, inv. no 5173-2-91-3
Inédit

246, 247 Cruches à panse ovoïde
Nécropole de Shakhoura,
fouilles bahreïniennes 1992-93,
Mont 7, Tombe 80 ;
saison et tombe non spécifiées
Tylos moyen, Ier s. ap. J.-C.
Céramique à glaçure
H 29,5 et 26,5 D MAX. 20 et 17,4 cm
Manama, Musée national
de Bahreïn, réserves
Inédit

248 « Plat à poisson »
Nécropole de Saar,
fouilles bahreïniennes 1991,
Mont 5, Tombe 23
Tylos moyen,
vers le Ier s. ap. J.-C.
Céramique à glaçure
H 5,6 D MAX. 35 cm
Manama, Musée national
de Bahreïn, inv. no 5175-2-91-3
Inédit

249-252 Jarres diverses
Nécropole de Dar Kulayb,
fouilles bahreïniennes 1993-94,
Mont 24, Tombe 2
Nécropole de Saar,
fouilles bahreïniennes 1995,
Mont B3, Tombe 43
Nécropole de Dar Kulayb,
fouilles bahreïniennes 1993-94,
Mont 24
Nécropole de Madinat Hamad
(NBH4), fouilles bahreïniennes
1989-90, Mont 10, Tombe 41A
Tylos moyen et récent (?),
entre le IIe et le IVe (?) s. ap. J.-C.
Céramique à glaçure
H de 32,5 à 38,8
D MAX. de 20,7 à 23 cm
Manama, Musée national
de Bahreïn, inv. no 2010-2-90
et réserves
Inédit

[illegible] Jarre à panse cannelée
Nécropole de Saar,
fouilles bahreïniennes,
saison et tombe non spécifiées
Transition Tylos moyen/récent,
vers le IIe/IIIe s. ap. J.-C. (?)
Céramique à glaçure
H 31 D MAX. 17 cm
Manama, Musée national
de Bahreïn, réserves
Inédit

254, 255 Vases à onguent
Nécropole de Saar,
fouilles bahreïniennes 1991-92,
Mont 4, Tombe 14 ; Mont 4,
Tombe 33
Tylos moyen, Ier s. ap. J.-C.
Céramique à glaçure
H 9 et 10,9 D MAX. 3,6 et 4,1 cm
Manama, Musée national
de Bahreïn, inv. no 91-2-78
et 3799-2-91-3
Inédit

256 *Kylix*
Nécropole de Shakhoura,
fouilles bahreïniennes 1996-97,
Mont 1, Tombe 81
Tylos moyen,
Ier/IIe s. ap. J.-C.
Céramique à glaçure
H 11,4 D MAX. 12,9 cm
Manama, Musée national
de Bahreïn
Inédit

257 Alabastre
Nécropole de Saar,
fouilles bahreïniennes 1991-92,
Mont 4, Tombe 14
Tylos moyen, IIe s. ap. J.-C.
Céramique à glaçure
H 18,5 D MAX. 7,2 cm
Manama, Musée national
de Bahreïn, inv. no 3766-2-91-3
Inédit

258 Lampe à huile
Nécropole de al-Maqsha,
fouilles bahreïniennes,
saison et tombe non spécifiées
Tylos moyen,
Ier/IIe s. ap. J.-C. (?)
Céramique à glaçure
H 12,3 l MAX. 9 cm
Manama, Musée national
de Bahreïn, inv. n° 91-2-88.
Inédit

259 Brûle-parfum
Nécropole de Shakhoura,
fouilles bahreïniennes 1991,
Mont 1, Tombe 9
Tylos moyen,
Ier/IIe s. ap. J.-C.
Céramique
H 18,8 D MAX. 10,7 cm
Manama, Musée national
de Bahreïn, réserves
Inédit

Les vases en pierre

Pierre Lombard

Le matériau traditionnel des productions de l'âge du Bronze ou du Fer, la chlorite/stéatite, ne disparaît pas tout à fait à la période de Tylos, mais cède apparemment le pas à une forme de calcite de couleur crème à blanchâtre, abusivement qualifiée d'« albâtre » et qui a désormais la faveur des habitants de Bahreïn. On importe notamment du Yémen, surtout entre le Ier siècle av. et le Ier siècle ap. J.-C., toute une gamme de petits vases miniatures (vases en « ruche », alabastres et coupes variées), proches de ceux livrés, par exemple, par la fameuse nécropole yéménite de Timna ou découverts à Hajar bin Humeid, dans l'ancien royaume de Qataban ; ceux-ci ont parfois pu être copiés à Bahreïn dans un matériaux blanc très différent de la pierre veinée et translucide, si caractéristique des productions d'Arabie méridionale.

260, 261 **Vases à onguent**
Nécropole de Madinat Hamad (DS3), fouilles bahreïniennes 1985-86, Mont 73, Tombe 53
Nécropole de Saar, fouilles bahreïniennes 1991, Mont 1, Tombe 19
Phase de Tylos, Ier s. av. J.-C.
Calcite zonée (« albâtre »)
H 4,5 et 4,1 D MAX. 3,2 cm
Manama, Musée national de Bahreïn, inv. n° 9713-6-91 et 91-6-3
Inédit

262 Coupe à pied
Nécropole de Shakhoura,
fouilles bahreïniennes 1991-92,
Mont 2, Tombe 40
Phase de Tylos, Ier s. ap. J.-C.
Calcite (« albâtre »)
H 6 D MAX. 14,3 cm
Manama, Musée national
de Bahreïn, inv. no 5179-2-91-6
Bahrain National Museum 1993,
p. 69

L'os et l'ivoire

Pierre Lombard

Il n'est pas toujours aisé de distinguer ces deux matériaux qui furent l'un et l'autre utilisés pour confectionner des objets de la vie quotidienne, souvent déposés auprès des défunts de la période de Tylos. Il s'agit généralement d'ustensiles domestiques plutôt retrouvés dans des tombes de femmes : éléments de coffrets, tubes à khôl, peignes et autres objets de toilette, alènes, fuseaux et fusaïoles, rares figurines. L'ivoire, sans doute d'éléphant, matière généralement plus dure que l'os, paraît réservé à la découpe des plus larges pièces de marqueterie, ainsi qu'à la fabrication des objets tournés et évidés, tels les tubes à cosmétiques, ou les fusaïoles coniques ; ce matériau provient vraisemblablement du sous-continent indien qui, à la période de Tylos, reprend visiblement les contacts qu'il entretenait avec Bahreïn à l'âge du Bronze. Les très nombreux fuseaux découverts ont sans doute servi à filer la laine, mais il est également tentant de les associer au traitement du coton, dont la culture est évoquée à plusieurs reprises par les naturalistes classiques tel Théophraste qui, au IIIe siècle av. J.-C., mentionne les « arbres à laine » de Tylos (*Histoires des Plantes*, IV, 7, 7-8). La présence de cotonniers à Bahreïn, également attestée au Ier siècle de notre ère par Pline l'Ancien (*Histoire naturelle*, 12, XXI, 38-39), est à présent prouvée par les études archéobotaniques conduites à Qal'at al-Bahreïn et ce, dès la période achéménide.

263-265 **Fuseaux**
Nécropole de Shakhoura, fouilles bahreïniennes 1991-92, Mont 2, Tombe 58 ; 1996-97, Mont 1, Tombe 2
Nécropole de Saar, fouilles bahreïniennes 1996, Mont 11, Tombe 9
Phase de Tylos, Ier s. av. J.-C./ Ier s. ap. J.-C.
Ivoire
L 23,2, 23,8 et 21 cm
Manama, Musée national de Bahreïn, réserves et inv. n° 397-3-4
Inédit

266 Lot de 25 fusaïoles
Nécropole de Shakhoura,
fouilles bahreïniennes 1996-97,
Mont 1, Tombe 1
Phase de Tylos, Ier s. av. J.-C.
Ivoire
H 0,2 à 0,9 D MAX. 1 à 1,8 cm
Manama, Musée national
de Bahreïn, inv. no 397-3-12
Inédit

267 Figurine-jouet (?)

Nécropole de Shakhoura,
fouilles bahreïniennes 1996-97,
Mont 1, Tombe 47
Phase de Tylos, Ier s. av. J.-C.
Os
H 17,5 l 2,3 E 6 cm
Manama, Musée national
de Bahreïn, inv. n° 180-2-97
Inédit

Cette figurine, qui devait posséder des bras (articulés ?) taillés dans une matière périssable, sans doute du bois, est jusqu'ici unique à Bahreïn ; elle provient d'une sépulture préservée de tout pillage. Cette tombe renfermait le squelette d'une jeune adolescente, et a également livré des pièces d'orfèverie et de verrerie.

268-270 Étuis à cosmétique

Nécropole de Shakhoura,
Fouilles bahreïniennes 1996-97,
Mont 1, Tombes 14, 35 et 2
Phase de Tylos,
Ier s. av. J.-C./Ier s. ap. J.-C.
Ivoire
H 13,6, 12,3 et 10 D MAX. 2, 1,5
et 1,9 cm
Manama, Musée national de
Bahreïn, inv. n° 397-3-97,
164-3-97 et 15-3-96
Inédit

La verrerie

Marie-Dominique Nenna

L'impressionnant ensemble de verres découvert lors des fouilles des nécropoles de la phase de Tylos est essentiellement constitué de contenants à parfum de petite taille, qui faisaient partie des offrandes aux défunts. Leur vaste répartition chronologique, du IIe siècle av. J.-C. au VIe siècle de notre ère environ, témoigne parfaitement de la longue période d'apparente prospérité que Bahreïn connut aux périodes hellénistique, parthe et sassanide. Le rôle permanent de carrefour commercial de l'île, durant ces quelques siècles, est également évoqué par la provenance variée de ce matériel : Méditerranée orientale et Syrie/Palestine, Mésopotamie, Égypte, peut-être même Italie.

La collection rassemblée illustre enfin, à elle seule, les principales techniques observées dans la manufacture du verre hellénistico-romain, ici mises en valeur par l'excellente conservation des pièces, dont la plupart ont été retrouvées intactes dans les sépultures.

La plus ancienne au sein de cet ensemble est le *moulage sur noyau*, bien représenté par une superbe amphorisque (Cat. 271), datée entre le milieu du IIe et la fin du Ier siècle av. J.-C.

Les flacons de *verre soufflé* (série d'aryballes et de petites cruches, Cat. 273-275, simples unguentaria en verre transparent, Cat. 290, 291, 293, etc.), proviennent probablement de Méditerranée orientale, et sont à placer dans la seconde moitié du Ier et au IIe siècle de notre ère. C'est à cette même époque que remontent les spécimens en *verre soufflé dans des moules* de formes diverses (amphorisques, Cat. 277-279, dattes, Cat. 284, 285, etc.), parfois complexes (bouteille hexagonale, Cat. 281). On notera la présence aussi, toujours du Ier siècle de notre ère, d'une perle plate en *verre mosaïqué* (Cat. 282), assurément produite en Égypte, et d'un petit vase en *verre marbré*, provenant peut-être d'Italie (Cat. 280). On retrouve couramment les vases en verre soufflé du IIIe siècle jusqu'à la fin de la période sassanide ; leur décor s'enrichit peu à peu de fils parfois épais, appliqués en spirales, zigzags ou en points, ou encore de cabochons. Ces flacons tardifs doivent tous avoir été produits en Méditerranée orientale.

Les parfums figurent parmi les produits traditionnels du commerce de l'époque de Tylos : il n'est donc pas étonnant de ne trouver, dans le matériel des nécropoles, que de la verrerie d'importation. La fouille d'un habitat contemporain révèlera peut-être un jour une image différente et qui sait, quelques pièces de fabrication locale.

271 Amphorisque
Nécropole de Shakhoura,
fouilles bahreïniennes 1996-97,
Mont 1, Tombe 14
Transition Tylos ancien/moyen,
vers la fin du IIe/Ier s. av. J.-C.
Verre moulé sur noyau
H 14 D 5,6 cm
Manama, Musée national
de Bahreïn, inv. n° 187-3-97
Inédit

Deux exemplaires de ce type bien connu de vase en verre moulé sur noyau ont été retrouvés à Bahreïn, dans deux tombes de cette nécropole, attribuées à la fin de la phase ancienne ou au tout début de la phase moyenne de Tylos. Ces productions syro-palestiniennes imitent les amphores vinaires hellénistiques égéennes, et ce spécimen de Shakhoura possède de nombreux parallèles (cf. D. Grose 1989, p. 122-125 et n° 168-176).

272 Flacon
Nécropole de Saar,
fouilles bahreïniennes 1991-92,
Mont 4, Tombe 14
Tylos moyen,
vers le IIe s. ap. J.-C.
Verre moulé sur noyau
H 7,3 D MAX. 3,9 cm
Manama, Musée national
de Bahreïn, inv. n° 1973-2-91-1
Inédit

Ce petit vase à anses, col cylindrique et panse ovoïde, bien que réalisé selon la même technique que le précédent, illustre une forme typologiquement très différente et ne possède pas de correspondant exact au sein des traditionnelles productions moulées sur noyau. La date de son contexte de découverte, pourtant bien assurée, paraît par ailleurs assez tardive pour ce type de fabrication, peut-être en provenance de Méditerranée orientale.

273, 274 Aryballes
Nécropole de Madinat Hamad (E2), fouilles bahreïniennes 1994-95, Mont 1, Tombe 4
Nécropole de Saar, fouilles bahreïniennes 1996, Mont 7, Tombe 42
Tylos moyen, vers le Ier s. ap. J.-C.
Verre soufflé
H 6,7 et 7,2 D MAX. 5,1 et 5,6 cm
Manama, Musée national de Bahreïn, réserves
Inédit

Ces importations en provenance de Méditerranée orientale ont circulé dans l'ensemble du Golfe arabe où on les trouve aussi sur le site littoral de ed-Dur, aux Émirats arabes unis (cf. D. Whitehouse 1998, n° 78, 75).

275 **Aryballe**
Nécropole de Abou Ashira, fouilles bahreïniennes, saison et tombe non spécifiées
Tylos moyen, Ier s. ap. J.-C.
Verre soufflé
^{H} 8,4 $^{D\ MAX.}$ 7,8 cm
Manama, Musée national de Bahreïn, réserves
^{B} *Bahrain National Museum* 1989, n° 216

276 **« Flacon sidonien »**
Nécropole de Shakhoura, fouilles bahreïniennes 1992-93, Mont 1, Tombe 17
Tylos moyen, Ier s. ap. J.-C.
Verre soufflé dans un moule
^{H} 7,2 $^{D\ MAX.}$ 4,9 cm
Manama, Musée national de Bahreïn, réserves
Inédit ; Parallèle : *Bahrain National Museum* 1989, n° 198-200

L'appellation traditionnelle de ce type de petit flacon à une ou deux anses et à décor de rinceaux moulé sur la panse rappelle sa zone de production, au sens large. C'est une forme couramment représentée à Bahreïn.

277-279 Amphorisques
Nécropole de Madinat Hamad (E2), fouilles bahreïniennes 1994-95, Mont 1, Tombe 2
Nécropole de al-Hajjar, fouilles bahreïniennes 1971, Site 2, Tombe 1A
Nécropole de al-Maqaba, fouilles bahreïniennes 1989, Tombe 7
Tylos moyen, seconde moitié du Ier s. ap. J.-C.
Verre soufflé dans un moule
H 7,2, 7,8 et 6,6
D MAX. 2,8, 3,5 et 3,6 cm
Manama, Musée national de Bahreïn, réserves, et inv. n° 199, 970-2-88, 2915-14-90
B *Bahrain National Museum* 1989, n° 203, et inédit.
Parallèles : E.M. Stern 1995, p. 157-159, n° 64-68 ; p. 150-154, n° 53-58. D. Whitehouse 1998, n° 109-111

280 Unguentarium à décor marbré
Nécropole de Madinat Hamad (E2), fouilles bahreïniennes 1994-95, Mont 1, Tombe 5
Tylos moyen, Ier s. ap. J.-C.
Verre soufflé
H 6,8 D MAX. 3,5 cm
Manama, Musée national de Bahreïn, réserves
Inédit. Parallèles : *Bahrain National Museum* 1989, n° 208 ; D. Grose 1989, p. 261-262 et n° 608-616

281 Flacon hexagonal à décor moulé
Nécropole de Shakhoura, fouilles bahreïniennes 1996-97, Mont 1, Tombe 4
Tylos moyen, Ier s. ap. J.-C.
Verre soufflé dans un moule
H 8 D MAX. 3,7 cm
Manama, Musée national de Bahreïn, réserves
Inédit

Cette petite bouteille à embouchure aplatie et à long col cylindrique est une production typique de Syro-Palestine (cf. E.M. Stern 1995, p. 129-135, n° 36-40) ; sa panse révèle notamment un décor moulé complexe, organisé en six panneaux, avec motifs alternés de grenade, grappe de raisin, pomme de cèdre, et peut-être un visage féminin.

282 Perle à décor mosaïqué
Nécropole de Saar, fouilles bahreïniennes 1987-88, Mont 5, Tombe 72
Tylos moyen, Ier s. ap. J.-C.
Verre mosaïqué.
D MOYEN 1,8 E MAX. 0,7 cm.
Manama, Musée national de Bahreïn, inv. nº 3880-2-91-3
B *Bahrain National Museum* 1993, p. 74

Deux spécimens de ce type de perle plate à orifice transversal et à décor mosaïqué figuratif (ici, une tête féminine aux traits stylisés et aux cheveux dressés), de production égyptienne, ont été mis au jour dans la nécropole Tylos de Saar. Cette catégorie d'objets d'origine égyptienne, incluant des perles, des pions, etc., était très populaire au Ier siècle de notre ère (J.D. Cooney 1976, p. 138, nº 1711 ; S.M. Goldstein 1979, p. 273-274, nº 817-821 ; E.M. Stern et B. Schlick-Nolte 1994, nº 149-154).

284, 285 Flacons en forme de dattes
Nécropole de Saar,
fouilles bahreïniennes 1996,
Mont II, Tombe 20
Nécropole de Shakhoura,
fouilles bahreïniennes 1997,
Mont I, Tombe 26
Tylos moyen, Ier s. ap. J.-C.
Verre soufflé dans un moule
H 6,2 et 8 D MAX. 2,9 et 3,6 cm
Manama, Musée national
de Bahreïn, réserves
Inédit. Parallèles : E.M. Stern
1995, p. 91-94 et n° 84-107

Contrairement à ce que pourrait laisser supposer leur forme évoquant le fruit bahreïnien par excellence, ces petits flacons à onguent ou à parfum proviennent de la zone syro-palestinienne où leur production est bien cernée entre le milieu du Ier siècle et le début du IIe siècle ap. J.-C.

283 Flacon
Nécropole de Madinat Hamad
(DS3), fouilles bahreïniennes
1985-86, Mont 73, Tombe I
Tylos moyen, Ier/IIe s. ap. J.-C.
Verre soufflé
H 11,1 D MAX. 6,4 cm
Manama, Musée national
de Bahreïn, réserves
Inédit. Parallèles :
A. von Saldern 1974, p. 221,
n° 645-646

286 Coupe à pied
Nécropole de Saar,
fouilles bahreïniennes 1988,
Mont 5, Tombe 2
Tylos moyen, Ier/IIe s. ap. J.-C.
Verre moulé (?)
H 12,2 D MAX. 28 cm
Manama, Musée national
de Bahreïn, inv. n° 421-2-88
B *Bahrain National Museum*
1993, p. 68

287-289 Bols et gobelet
Nécropole de Saar,
fouilles bahreïniennes 1985-86,
Mont 5, Tombe 12 ; 1995-96,
Mont 7, Tombe 55
Nécropole de Dar Kulayb,
fouilles bahreïniennes 1993-94,
Tumulus 24 (réoccupation)
Tylos moyen,
entre le Ier et le IIIe s. ap. J.-C. (?)
Verre soufflé
H 6,6, 21,5 et 6
D MAX. 11,8, 8 et 12,1 cm
Manama, Musée national
de Bahreïn, réserves
Inédit

290-294 Flacons et bouteilles
Nécropole de Madinat Hamad
(DS3), fouilles bahreïniennes
1985-86, Mont 73, Tombe 27 ;
(E2) 1994-95,
Mont 1, Tombes 1, 4, 5
Nécropole de Abou Saybi,
fouilles bahreïniennes 1983,
Tombe 1
Tylos moyen et récent,
entre le Ier et le IVe s. ap. J.-C.
Verre soufflé
H 5,2 ; 12 ; 4,7 ; 12,3 ; 8,4
D MAX. 3 ; 7,8 ; 5,8 ; 7,5 ; 4,8 cm
Manama, Musée national
de Bahreïn, réserves,
et inv. n° 950-2-88,
4827-2-90-2
Inédit

295-300 Jarres et flacons miniatures
Nécropole de Saar,
fouilles bahreïniennes 1991,
Mont 12, Tombe 22 et 6 ;
1996, Mont 1, Tombe 7 ;
1987-88, Mont 5, Tombe 49 ;
1991, Mont 12, Tombe 6
Tylos récent, IIIe/IVe s. ap. J.-C.
Verre soufflé
H 9 ; 5,5 ; 7,3 ; 8,5 ; 4 ; 4,4 cm
D MAX. 9,1 ; 4,2 ; 3 ; 7,1 ; 4,2 ; 3,9 cm
Manama, Musée national
de Bahreïn, réserves,
et inv. n° 429-2-88
Inédit

Le décor de fils appliqués en spirales ou en zigzags sur le col et la panse de ces divers vases de très petite taille révèle leur provenance, soit de Méditerranée orientale, soit, plus probablement, de Mésopotamie.

303 Biberon
Nécropole de Saar,
fouilles bahreïniennes 1996,
Mont 7, Tombe 44
Tylos moyen,
vers le Ier s. ap. J.-C.
Verre soufflé
H 6,6 D MAX. 5 cm
Manama, Musée national
de Bahreïn, réserves
Inédit

301, 302 Flacon et cruche à décor appliqué
Nécropole de al-Hajjar,
fouilles bahreïniennes 1996,
Mont 1, près de la Tombe 9
Tylos récent,
postérieur au IIIe/IVe s. ap. J.-C.
Verre soufflé
H 12,1 et 10,3 D MAX. 3,6 et 5,4 cm
Manama, Musée national
de Bahreïn, réserves
Inédit

Découvertes hors contexte, ces deux pièces, en provenance d'une nécropole plutôt tardive de la phase de Tylos, ne sont pas faciles à dater. Le verre, de couleur jaunâtre à l'origine, est actuellement recouvert d'une forte couche d'irisation de couleur bronze et noire. Le décor constitué d'un large ruban pincé à intervalles réguliers sur l'épaule et la panse apparaît jusqu'à la période sassanide tardive, vers le VIe siècle ap. J.-C.

304, 306 Jarres miniatures
Nécropole de al-Maqsha,
fouilles bahreïniennes 1978,
Tombe 12
Tylos récent,
vers le Ve/VIIe s. ap. J.-C.
Verre
H 5,7, 3,8 et 2,5
D MAX. 4,2, 2,8 et 4,5 cm
Manama, Musée national
de Bahreïn, inv. no 911-2-88,
962-2-88 et réserves.
Inédit et *Bahrain National Museum* 1989, no 197. Parallèles : *Bahrain National Museum* 1989, no 194, 196

Ces trois petites jarres, qui se rattachent à une production syrienne tardive, également diffusée en Mésopotamie et à Suse (cf. C.J. Lamm 1931, p. 331 et pl. LXXVI : 2) confirment la très longue période d'utilisation des nécropoles de la phase de Tylos. Les quelques tombes attribuées à cette période demeurent cependant rares à Bahreïn.

L'orfèvrerie et la joaillerie

Pierre Lombard

Bien qu'elles en aient souvent été les victimes, les nécropoles Tylos de Bahreïn ont apparemment mieux résisté aux pilleurs de sépultures que les champs de tumuli de l'âge du Bronze. La difficulté d'identifier une tombe particulièrement imposante (et sans doute riche) sous l'anonymat sableux des vastes tertres caractéristiques de la période, ainsi que la situation de ceux-ci à forte proximité des zones résidentielles, l'expliquent en partie. Nombreuses sont les tombes d'adultes ou d'enfants qui ont livré des éléments variés de parure et l'on connaît dans plusieurs cas quelques ensembles d'orfèvrerie ou de joaillerie exceptionnels (cf. la Tombe 2 du Mont 1 de Shakhoura, découverte fin 1996 par une équipe bahreïnienne). *A priori*, ces bijoux ne paraissent pas avoir une fonction funéraire spécifique et l'on peut supposer qu'on ensevelissait les défunts avec leurs parures quotidiennes ou festives favorites ; on a déjà noté qu'elles ne paraissent pas spécialement associées à un sexe plutôt qu'à l'autre.

Il ne fait pas de doute que l'or, que l'on commence à voir apparaître de manière plus régulière à Bahreïn à partir de l'âge du Fer (et notamment à la période achéménide, cf. Cat. 211), devient infiniment plus fréquent après l'installation du royaume séleucide. Compte tenu de l'état des recherches, il serait toutefois imprudent d'affirmer que Bahreïn ne reflète là que la situation plus générale d'un Proche-Orient hellénistique qui, dès la fin du IVe siècle av. J.-C., a vu le cours de l'or baisser — et sa disponibilité augmenter en proportion — à la suite de la relance des mines d'or de Thrace par Philippe II, mais surtout de la dispersion, plus tardive, des « trésors » perses saisis par son fils Alexandre. Par sa position commerciale privilégiée, il n'est pas exclu que l'île de Tylos ait pu aussi avoir accès aux mines d'or d'Arabie occidentale, celles peut-être du mystérieux pays d'Ophir qui, quelques siècles auparavant, attiraient déjà l'intérêt du roi Salomon. La source d'approvisionnement des nombreuses pierres fines ou semi-précieuses (améthystes (?), mais plus sûrement grenats, cornalines, calcédoines, agates et onyx) est en revanche à rechercher du côté du sous-continent indien, où l'on connaît encore, dans la région de Cambay, des ateliers spécialisés dans la fabrication des longues perles fuselées en cornaline (Cat. 325).

À l 'exception de quelques pièces d'orfèvrerie probablement importées en l'état (Cat. 307, 320, 322, 323 ?), et de régions qu'il n'est pas toujours aisé de définir (Mésopotamie parthe ? Égypte lagide ? Bactriane ?), il faut sans doute imaginer que de nombreuses parures (colliers, notamment) étaient réalisées localement, par des artisans qui utilisaient divers composants extérieurs ; dans plusieurs cas, ils y ajoutèrent des perles naturelles du Golfe (Cat. 326, 335), créant ainsi une production tout à fait typique de l'archipel : Pline l'Ancien ne célébrait-il pas, au Ier siècle de notre ère, « l'île de Tylos, fameuse pour ses quantités de perles » (*Histoire naturelle*, VI, 148) ?

307 Paire de boucles d'oreilles à pendentif
Nécropole de Shakhoura,
fouilles bahreïniennes 1990,
tombe non spécifiée
Transition Tylos ancien/moyen,
vers la fin du IIe/Ier s. av. J.-C.
Or, pierres fines, perle fine
L 8 cm
Manama, Musée national
de Bahreïn, inv. no 2118-2-90
B *Bahrain national Museum* 1993,
p. 71

Le thème d'Éros, ici chevauchant un caprin, est particulièrement populaire dans le monde hellénistique dès le IIIe siècle av. J.-C. Néanmoins, cette pièce tout à fait exceptionnelle par la finesse de sa réalisation doit plutôt être placée vers la fin du IIe ou au Ier siècle av. J.-C. Elle témoigne en effet par la présence de nombreuses pierres fines de couleur du goût pour la polychromie qui apparaît dans la joaillerie orientale à partir de l'époque parthe. Le lieu exact de fabrication de cette pièce demeure à déterminer.

308 Paire de boucles d'oreilles
Nécropole de Shakhoura,
fouilles bahreïniennes 1996-97,
Mont 1, Tombe 2
Transition Tylos ancien/moyen,
fin du IIe/Ier s. av. J.-C.
Or
D MAX. 2,2 E 0,32 cm
Manama, Musée national
de Bahreïn, inv. n° 1996-3-97
Inédit

Cf. Cat. n° 320.

309 Paire de boucles d'oreilles
Nécropole de al-Hajjar,
fouilles bahreïniennes 1992-93,
Mont 2, Tombe 31
Tylos moyen,
Ier s. av. J.-C./Ier s. ap. J.-C.
Or
D MAX. 2 L Barillet 1 D Barillet 0,8 cm
Manama, Musée national
de Bahreïn, réserves
Inédit

Ce type de boucles à barillet a été retrouvé à plusieurs exemplaires dans les tombes de la phase moyenne de Tylos de Bahreïn ; il figure aussi dans un trésor d'orfèvrerie mis au jour près de Dhahran (Potts 1990 b, II, pl. IX a), sur la côte orientale d'Arabie Saoudite.

310-313 Bandeaux de bouche
Nécropole de al-Hajjar,
fouilles bahreïniennes 1992-93,
Mont 2, Tombe 11, 34, 31, 30
Tylos moyen,
Ier s. av. J.-C./Ier s. ap. J.-C.
Or
L de 5,4 à 7,7 l de 1,5 à 2,3 cm
Manama, Musée national
de Bahreïn, réserves
Inédit

Dans les sépultures Tylos les mieux préservées, de tels bandeaux ovales ont souvent été retrouvés en position, placés sur la bouche du défunt, où ils étaient à l'origine maintenus par un lien, fixé aux deux extrémités.
On observe, incisé sur l'un d'eux, le tracé schématique des lèvres. Cette coutume est habituelle dans les sépultures contemporaines du Proche-Orient (cf. Toll 1946, p. 115 et pl. XLI, XLVIII).

314, 315 Appliques de vêtement (?) décorées
Nécropole de Abou Saybi,
fouilles bahreïniennes,
saison et tombe non spécifiées
Tylos moyen,
Ier s. av. J.-C./Ier s. ap. J.-C.
Or
H 5,3 et 4,8 l MAX. 4,1 et 3,9 cm
Manama, Musée national
de Bahreïn
B *Bahrain national Museum*
1993 : 71a, b

Ces deux pièces, délicatement gravées au repoussé, font partie d'un ensemble de quatre reproduisant, par paire, un aigle aux ailes éployées ainsi qu'un buste de personnage barbu, vu de profil. Elles ont été recueillies au niveau des épaules et du buste du défunt ; elles étaient peut-être fixées sur une pièce de son habillement ou de son linceul.

316 Vestiges de parure
Nécropole de al-Hajjar,
fouilles bahreïniennes 1971,
Site 1, tombe non spécifiée
Transition Tylos ancien/moyen,
vers la fin du IIe/Ier s. av. J.-C.
Or
Manama, Musée national
de Bahreïn, réserves
Inédit

Ces éléments divers, dont plusieurs revêtent une forme foliacée et trilobée caractéristique, étaient fixés, sans doute par un adhésif, sur un bandeau ou une couronne funéraire peut-être constituée, à la base, d'un rameau végétal tressé. De telles parures sont fréquemment observées dans les sépultures d'époques hellénistique et post-hellénistique (par exemple à Doura-Europos, cf. Toll 1946, pl. XL, XLII, LVII).

317-319 Bagues à chaton
Nécropole de Shakhoura,
fouilles bahreïniennes 1990,
Mont 1, Tombe 1
Nécropole de Saar,
fouilles bahreïniennes 1988,
Mont 104, tombe non spécifiée
Nécropole de Karranah,
fouilles allemandes 1993,
Mont 1, Tombe 220
Tylos moyen,
Ier s. av. J.-C./Ier s. ap. J.-C.
Or, pierres fines
H 2,4, 2,1 et 1,6
D MAX. 2,1, 2 et 1,5 cm
Manama, Musée national
de Bahreïn, inv. n° 2120-2-90,
1857-1-89 et réserves
B *Bahrain national Museum* 1993,
p. 70 et inédit

320 Bague à chaton ornée d'un camée
Nécropole de Shakhoura,
fouilles bahreïniennes 1996-97,
Mont 1, Tombe 2
Transition Tylos ancien/moyen,
fin du IIe/Ier s. av. J.-C.
Or, pierre fine
H 2,55 D MAX. 2,2 cm
H camée 1,2 l camée 0,9 cm
Manama, Musée national
de Bahreïn, inv. n° 1996-3-97
Inédit

La découpe du camée épouse ici les contours d'une tête masculine au front ceint d'un bandeau ; il est fixé au chaton plat de cette bague par une sorte de résine transparente. Cette pièce finement réalisée provient de la sépulture de femme découverte en 1996 dans une tombe inviolée de Shakhoura (Tombe 2, cf. *supra*), et attribuée statigraphiquement à la phase ancienne de la nécropole. À cette riche sépulture étaient également associés les colliers Cat. 322 et 325 ainsi que les ustensiles en ivoire Cat. 265, 266 et 270.

321 Collier
Nécropole de Saar,
fouilles bahreïniennes 1995-96,
Mont 7, Tombe 44
Tylos moyen,
vers le Ier s. ap. J.-C.
Pâte de verre mosaïquée,
faïence, corail, perles fines, or
L 48 cm
Manama, Musée national
de Bahreïn, réserves
Inédit

322 Collier
Nécropole de Shakhoura,
fouilles bahreïniennes 1996-97,
Mont 1, Tombe 2
Transition Tylos ancien/moyen,
vers la fin du IIe/Ier s. av. J.-C.
Or, agate, cristal de roche,
cornaline, améthyste
L 24 L perle en grénetis 1,4 cm
Manama, Musée national
de Bahreïn, inv. no 1996-3-37
Inédit

Cf. Cat. 320.

323 Collier
Nécropole de Shakhoura,
fouilles bahreïniennes 1996-97,
Mont 1, Tombe 47
Transition Tylos ancien/moyen,
vers la fin du IIe/Ier s. av. J.-C.
Or
L 23,7
Manama, Musée national
de Bahreïn, inv. n° 297-3-168
Inédit

Cette parure figurait
dans une tombe de jeune fille
de la phase ancienne
de la nécropole de Shakhoura
(cf. Cat. 267).

324 Collier
Nécropole de Shakhoura,
fouilles bahreïniennes 1996-97,
Mont 1, Tombe 14
Transition Tylos ancien/moyen,
vers la fin du IIe/Ier s. av. J.-C.
Cornaline, agate
L 76,5 L perles 1,8 à 3,3 cm
Manama, Musée national
de Bahreïn, inv. n° 297-3-57
Inédit

325 Collier
Nécropole de Shakhoura,
fouilles bahreïniennes 1996-97,
Mont 1, Tombe 2
Transition Tylos ancien/moyen,
vers la fin du IIe/Ier s. av. J.-C.
Cornaline, agate zonée
L 56,5 L perles 1 à 7 cm
Manama, Musée national
de Bahreïn, inv. n° 297-3-8
Inédit

Cf. Cat. 320. Cette parure se distingue par la forme et la taille de ses plus longues perles fuselées (entre 5 et 7 cm), qui rappellent certaines productions actuelles du sous-continent indien, région d'où elles ont d'ailleurs été probablement importées. Il n'est donc pas exclu que les remarquables techniques de taille de la cornaline des actuels artisans du Gudjerat, par exemple, soient l'aboutissement d'une longue tradition remontant à plus de deux mille ans.

326 Collier (fragmentaire ?)
Nécropole de Shakhoura,
fouilles bahreïniennes 1996-97,
Mont 1, Tombe 3
Transition Tylos ancien/moyen,
vers la fin du IIe/Ier s. av. J.-C.
Pierres fines (grenat, cornaline),
pâte de verre, perles fines, or
L 10 cm
Manama, Musée national
de Bahreïn, inv. n° 297-3-358
Inédit

327-332 Perles-amulettes
Nécropole de Saar,
fouilles bahreïniennes 1996,
Mont 7, Tombe 5
Nécropole de Karranah,
fouilles françaises 1986-87,
Mont III, Tombe C3
Tylos moyen,
Ier s. av. J.-C./Ier s. ap. J.-C.
Faïence
L 1,9 à 2,15 l 1,15 à 1,2
E 0,65 à 0,75 cm
Manama, Musée national
de Bahreïn, réserves
Inédit

Ces petites amulettes en faïence, couvertes d'une glaçure bleu vert typique, sont généralement considérées comme des importations égyptiennes. Elles étaient très populaires à la période hellénistique et romaine où on leur attribuait une valeur prophylactique : grappe de raisin et phallus étaient des symboles évidents de fertilité, censés précisément la garantir à son porteur. On retrouve couramment ce type d'objet dans les tombes du Proche-Orient entre le Ier siècle av. et le IIe siècle ap. J.-C., par exemple à Doura Europos (Toll 1946, pl. XLIII, XLIV, XLVI, IIV), ou à ed-Dur, dans les Émirats arabes unis (Haerinck 1991, p. 50, fig. 28 : 8).

333 Collier
Nécropole de al-Hajjar,
fouilles bahreïniennes,
saison et tombe non spécifiées
Tylos moyen,
vers le Ier/IIe s. ap. J.-C.
Pâte de verre, coquille, chlorite
L 56 L perles 0,9 à 2,3 cm
Manama, Musée national
de Bahreïn, réserves
Inédit

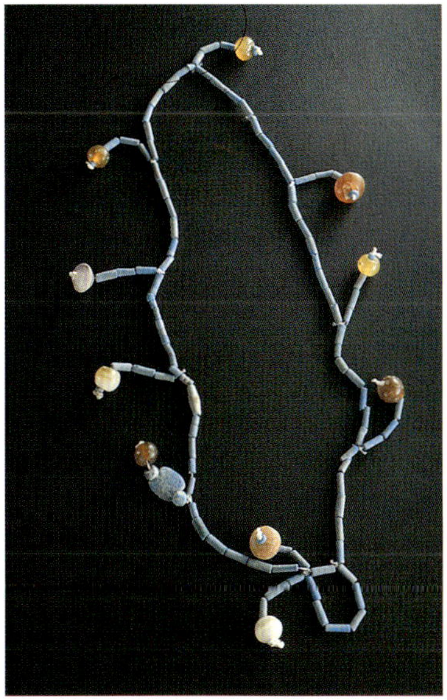

334 Collier
Nécropole de al-Hajjar,
fouilles bahreïniennes,
saison et tombe non spécifiées
Tylos moyen,
vers le Ier/IIe s. ap. J.-C.
Faïence, cornaline,
améthyste, agate
L 56 cm
Manama, Musée national
de Bahreïn, réserves
Inédit

335 Collier (fragmentaire ?)
Nécropole de Shakhoura,
fouilles bahreïniennes 1991-92,
Mont 2, Tombe 56
Tylos moyen,
Ier s. av. J.-C./Ier s. ap. J.-C.
Cornaline, cristal de roche,
perle fine, pâte de verre
L 24,5 cm
Manama, Musée national
de Bahreïn, inv. no 297-3-160
Inédit

On note la présence, sur ce collier sans doute fragmentaire, d'une perle fine baroque, retaillée en pendentif en forme de grappe ; on possède sans doute là le type même des parures composées localement par les artisans-joailliers de Tylos (cf. aussi Cat. 326).

Tylos et les monnayages pré-islamiques du Golfe

Olivier Callot

336, 337 Oboles funéraires
Nécropole de Saar,
fouilles bahreïniennes 1995,
Mont 4, Tombes 2 et 9
Phase de Tylos,
Argent
D 1 cm
Manama, Musée national
de Bahreïn, inv. n° 28 et 12
Inédit

Ces oboles d'argent (la plus petite unité monétaire grecque) sont inspirées de types alexandrins appartenant aux monnayages arabes pré-islamiques tardifs du Ier siècle avant au Ier siècle après notre ère. Ces petites pièces, généralement retrouvées à l'intérieur du crâne ou à proximité des mâchoires du défunt, avaient vraisemblablement été déposées à l'intérieur de sa bouche ; à l'image du monde grec, elles constituaient « l'offrande à Charron », le nocher des Enfers, et sont une indication très concrète des croyances populaires à la période de Tylos.

C'est vers le milieu du IIIe siècle avant notre ère qu'apparaissent les premiers monnayages arabes pré-islamiques dans le Golfe. Ils coïncident avec un affaiblissement de la puissance des Séleucides qui a conduit les pouvoirs régionaux — royaumes ou villes — à produire leur propre numéraire pour leurs transactions commerciales ou pour payer des troupes. Toutes ces monnaies sont d'ailleurs des imitations du monnayage d'Alexandre le Grand, majoritairement utilisé dans l'Empire séleucide.
Il est possible d'isoler quelques grandes séries au sein de ces productions régionales, bien qu'il soit encore difficile de les attribuer avec certitude à un territoire ou un pouvoir précis. On en trouve ainsi sur l'île d'Ikaros (Faïlaka au Koweït), et l'on en en connaît d'autres, frappées aux noms de dynastes arabes tels qu'Abi'el, Abyatha ou Haritat, qui régnaient probablement sur la côte de l'actuelle Arabie Saoudite. La ville commerçante de Gerrha, dont la localisation n'est pas encore assurée, avait aussi très probablement un monnayage particulier. Des régions plus éloignées comme la péninsule d'Oman ont également battu monnaie à cette époque. Quant à Tylos-Bahreïn, on peut lui attribuer un monnayage propre dont on a trouvé de nombreux exemplaires dans le trésor de Qal'at al-Bahreïn (Cat. 338). Ces productions semblent s'arrêter brusquement à la fin du IIIe siècle au moment où la puissance séleucide, précisément, se manifeste à nouveau dans le Golfe sous le règne d'Antiochos III (223-187). On sait qu'en 205, au retour de sa grande expédition destinée à rétablir son autorité dans la partie orientale de son vaste empire, il reprend par la force Ikaros après s'être arrêté à Gerrha et à Tylos. Cette reprise en main lui a permis de contrôler à nouveau les circuits commerciaux régionaux et, surtout, d'interdire les monnayages locaux qui concurrençaient son propre numéraire. Cette situation n'a cependant guère duré puisque, dès la mort de son fils Antiochos IV en 164, la présence séleucide disparaît définitivement du Golfe ; on voit alors assez vite réapparaître de nouveaux monnayages, extrêmement frustes, mais toujours inspirés de ceux d'Alexandre et respectant toujours le même système pondéral ; ils dureront jusqu'aux premiers siècles de notre ère.

Type 1a

Type 2

338 Trésor monétaire

Qal'at al-Bahreïn,
fouilles danoises 1970,
Rempart Nord
Phase de Tylos
Céramique, argent
H 17,5 D MAX. 15,5 cm (vase)
Manama, Musée national
de Bahreïn, inv. n° 401
B Mørkholm 1973 ; Callot 1990, 1994 ; Arnold-Biucchi 1991

Cette jarre, découverte en 1970, contenait environ 310 tétradrachmes en argent de deux types.
Type 1a (3 exemplaires) : au droit, tête d'Héraclès coiffée de la dépouille de lion à droite. Au revers, Shamash assis à gauche tenant un aigle et un long sceptre ; à droite, verticalement : ΑΛΕΞΑΝΔΡΟΥ (ALEXANDROU) ; à gauche, inscription sud-arabique : 𐩦𐩣𐩪 (Shams).
Type 1b (plus de 212 exemplaires) : identique au précédent, mais au revers le nom de Shams est réduit à sa première lettre : 𐩦.
Il s'agit là d'imitations de très bon style, souvent surfrappées sur des tétradrachmes séleucides du début du règne d'Antiochos III. Ces monnaies ont peut-être été frappées à Tylos-Bahreïn vers 220-215.
Type 2 (plus de 76 exemplaires) : au droit, tête d'Héraclès coiffée de la dépouille de lion à droite ; la gueule du lion ressemble à une sorte de grosse corne. Au revers, Shamash assis à gauche tenant un rhyton en forme de cheval et un sceptre ; à gauche, petit palmier et marques diverses. À droite, verticalement, inscription araméenne en partie obscure : « Abi'el fils de *Tlbs* ou *Tlsll* ».
Il s'agit de l'imitation plus maladroite d'un type alexandrin frappé dans la seconde moitié du IIIe siècle par un dynaste du nom d'Abi'el. La localisation de l'atelier est inconnue (côte de l'Arabie Saoudite ? Gherra ?).
Comme celles d'Alexandre, toutes ces monnaies représentent au droit la tête d'Héraclès coiffée de la dépouille du lion de Némée et, au revers, un personnage assis tenant un aigle et un sceptre. Mais, contrairement aux prototypes grecs, qui montrent un Zeus barbu, celles d'Arabie représentent un personnage imberbe, d'allure plutôt juvénile : il s'agit certainement de Shams ou Shamash, qui était alors la principale divinité vénérée dans ces régions. Ce monnayage d'Arabie respecte généralement l'étalon pondéral attique ; il faut y voir la volonté de ses auteurs de ne pas rompre définitivement avec le royaume de Syrie, mais seulement de s'insérer dans son système monétaire.

La sculpture : plâtre, terre cuite, pierre

Pierre Lombard

À l'exception de rares éléments architectoniques isolés, c'est encore au domaine funéraire que renvoie la totalité de la documentation figurée, modelée ou sulptée de la période de Tylos. Régulièrement enrichie au fil des fouilles de sauvetage de ces dernières années, elle se compose essentiellement de figurines, de stèles en bas-relief, ainsi que de quelques pièces sculptées en ronde-bosse (bustes ou statuettes funéraires). Ces deux dernières catégorie d'objets, taillés dans le calcaire le plus fin de l'archipel, sont incontestablement de fabrication locale. On étendra ce postulat à la plupart des figurines en plâtre (Cat. 339, 342) ou en terre cuite (Cat. 340, 344-346) considérées comme le fruit d'un artisanat populaire de proximité.

Au-delà de la figuration d'orants ou de pleureuses sous forme de petits ex-voto, habituels en contexte funéraire, il existait assurément chez les populations de l'époque de Tylos le souci d'une représentation individuelle du défunt qui trouve son meilleur support dans la *stèle funéraire*, au relief plus ou moins accusé ; le sens profond de cette démarche, loin d'être généralisée sur l'île, nous échappe encore cependant. Au sein d'une nécropole, chaque tombe n'est pas systématiquement associée à une stèle ; de nombreux cimetières n'en ont jamais livré, alors que la découverte fortuite d'une quinzaine de spécimens dans une palmeraie privée proche de Qal'at al-Bahreïn laisse au contraire supposer la proximité d'une nécropole au statut peut-être particulier. Ces stèles, lorsqu'elles existent, étaient généralement placées à l'extérieur de la sépulture, et disparaissaient souvent sous le mont de terre qui la recouvrait ; leur fonction de signalisation de la tombe ne paraît donc pas essentielle.

Un premier groupe rassemble des monuments d'une forme très épurée, inspirée de la silhouette humaine ; on identifiera ici ces simples évocations de l'esprit du défunt sous l'appellation, courante au Proche-Orient ancien, de stèles- « nephesh » (« souffle » en araméen).

Un deuxième ensemble est constitué de stèles-niches plus individualisées qui figurent, en un relief plus ou moins accusé, des personnages des deux sexes dans une attitude d'orant, la main droite relevée, la paume en avant. Les fouilles récentes ont permis enfin d'identifier un dernier groupe que l'on qualifiera d'« intermédiaire » : ces stèles sont directement inspirées du type « nephesh », mais n'hésitent pas à détailler — souvent de façon grossière — les traits du visage ou la chevelure.

La stèle-nephesh est manifestement le type le plus ancien (l'une d'elles possède une courte inscription en grec, datée de la fin du IIe siècle av. J.-C.), mais il semble qu'elle perdure encore dans les tout premiers siècles de l'ère (Cat. 347, 354). L'iconographie des stèles-niches est proche, en revanche, de la tradition artistique parthe des IIe et IIIe siècles ap. J.-C., telles qu'on l'observe en Mésopotamie (Hatra) ou en Iran (Elymaïde) (Cat. 356, 360). Mais ces traditions distinctes ont pu se succéder, et plus sûrement cohabiter à une certaine période. Il n'est pas exclu, enfin, que cette remarquable production soit un témoin particulièrement privilégié du laboratoire artistique multiculturel que fut sans doute Bahreïn tout au long de la période de Tylos : la stèle-nephesh, tradition indigène de l'île, se serait alors progressivement « humanisée » au contact des autres traditions artistiques régionales et de ceux qui les véhiculaient.

339 **Figurine de pleureuse**
Nécropole de al-Maqsha,
fouilles bahreïniennes 1992-93,
Tombe I
Phase de Tylos, IIe/Ier s. av. J.-C.
Plâtre moulé
H 24,2 l 7,3 E 3 cm
Manama, Musée national
de Bahreïn, inv. n° 311
Inédit

340 Figurine féminine
Nécropole de Shakhoura,
fouilles bahreïniennes 1991-92,
Mont 1, Tombe 10
Phase de Tylos,
1er s. av. J.-C./1er s. ap. J.-C.
Terre cuite
H 7,7 D MAX. 4,6 cm
Manama, Musée national
de Bahreïn, inv. n° 91-1-48
Inédit

341 Figurine de cheval
Nécropole de al-Hajjar,
fouilles bahreïniennes 1992-93,
Tombe 11
Phase de Tylos,
1er s. av. J.-C./1er s. ap. J.-C.
Terre cuite
H 15,3 L 17,2 l 4,2 cm
Manama, Musée national
de Bahreïn, inv. n° 86
Inédit

Cette pièce, unique jusqu'ici à Bahreïn, a été retrouvée dans une tombe qui, bien qu'apparemment inviolée, n'a cependant pas livré la figure de cavalier habituellement associée à ce type de figurine ; un *graffito* peu lisible (quelques lettres grecques cursives), est visible sur la partie supérieure du cou de l'animal.

342 Relief-disque
Nécropole de Saar,
fouilles bahreïniennes 1991,
Mont 6, Tombe 3
Phase de Tylos,
IIe/Ier s. ap. J.-C.
Plâtre moulé
$^{D\ MAX.}$ 13,6 ^{E} 3,4 cm
Manama, Musée national
de Bahreïn, inv. n° 3878
^{B} *Bahrain National Museum 1993*.

La tradition consistant à placer auprès du défunt une ou plusieurs figurines féminines, grossièrement réalisées en plâtre dans un moule univalve et agrémentées de quelques couleurs vives, s'observe tout au long de la période de Tylos. Il s'agit là de l'évocation de pleureuses qui, constituaient un élément important du rituel d'inhumation ; on les voit le plus souvent représentées en pied, vêtues d'une sorte de long chitôn resserré à la taille, les mains agrippées à leur longue chevelure, dans un geste de profonde lamentation ; ce relief de forme circulaire illustre une variation plus tardive de ce même thème très réaliste, limité ici à la reproduction d'un buste de femme échevelée. Ces pièces sont sans aucun doute issues d'un artisanat local et populaire.

343 Figurine-plaquette
Nécropole de al-Hajjar,
fouilles bahreïniennes 1992-93,
Tombe 57
Phase de Tylos,
Ier s. av. J.-C./Ier s. ap. J.-C.
Terre cuite
^{H} 15,9 ^{l} 6,7 cm
Manama, Musée national
de Bahreïn, réserves
Inédit

344-346 Figurines féminines
Nécropole de Saar,
fouilles bahreïniennes 1991,
Tombe 44 et 47
Nécropole de Shakhoura,
fouilles bahreïniennes 1991-92,
Mont 1, Tombe 12
Phase de Tylos,
Ier s. av. J.-C./Ier s. ap. J.-C.
Terre cuite
H 14,2, 21 et 14,4 l 6 et 5,8
Manama, Musée national
de Bahreïn, inv. n° 2133-2-90
Inédit

Cette série de figurines féminines en terre cuite, dont certaines portent des traces de polychromie, sont toutes représentées dans la même posture, la main droite ramenée au niveau de la poitrine ; elles sont moins courantes que celles moulées en plâtre et appartiennent à des sépultures Tylos sensiblement plus tardives ; il est difficile de préciser si elles symbolisent la défunte elle-même, et si elles sont de facture locale.

347-348 Stèles de type « nephesh »
Nécropole de al-Hajjar,
fouilles bahreïniennes 1992-93,
Mont 6, Carré C4
Nécropole de Karranah, Mont 3
Phase de Tylos, IIe/Ier s. av. J.-C.
Calcaire
H 51,2 et 62 l 21,5 et 23 E 15 cm
Manama, Musée national
de Bahreïn, réserves
Inédit

349-351 Stèles de type « nephesh »
Nécropole de Shakhoura, fouilles bahreïniennes 1991-92, Mont 4, Carré B6
Nécropole de Abou Saybi, fouilles bahreïniennes 1983, Mont B
Phase de Tylos, IIe/Ier s. av. J.-C.
Calcaire
H 26, 28 et 20 l 12, 11,5 et 13,5 E 6, 6 et 6,5 cm
Manama, Musée national de Bahreïn, réserves
Inédit

352 Stèle de type « nephesh »
Nécropole de Shakhoura, fouilles bahreïniennes 1991-92, Mont 1, Carré 1
Phase de Tylos, Ier s. av. J.-C./ Ier s. av. J.-C.
Calcaire
H 47 l 22 E 12 cm
Manama, Musée national de Bahreïn, réserves
Inédit

Ce type très particulier de monument, directement inspiré des précédents, se situe probablement au tout début de l'évolution qui, du « nephesh » le plus dépouillé, va progressivement inscrire l'art des stèles funéraires de Tylos dans une tradition figurative tout à la fois influencée par l'art parthe, mais aussi par l'art occidental gréco-romain. On y voit l'apparition timide d'ébauches de bras, ainsi que d'une chevelure.

354 Stèle-buste
Nécropole de Shakhoura,
fouilles bahreïniennes 1992-93,
Mont 1, Carré J3
Phase de Tylos,
Ier s. av. J.-C./Ier s. av. J.-C.
Calcaire
H 35 l 21 E 20 cm
Manama, Musée national
de Bahreïn, inv. n° 234
Inédit

Ce buste très expressif, où le modelé du visage et du cou s'accentue, représente sans doute l'une des dernières étapes avant le développement de la « stèle-niche » traitée en bas-relief, et qui paraît progressivement s'imposer à partir de la fin du Ier siècle ap. J.-C.

353 Stèle de type « nephesh »
Nécropole de al-Maqsha,
fouilles bahreïniennes 1992-93,
Carré D12
Phase de Tylos,
Ier s. av. J.-C./Ier s. av. J.-C.
Calcaire
H 27,7 l 12,6 E 10 cm
Manama, Musée national
de Bahreïn, réserves
Inédit

Cette stèle, qui conserve encore le profil général des prototypes du Tylos ancien, présente sur sa face frontale un visage où, pour la première fois, apparaissent des éléments réalistes : yeux, nez et bouche ; on note la curieuse disposition des oreilles, placées sur les côtés d'une tête que le sculpteur, fidèle au modèle traditionnel, n'a pas réellement traitée en ronde-bosse.

355 « Stèle » figurative
Nécropole de al-Maqsha, fouilles bahreïniennes 1992-93, Carré D12
Phase de Tylos, IIe/IIIe s. ap. J.-C.
Calcaire
H 37 l 17 E 14 cm
Manama, Musée national de Bahreïn, réserves
Inédit

De même tradition iconographique que les monuments suivants, et recueillie dans un contexte identique à celui des stèles-niches, cette réalisation peut être pratiquement considérée comme une petite statue en ronde-bosse. Outre sa frontalité, on note le traitement en boucles de la chevelure très caractéristique de l'art parthe des premiers siècles de l'ère.

357, 358 Stèles figuratives
Qal'at al-Bahreïn,
palmeraie Nord-Ouest.
Trouvaille fortuite, 1991
Phase de Tylos,
IIe/IIIe s. ap. J.-C.
Calcaire
H 57 et 50 l 30 et 33 E 17
et 19,5 cm
Manama, Musée national
de Bahreïn, inv. n° 97-4-4
et réserves
Inédit

Dès le milieu du IIe siècle ap. J.-C., hommes et femmes sont généralement représentés de façon figurative, en pied ou en semi-buste, vêtus à la mode parthe.

356 Stèle figurative
Qal'at al-Bahreïn,
palmeraie Nord-Ouest.
Trouvaille fortuite, 1991
Phase de Tylos,
IIe/IIIe s. ap. J.-C.
Calcaire
H 34 l 22 E 13 cm
Manama, Musée national
de Bahreïn, inv. n° 97-4-1
B Lombard 1994 : 33, fig. 9a

359 Stèle figurative
Nécropole de Shakhoura,
fouilles bahreïniennes 1992-93,
Mont 1, Carré J3
Phase de Tylos,
IIe/IIIe s. ap. J.-C.
Calcaire
H 53,5 l 32,5 E 15 cm
Manama, Musée national
de Bahreïn, réserves
Inédit

360 Stèle figurative
Nécropole de al-Maqsha, fouilles bahreïniennes 1992-93, Carré D12
Phase de Tylos, IIe/IIIe s. ap. J.-C.
Calcaire
H 36 l 16 E 14 cm
Manama, Musée national de Bahreïn, inv. n° 176
Inédit

Cette petite « stèle-niche » figurant un jeune homme dont le style est fortement marqué par la sculpture romaine orientale (oiseau et grappe de raisin tenus à la main, par exemple), a été découverte associée aux pièces Cat. 355 et 361, de style plus proprement parthe. Une fois encore, ce type de rapprochement n'est guère surprenant à Bahreïn/Tylos qui, en ces premiers siècles de notre ère était visiblement redevenu le carrefour-clef et foisonnant de traditions artistiques diverses.

361 Stèle figurative
Nécropole de al-Maqsha,
fouilles bahreïniennes 1992-93,
Carré D12
Phase de Tylos, IIe/IIIe s. ap. J.-C.
Calcaire
H 46 l 32 E 22 cm
Manama, Musée national
de Bahreïn, réserves
Inédit

La parfaite frontalité du personnage représenté, le traitement de sa chevelure, de sa barbe et de sa moustache, font sans aucun doute de ce monument funéraire l'un des plus représentatifs des productions locales de Tylos inspiré par la tradition parthe ; la pièce d'étoffe repliée et déposée sur son épaule gauche (cf. aussi Cat. 356, 359) évoque des représentations similaires de l'ancienne Elymaïde, où cette sorte d'étole est généralement associée à des prêtres.

362, 363 Statues-bustes
Nécropole de al-Hajjar, fouilles bahreïniennes 1992-93, Mont 2, Tombe 60
Phase de Tylos, fin IIe/IIIe s. ap. J.-C.
Calcaire
H 72 et 74,5 l 37,5 E 15 cm
Manama, Musée national de Bahreïn, réserves
Inédit

Ces deux statues-bustes constituent une découverte pour le moins étrange au sein d'une nécropole de la période Tylos à Bahreïn. Elles ont été retrouvées dressées côte à côte, à l'intérieur d'une tombe dépourvue de squelette et qui n'a pratiquement pas livré d'offrandes. Uniques à Bahreïn, elles sont difficiles à dater avec précision. Cependant elles pourraient se rattacher à une tradition de sculpture funéraire plutôt tardive (fin IIe et IIIe siècle ap. J.-C.), souvent attestée dans le nord de la Palestine (cf. Skupinska-Løvfet 1983, pl. LVI : 53, LVII : 54).

SIXIÈME CHAPITRE

Conclusion

PAGE 218

Anciens et nouveaux marchands de Dilmoun

Abdelrahman Musameh

Anciens et nouveaux marchands de Dilmoun

Abdelrahman Musameh

Foyer de l'une des civilisations les plus récemment révélées par les archéologues orientaux, l'archipel de Bahreïn suscite aujourd'hui un intérêt bien mérité : la place qu'il occupa durant près de deux millénaires dans le commerce maritime du Proche et Moyen-Orient, mais aussi dans sa culture, était primordiale. Deux facteurs essentiels, on l'a vu, ont facilité son accession à cette situation privilégiée : une position insulaire stratégique et d'abondantes sources d'eau douce, sur la terre et non loin des côtes ; ces sources autorisaient, dans un milieu très aride, une agriculture prospère comportant palmiers, fruits et légumes. Les îles de Bahreïn, de surcroît, disposaient de quelques ports naturels dans la zone des courants du Golfe arabe qui ont toujours facilité la navigation, notamment du nord au sud. Les côtes de ces îles étaient — et sont toujours — également riches en faune marine : les poissons y abondent et les huîtres livrent ici des perles naturelles de renommée mondiale.

Depuis toujours, la mer a constitué une protection naturelle pour cet archipel, d'où l'attrait fort qu'il exerça régulièrement sur les populations des pays voisins, à la différence d'autres zones du Golfe (sauf peut-être le secteur d'Al-Hasa dans l'actuelle Province orientale d'Arabie). Ainsi, dès le IIIe millénaire av. J.-C., et tout au long de leur histoire, ces îles furent-elles habitées par une multitude de peuples, et souvent même attaquées ou conquises par les puissances régionales.

C'est avec la culture de Dilmoun, on l'a vu, que le pays devient un foyer actif de civilisation. Pendant près de deux millénaires (du courant du IIIe jusqu'au début du Ier), malgré quelques silences épisodiques, Bahreïn joue le rôle d'intermédiaire commercial entre plusieurs royaumes de la Mésopotamie (Sumer, Akkad et Assur), du sous-continent indien (Meluhha dans le Sind) et de la Péninsule arabique (Magan en Oman). C'est à la période

364 Dalle de mihrâb (?)
Mosquée de Suq al-Khamis
Époque Islamique, xe s. ap. J.-C.
Calcaire
^{H} 72,8 ^{l} 64,8 ^{E} 9,5cm
Manama, Musée national de Bahreïn, réserves
Inédit

Cette dalle de calcaire de Jidda, en forme de mihrâb, a été trouvée lors de travaux récents de restauration de la mosquée de Suq al-Khamis, la plus ancienne mosquée de la Péninsule arabe. Elle fait partie d'une série de quatre dont deux étaient fixées sur la façade de la salle de prière (Kervran et Kalus 1990 ; Kalus 1995). À la différence des inscriptions sculptées sur les autres pierres, compatibles avec leur fonction de mihrâb, celle qui entoure la niche de cette dalle appartient à deux sourates du Coran qu'on grave habituellement sur les stèles funéraires : « À aucun mortel avant toi Nous n'avons donné l'éternité. Eh quoi ! mourrais-tu alors qu'eux seraient immortels ? » (Coran XXI, 35-34.) « Toute âme goûte la mort. Nous vous éprouvons par le mal et le bien, en manière de tentation, et à Nous vous serez ramenés » (Coran XXI, 36-35).

d'apogée de Dilmoun, vers 2000/1900 av. J.-C., que l'on remarque le mieux la diversité de l'apport de ses habitants à la civilisation et à la pensée universelle.
C'est d'abord la mise au point et la définition du répertoire iconographique particulièrement varié des cachets circulaires connus sous le nom de sceaux « du Golfe » puis « de Dilmoun ».
C'est aussi la création de plusieurs types céramiques spécifiques, parfois dérivés de modèles extérieurs à l'archipel, mais toujours réalisés dans l'argile locale à la composition si particulière. La coutume funéraire d'enterrer les morts hors des villes ou des villages dans des sépultures sous tumulus, ou au sein de vastes complexes alvéolaires (comme à Saar) reste aussi un caractère propre à la civilisation de Dilmoun, et ces immenses nécropoles bahreïniennes de l'âge du Bronze demeurent un phénomène pratiquement unique au monde ; on a vu que, sous un aspect extérieur identique, ces tombes reflétaient bien des différences d'organisation interne, révélant là, malgré une utilisation sur une très longue période, une conception de base et sans doute un cérémonial religieux immuable, très significatif des croyances de l'époque.
En permanence, l'esprit créatif et pragmatique des gens de Dilmoun inventa, ou su adapter, toutes sortes de techniques sur cet archipel au contact des deux mers. On le constate dans le domaine architectural, où la taille particulièrement soignée de la pierre calcaire locale fait l'admiration des visiteurs du temple de Barbar ou des édifices officiels du Dilmoun ancien, moyen ou récent de Qal'at al-Bahreïn.
Cela est également valable en ce qui concerne l'agriculture et l'irrigation : les *qanats* de Bahreïn, adaptation locale de la technique des fameux canaux souterrains iraniens ou omanais, conduisaient le flot des plus grandes sources jusqu'à des palmeraies souvent éloignées.
Il joua aussi un rôle capital dans la progression des connaissances au sein de domaines aussi variés que la pêche, la plongée, la vannerie, la joaillerie et la glyptique ou encore la métallurgie (notamment celle du cuivre, dont Dilmoun conserva longtemps le monopole commercial), l'astronomie, la construction navale et la navigation. Il est enfin un secteur d'activité où, visiblement, les gens de Dilmoun excellaient : le commerce. De fait, ils surent transformer leur pays à la surface restreinte en une plate-forme de redistribution incontournable, grâce notamment à la mise en place de règlements et de techniques

La ville moderne de Manama, vue depuis l'île de Muharraq

365, 366 Coupes à décor sous glaçure
Barbar, fouilles danoises, Puits monumental du Temple
Bahreïn, provenance non spécifiée (Muharraq ?)
Époque islamique, IXe et Xe s. ap. J.-C.
Céramique
H 8,4 et 8,15 D MAX. 29,3 et 23,3 cm
Manama, Musée national de Bahreïn, inv. n° 1178-2-88 et 1269-2-88
B Glob 1958 : 124, fig. 11 ; *Bahrain National Museum* 1993 : 84

Ces deux coupes importées sont représentatives, parmi d'autres, de la place commerciale internationale que recouvra l'archipel de Bahreïn à partir de l'époque abbasside. La première, à décor de coulures vertes et jaunes déposées sur engobe et recouvert d'une glaçure plombifère transparente, provient d'Iraq ou d'Iran. Le décor rouge et noir sur fond blanc de la seconde inclut une formule traditionnelle de bénédiction ; cette pièce provient vraisemblablement de Nishapour (Iran) ou de Samarcande (Ouzbékistan).

commerciales internes et internationales, plus particulièrement en matière de troc. L'entrée de Bahreïn, alors devenue Tylos, dans le monde hellénistique que laissa Alexandre le Grand, fut visiblement l'occasion de renouer avec le grand commerce international, après une brève période de relatif déclin. Le riche mobilier des nécropoles d'alors, venu de tout l'Orient, en est une preuve éclatante, et sans doute la population de Tylos est-elle sur ce plan la digne héritière de celle de Dilmoun.
Cet état d'esprit d'entreprise continuera tout au long de la période islamique. Avec la restauration progressive de la route maritime du Golfe à partir de l'époque abbasside, les Bahreïniens reprirent leurs activités d'intermédiaires commerciaux, allant même jusqu'en Chine, dont on retrouve la porcelaine Ming et les céladons en abondance dans les niveaux archéologiques des XVe et XVIe siècles de Qal'at al-Bahreïn, qui demeurait toujours le grand port international de l'île (à moins que l'expansion urbanistique n'ait fait disparaître les traces d'autres mouillages antiques). On connaît même au XXe siècle un commerçant bahreïnien, qui, installé pour ses affaires en Chine, y mourut en ayant pris soin d'attribuer ses biens à l'entretien de la mosquée de Suq al-Khamis, la plus ancienne de l'île. Pendant toute la période de la Renaissance européenne, Bahreïn est enfin régulièrement mentionné par les voyageurs qui y apprécient – et y négocient – les perles naturelles incomparables que célébraient déjà les auteurs anciens comme Strabon ou Pline.
Le Bahreïn d'aujourd'hui est le Dilmoun d'hier : il jouit toujours d'une position privilégiée dans les échanges entre l'Orient et l'Occident. Son peuple, tout en préservant sa culture et ses convictions, se distingue par une conduite ouverte et civilisée envers les autres communautés, cultures et croyances.
Pionnier comme son ancêtre Dilmoun, Bahreïn fut le premier pays de la Péninsule arabique à entrer dans l'ère du pétrole. La découverte du premier gisement, au pied du Jebel Dukhan, remonte à 1932, date à laquelle, curieusement, cette nouvelle ressource commerciale vînt à point remplacer celle générée par la pêche aux huîtres perlières, pratiquement ruinée par l'invention

japonaise de la perle de culture, sans comparaison esthétique possible, mais d'un prix de revient infiniment plus bas. Avec le lancement de la production pétrolière, Bahreïn accède, comme quelques années plus tard l'ensemble de la Péninsule arabique, à une nouvelle ère de prospérité économique, sociale, culturelle et urbanistique : les usines, mais aussi les écoles, les instituts et les universités se multiplient, ouvrant la voie à un avenir d'opulence et de croissance, une fois taries… les nappes du pétrole.

L'ère de l'après-pétrole est donc en gestation. Elle est fondée sur la diversification des sources de revenu et la diffusion des technologies de pointe : les industries métallurgiques lourdes, les cales sèches pour la réparation des navires géants sont déjà en place, tout comme de nombreuses industries légères. L'homme de Dilmoun/Bahreïn est toujours en action, et s'adapte à la vie, aux exigences et aux rythmes de son temps. À l'instar de leurs ancêtres qui jadis importaient d'Oman le minerai de cuivre pour le travailler, mais surtout le revendre à ses grands voisins qui en étaient dépourvus, les Bahreïniens importent aujourd'hui d'Australie le minerai d'aluminium qu'ils traitent dans leurs usines grâce au gaz naturel pour en exporter les produits finis vers une multitude de pays.

Au cours du troisième tiers de ce XXe siècle, Bahreïn s'est fait une place honorable parmi les pays du Moyen-Orient. Il est devenu un centre financier et économique mondial de première importance. Grâce à sa position stratégique au cœur des chantiers économiques décisifs du monde, il attire capitaux et institutions spécialisées souhaitant participer à ces entreprises. Il constitue aussi un pont entre l'Orient et l'Occident en matière de communication en tous genres. Son aéroport international, opérationnel dès 1931, est en cours d'expansion pour accueillir les avions des grandes compagnies mondiales reliant l'Extrême-Orient, le Japon et l'Australie à l'Europe, l'Afrique et l'Amérique. Ses ports reflètent les mêmes contacts.

Les différentes civilisations qui se sont succédé à Bahreïn lui ont permis d'accumuler un grand patrimoine et de se réclamer d'une histoire riche et universelle à la fois. Un tel héritage ne pouvait que laisser son empreinte sur le caractère du peuple bahreïnien : une population ouverte, accueillante et courtoise, armé d'un sens aigu des affaires, et affichant une joie de vivre et une disponibilité sans réserves pour les autres. Ce caractère bénéfique devait, sans aucun doute, être déjà celui des gens de Dilmoun…

367 Trésor de perles dans un *murex*
Qal'at al-Bahreïn, secteur du « Palais d'Oupéri » (surface), fouilles françaises 1996 (QA96.240)
Époque islamique, XVe/XVIe s. ap. J.-C. (?)
Coquille, perles fines
H 3,5 L 6 cm
Manama, Musée national de Bahreïn
Inédit

Ce *murex* (l'un des coquillages les plus fréquemment collectés et consommés dans l'ancienne Bahreïn) provient d'un niveau de surface, perturbé, de Qal'at al-Bahreïn ; il contenait le nombre impressionnant de 407 perles fines de très petite taille (le diamètre de la plus petite ne dépasse pas 0,8 mm !). Cette découverte inattendue doit sans doute être attribuée à l'une des dernières occupations du site ; elle laisse libre cours aussi à l'imaginaire de chacun : un pecheur de perles, après avoir patiemment ouvert les huîtres issues de ses récoltes quotidiennes, en stockait les « fruits » les plus précieux dans ce petit coquillage, qu'il dissimula peut-être et ne vint jamais rechercher…

Bibliographie

A

H. A. Al-Khalifa, 1986, The shell seals of Bahrain, in *Bahrain Through the Ages...* (éd. H.A. Al-Khalifa & M. Rice), p. 251-261.

H. A. Al-Khalifa et M. Rice (éd.), 1986, *Bahrain through the Ages. The Archaeology.*, KPI, Londres.

Kh. Al-Sindi, 1994, *Catalogue des cachets de Dilmoun du Musée national de Bahreïn*, Ministère de l'Information, Bahreïn.

kW.Y. Al-Tikriti, 1989, Umm An-Nar Culture in the Northern Emirates: third millennium BC tombs at Ajman, in *Archaeology in the UAE*, V, p. 89-99.

F. Allotte de la Fuye, 1913, *Documents présargoniques, fasc. II/2*, Paris.

F. Allotte de la Fuye, 1920, *Documents présargoniques, fasc. suppl.*, Paris.

B. Alster, 1983, Dilmun, Bahrain, and the Alleged Paradise in Sumerian Myth and Literature, in *Dilmun...*, D.T. Potts (éd.), BBVO 2, Berlin.

P. Amiet, 1970, Antiquités du désert de Lut, in *Revue d'assyriologie* 68, p. 109.

P. Amiet, 1986, *L'âge des échanges inter-iraniens, 3500-1700 av. J.-C.*, RMN, Paris.

Ancient Saar, 1993: *Ancient Saar. Uncovering Bahrain's Past*, North Star Publishing, Teddington.

B. André, 1982, Écriture et civilisation mésopotamienne, in *Naissance de l'écriture...* (éd. B. André et C. Ziegler), p. 196-262.

B. André et C. Ziegler (éd.), 1982, dernière réimpression 1997, *Naissance de l'écriture. Cunéiformes et hiéroglyphes*, Réunion des Musées nationaux, Paris.

B. André-Salvini, 1996, Vocabulaire des arbres, in *Tous les savoirs du monde. Encyclopédies et bibliothèques* (éd. R. Schaer), Paris.

B. André-Salvini et P. Lombard, 1997, La découverte épigraphique de Qal'at al-Bahreïn: un jalon pour la chronologie de la phase Dilmoun moyen dans le Golfe arabe, in *Proceedings of the Seminar for Arabian Studies*, 27, p. 165-170.

H. H. Andersen, 1986, The Barbar Temple: stratigraphy, architecture and interpretation, in *Bahrain through the Ages...* (éd. H.A. Al-Khalifa et M. Rice), p. 166-177.

C. Arnold-Biucchi, 1990, Arabian Alexanders, in *Mnemata: Papers in Memory of Nancy Waggoner.* The American Numismatic Society, p. 99-115.

P. Attinger, 1984, Enki et Ninhursâga, *Zeitschrift für Assyriologie*, 74/1.

B

Bahrain National Museum, 1989: P. Lombard et M. Kervran (éd.), 1989, *Bahrain National Museum Archaeological Collections, I. A Selection of Pre-Islamic Antiquities from Excavations 1954-1975.* Direction des Musées et du Patrimoine, Ministère de l'Information de Bahreïn, Manama.

Bahrain National Museum, 1993: P. Vine, 1993, *Bahrain National Museum.* Immel Publishing Ltd., Londres.

Barbar, nd: Anonyme, nd, *The Temple Complex at Barbar*, Ministère de l'Information, Bahreïn.

H. Baker, 1995, « Neo-Babylonian burials revisited », in *The Archaeology of Death...* (éd. S. Campbell et A Green), p. 209-220.

P. Beaumont, G.H. Blake, J. Malcolm Walstaff, 1988, *The Middle East. A Geographical Study.* David Fulton Publ., Londres.

C.A. Benito, 1969, *Enki et Ninmah and Enki and the World Order* University Microfilms, Ann Arbor.

G. Bibby, 1965, Arabian Gulf Archaeology, in *Kuml 1964*, p. 86-111.

T.G. Bibby, 1969, *Looking for Dilmun*, Alfred A. Knopf, New York.

T.G. Bibby, 1972, *Dilmoun. La découverte de la plus ancienne civilisation* (sic), Calmann-Lévy, Paris (édition française du précédent).

T.G. Bibby, 1986, The origins of the Dilmun civilization, in *Bahrain through the Ages...* (éd. H.A. Al-Khalifa et M. Rice), p. 108-115.

J. Bottéro, S. N. Kramer, 1989 (réimpression 93), *Lorsque les dieux faisaient l'homme*, Paris.

R. Boucharlat & P. Lombard, 1985, The oasis of Al-Ain in the Iron Age. Excavations at Rumeilah 1981-1983, survey at Hili 14 in *Archaeology in the UAE* 4, p. 44-73.

G. Bowersock Tylos and Tyre: Bahrain in the Graeco-Roman world, in *Bahrain through the Ages...* (éd. H.A. Al-Khalifa et M. Rice), p. 399-406.

G. Burkholder, 1984, *An Arabian Collection. Artifacts from the Eastern Province.* GB Publications, Boulder City.

C

O. Callot, 1990, Les monnaies dites « arabes » dans le nord du Golfe arabo-persique à la fin du [e] siècle avant notre ère in *Failaka, fouilles françaises 1986-1988*, Maison de l'Orient, Lyon, p. 221-240.

O. Callot, 1994, Un trésor de monnaies d'argent et monnaies diverses, in *Qala'at al-Bahrain I...* (éd. F. Højlund & H.H. Andersen), p. 351-360.

Y. Calvet, 1984, Tylos et Arados, in *Arabie orientale...* (éd. R. Boucharlat et J.-F. Salles), p. 341-346.

S. Campbell et A Green (éd.), 1995, *The Archaeology of Death in the Ancient Near East*, Oxbow, Oxford.

M. Casanova, 1991, *La vaisselle d'albâtre de Mésopotamie, d'Iran et d'Asie centrale aux IIIe et IIe millénaires av. J.-C.*, ERC, Paris.

A. Cavigneaux, 1982, Mythe de création sumérien: Enki et Ninhursag, in *Naissance de l'écriture...* (éd. B. André et C. Ziegler), p. 236-237.

Cités oubliées de l'Indus, 1988: Catalogue de l'exposition du Musée national des Arts asiatiques, Paris

S. Cleuziou, P. Lombard et J.-F. Salles, 1981, *Fouilles à Umm Jidr (Bahrain)*, Recherches sur les grandes civilisations, A.D.P.F., Paris.

D. Collon, 1986, *Catalogue of the Western Asiatic Seals in the British Museum. Cylinder seals III. Isin/Larsa and Old Babylonian Periods*, British Museum, Londres.

J. Connan, P. Lombard, R. Killick, F. Højlund, J.-F. Salles et A. Khalaf, 1998, The archaeological bitumens from Bahrain, from the Early Dilmun Period (c. 2200 BC) to the 16th cent. AD. A problem of source and trade in *Arabian Archaeology & Epigraphy* 9/2, p. 141-181.

J. S. Cooper, 1986, *Sumerian and Akkadian Royal Inscriptions, I. Presargonic Inscriptions, AOSTS I*, New-Haven.

J.D. Cooney, 1976, *Catalogue of Egyptian Antiquities in the British Museum 4: Glass*, Londres

H. Crawford, 1998a, *Dilmun and its Gulf neighbours*, Cambridge University Press, Cambridge.

H. Crawford, 1988b, « Tokens of esteem », in *Arabia and its neighbours...* (éd. C.S. Phillips *et alii*), p. 51-58.

H. Crawford, 1991, « Seals from the first season's excavations at Saar, Bahrain », in *Cambridge Archaeological Journal* 1, p. 255-262.

H. Crawford et Kh. al-Sindi, 1996, « A 'Hut pot' in the National Museum, Bahrain », in *Arabian Archaeology & Epigraphy*, 7, p. 140-142.

H. Crawford, R. Killick, J. Moon (éd.), 1997, *The Dilmun Temple at Saar. Bahrain and its rchaeological nheritance*, KPI, Londres.

H. Crawford et R. Matthews, 1997, Seals and Sealings: Fragments of Art and Administration, in *The Dilmun Temple at Saar...* (éd. H. Crawford, R. Killick et J. Moon), p. 47-58.

D

B. Denton, 1994, Pottery, cylinder seals, and stone vessels from the cemeteries of Al-Hajjar, Al-Maqsha and Hamad Town on Bahrain, in *Arabian Archaeology & Epigraphy*, 5, p. 121-151.

B. Denton, 1999, More Pottery, Seals, and a Face-Pendant from cemeteries on Bahrain, in *Arabian Archaeology & Epigraphy* 10.

B. Denton et K. al-Sindi, 1996, « An unusual cylinder seal from the cemetery of Hamad Town on Bahrain », in *Arabian Archaeology & Epigraphy*, 7, p. 188-194.

P. Donaldson, Prehistoric tombs of Ras al-Khaimah, in *Oriens Antiquus* 23, p. 191-312.

J.M. Durand, 1977, in *Revue d'Assyriologie* 71, p. 169-171.

E.C.L. During-Caspers, 1971, The bull's head from Barbar Temple II, Bahrain : a contact with Early Dysnatic Sumeria, *East and West*, XXI, p. 217-223.

E

C. Edens, 1986, Bahrain and the Arabian Gulf during the second millennium B.C. : urban crisis and colonialism, in *Bahrain through the Ages...* (éd. H.A. Al-Khalifa et M. Rice), p. 195-216.

C. Edens, 1992, Dynamics of trade in the ancient Mesopotamian « World System », in *American Anthropology*, 94, p. 118-119.

J. Eidem, 1997, Cuneiform inscriptions, in *Qala'at al-Bahrain 1...* (éd. F. Højlund & H.H. Andersen), p. 76-80.

R. Englund, 1983, Dilmoun in the Archaic Uruk Corpus, in *Dilmun...*, D. Potts (éd.), p.35-37.

F

T. Fish, 1954, « Towards a study of Lagash "Mission" or "Messenger" Texts », *Manchester Cuneiform Studies*, 4.

H.-P. Francfort, 1989, *Fouilles de Shortughaï. Recherches sur l'Asie centrale protohistorique*, De Boccard, Paris.

B. Frøhlich, 1986, The human biological history of the Early Bronze Age population in Bahrain, in *Bahrain through the Ages...* (éd. H.A. Al-Khalifa et M. Rice), p. 47-63.

G

C.J. Gadd et S.N.Kramer, 1963, *Ur Excavations Texts* 6, London.

P.V. Glob, 1959, Alabaster vases from the Bahrain temples, in *Kuml 1958*, p. 138-145.

S.M. Goldstein, 1979, *Pre-Roman and Early Roman Glass in the Corning Museum of Glass*, Corning.

M.W. Green et H.J. Nissen, 1987, *Zeichenliste der archaischen Texte aus Uruk*, Berlin.

D. Grose, 1989, *The Toledo Museum of Glass : Early Ancient Glass*, Toledo.

H

M.M. Haddu, 1989, Rapport préliminaire sur la fouille de la tombe N de Hili (en arabe), in *Archaeology in the UAE*, V, p. 53-71.

E. Haerinck, 1991, Excavations at Ed-Dur (Umm al-Qaiwain, UAE). Preliminary report of the 2nd Belgian season (1988), in *Arabian Archaeology & Epigraphy* 2, p. 31-60.

A. Hakemi, 1997, *Shahdad. Archaeological xcavations of a Bronze Age entre in Iran*, ISMEO, Rome.

W. Heimpel, 1987, Das Untere Meer, *Zeitschrift für Assyriologie*, 77/1, p. 22-91.

A. Herling, 1994, Excavations at Karanah Mound I, Bahrain. A preliminary report, in *Iranica Antiqua*, XXIX, p. 225-239.

A. Herling et J.-F. Salles, 1993, Hellenistic cemeteries in Bahrain, in *Materialen zur Archäologie der Seleukiden- und Partherzeit im üdlichen Babylonien und im Golfgebiet*, U. Finkbeiner (éd.), Tübingen, p. 161-182.

Nouveaux monuments du roi Our-Nina, *Revue d'Assyriologie*, III, p.13-17

F. Højlund, 1995, « Bitumen-coated basketry in Bahraini burials » in *Arabian Archaeology & Epigraphy*, 6, p. 100-102.

F. Højlund et H.H. Andersen, 1994, *Qala'at al-Bahrain, 1. The Northern City Wall and the Islamic Fortress*, Jutland Archaeological Society Publications 30 :1, Aarhus.

F. Højlund et H.H. Andersen, 1997, *Qala'at al-Bahrain, 2. The Central Monumental Buildings*, Jutland Archaeological Society Publications 30 :2, Aarhus.

I, J

M. Ibrahim, 1982, *Excavations of the Arab xpedition at Sar el-Jisr, Bahrain*, Ministère de l'Information de Bahren, Manama.

C. Jarrige, J.-F. Jarrige, R.H. Meadow et G. Quivron, 1995, *Mehrgarh. Field Reports 1974-1985 from Neolithic Times to the Indus Civilization* Department of Culture and Tourism, Government of Sindh, Pakistan, Karachi.

T. Jacobsen, 1987, « Enki et Ninsikila/Ninhursag », *The Harps that once...*, New Haven et Londres.

K

L. Kalus, 1995, « Nouvelles inscriptions arabes de Bahrain », in *Archéologie islamique* 5, p. 133-161.

M. Kervran et L. Kalus, 1990, « La mosquée Al-Khamis à Bahrain : son histoire et ses inscriptions », in *Archéologie islamique* 1, p. 7-73.

P. Kjaerum, 1994, « Stamp-seals, seal impressions and seal blanks », in *Qala'at al-Bahrain 1...* (éd. F. Højlund & H.H. Andersen), p. 319-350.

M.A. Konishi, 1996, « Legendary spring and the stepped wells of 2000 B.C., Bahrain — from the excavations, at 'Ain Umm es-Sujur », in *Lahore Museum Bulletin*, IX/1, p. 81-93.

S.N. Kramer, 1945, « Enki et Ninhursag. A Sumerian "Paradise" myth » *Bulletin of the American Schools of Oriental Research. Supplementary Studies* n° 1, New Haven.

R. Krauss, 1997, « A signet-ring with hieroplyphs », in *Qala'at al-Bahrain 1....* (éd. F. Højlund & H.H. Andersen), p. 176 : fig. 779 ; p. 182.

R. Krauss, P. Lombard et D.T. Potts, 1983, « The silver hoard from City IV, Qala'at al-Bahrain », in *Dilmun...*, (éd. D. T. Potts), p 161-166.

L

M. Lambert, 1953, « Textes commerciaux de Lagash », *Revue d'Assyriologie*, 47, p. 62-63.

M. Lambert, 1976, « Tablette de Suse avec cachet du Golfe », *Revue d'Assyriologie* 70, p.71-72

C.J. Lamm, 1931, « Les verres trouvés à Suse », in *Syria* XII, p. 358-367.

S. Langdon, 1915, *Sumerian Epic of Paradise, the Flood and the Fall of Man, PBS* X :1, 1915.

C. E. Larsen, 1983, *Life and Land-Use on the Bahrain islands. The geoarchaeology of an Ancient Society*, Chicago et Londres.

H. Limet, 1960, *Le travail du métal au pays de Sumer au temps de la IIIe dynastie d'Ur*, Paris, p. 67-68.

J. Littleton, 1995, « Empty tombs ? The taphonomy of burials on Bahrain », in *Arabian Archaeology & Epigraphy*, 6, p. 5-14.

P. Lombard, 1984, « Quelques éléments sur la métallurgie de l'âge du Fer aux Émirats arabes Unis », in *Arabie orientale...* (éd. R. Boucharlat & J.-F. Salles), p. 225-235.

P. Lombard, 1994, « The French Archaeological Mission at Qal'at al-Bahrain, 1989-1994 : some results on Late Dilmun and later periods », in *Dilmun*, 16, p. 26-42.

P. Lombard, 1998, « Quand la tradition tue l'innovation : réflexions sur la glyptique de l'âge du Fer à Rumeilah (EAU) », in *Arabia and its neighbours...* (éd. C.S. Phillips *et alii*), p. 151-164.

P. Lombard et J.-F. Salles, 1984, *La nécropole de Janussan (Bahrain)*, Maison de l'Orient, Lyon.

A. Lowe, 1986, « Bronze Age burial mounds on Bahrain » in *Iraq*, XLVIII, p. 73-84.

M

P. Magee, 1997, « The Iranian Iron Age and the chronology of settlement in southeastern Arabia », in *Iranica Antiqua* XXXII, p. 91-108.

V. M. Masson, 1976, « Altin-depe and the Bull Cult », in *Antiquity* L, p. 14-19.

S. Méry, C. Phillips, Y. Calvet, 1998, « Dilmun pottery in Mesopotamia and Magan from the end of the 3rd and beginning of the 2nd millennium B.C. », in *Arabia and its neighbours...* (éd. C.S. Phillips *et alii*), p. 165-180.

O. Mørkholm, 1973, « A Hellenistic Coin Hoard from Bahrain », in *Kuml 1972*, p. 183-202.

M. R. Mughal, 1983, *The Dilmun Burial Complex at Sar: The 1980-82 excavations in Bahrain*, Direction de l'Archéologie et des Musées, Ministère de l'Information de Bahreïn, Manama.

N

M. V. Nikolskij, 1908, *Dokumenti chozjajstvennoj ozjajstvenoj otcetnosti drevnejsej epochi chaldei iz sobranija N.P. Lichaceva*, S. Petersburg.

H. J. Nissen, P. Damerow, R. K. Englund, 1990, *Frühe Schrift und Techniken der Wirtschaftsverwaltung im alten Vorderen Orient*, Berlin.

O

D. Oates, 1986, « Dilmun and the late Assyrian empire », in *Bahrain through the Ages...* (éd. H.A. Al-Khalifa et M. Rice), p. 428-434.

E. Olijdam, 1997, « Babylonian quest for lapis-lazuli and Dilmun during the City III period », in *South Asian Archaeology 1995*, F. R. Allchin (éd.), New Delhi, p. 155-162.

P

A. Parpola, 1994, « Harrapan inscriptions. An analytical catalogue of the Indus inscriptions from the Near East » in *Qala'at al-Bahrain 1...* (éd. F. Højlund et H.H. Andersen), p. 304-315.

C. S. Phillips, D. T. Potts & S. Searight (éd.), 1998, *Arabia and its Neighbours. Essays on Prehistorical and Historical Developments*, Abiel II, Brepols.

D. T. Potts (éd.), 1983, *Dilmun. New Studies in the Archaeology and Early History of Bahrain*, Berliner Beiträge zum Vorderen Orient 2, Berlin.

D. T. Potts, 1990a, *A Prehistoric Mound in the Emirate of Umm al-Qaiwain, UAE. Excavations at Tell Abraq, 1989.* Munksgaard, Copenhague.

D.T. Potts, 1990b, *The Arabian Gulf in Antiquity. I. From prehistory to the fall of the Achaemenid Empire. II. From Alexander the Great to the coming of Islam*, Clarendon Press, Oxford.

D.T. Potts, 1993, « Rethinking some aspects of trade in the Arabian Gulf », in *World Archaeology*, 24:3, p. 423-440.

R

J. Reade, 1979, *Early Etched Beads and the Indus-Mesopotamia trade*, Bitish Museum Occasional Paper n° 2, Londres.

M. Rice, 1984, *Dilmun discovered*, The Longman Group, Londres & New-York.

S

J.-F. Salles, 1984, « Bahrein "hellénistique" : données et problèmes », in *Arabie orientale...* (éd. R. Boucharlat et J.-F. Salles), p. 151-164.

J.-F. Salles, 1987, « The Arab-Persian Gulf under the Seleucids », in *Hellenism in the East*, A. Kuhrt et S. Sherwin-White (éd.), Duckworth, Londres, p. 76-109

J.-F. Salles, 1996, « Achaemenid and Hellenistic Trade in the Indian Ocean », in *The Indian Ocean in Antiquity*, J. Reade (éd.), Kegan Paul International Ltd, Th British Museum, Londres, p. 251-267.

V. Scheil, 1939, *Mélanges épigraphiques (Mémoires de la Délégation en Perse*, 28), E. Leroux, Paris.

I. Skupinska-Løvset, 1983, *Funerary Portraiture of Roman Palestine. An Analysis of the Production in its Culture - Historical Context*, Paul Åströms förlag, Göteborg.

E. Sollberger, 1956, *Corpus des Inscriptions royales présargoniques de Lagash*, Paris.

E. Sollberger et J.-R. Kupper, 1971, *Inscriptions Royales Sumériennes et Akkadiennes, LAPO* 3, Paris 1971.

A. A. Soweileh, 1995, « A typology of Dilmun burial mounds », in *The Archaeology of Death...* (éd. S. Campbell et A Green), p. 196-198.

K. M. Srivastava, 1991, *Madinat Hamad. Burial Mounds - 1984-85*, Musée National de Bahreïn et Ministère de l'Information de Bahrein, Manama.

E. M. Stern, 1995, *The Toledo Museum of Art. Roman Mold-blown Glass: The First Through Sixth Century*. Rome.

E. M. Stern et B. Schlick-Nolte, 1994, *Early Glass from the Ancient World, Ernesto Wolf Collection*, Ostfildern.

T

F. Tallon, 1987, *Métallurgie susienne I. De la fondation de Suse au XVIIIe siècle avant J.-C.*, vol. 1 et 2, Réunion des Musées nationaux, Paris.

F. Thureau-Dangin, 1902, « Notice sur la troisième collection de tablettes découverte par M. de Sarzec à Tello » *Revue d'assyriologie*, 5, 1902, p. 67-102.

F. Thureau-Dangin, 1903, *Recueil de Tablettes chaldéennes*, Paris.

F. Thureau-Dangin, 1904, « Fragments de syllabaires », *Revue d'assyriologie* 6, p. 128-132.

N. P. Toll, 1946, « The Necropolis », in M.I. Rostovtzeff *et alii* (éd.), *The Excavations at Dura Europos. Preliminary Report of the 9th season of work (1935-36)*, Yale University Press, New Haven.

V

C. Velde, 1998, « The Dilmun Cemetery at Karanah 1 and the change of burial customs in late City II », in *Arabia and its Neighbours...* (éd. C.S. Phillips *et alii*), p. 245-261.

B. Vogt, 1985, « The Umm an-Nar Tomb A at Hili North: A preliminary report on three seasons of excavations, 1982-1984 », in *Archaeology in the UAE*, IV, p. 20-37.

A. Von Saldern *et alii*, 1974, *Sammlung Erwin Oppenländer: Gläser der Antike*, Hambourg.

W

D. Whitehouse, 1998, *Excavations at Ed-Dur (Umm al-Qaiwain, United Arab Emirates), 1. The Glass Vessels*. Leuven.

C. L. Wooley, 1934, *Ur Excavations I*

Pièces non illustrées dans le catalogue de l'exposition

Sauf indication contraire, toutes les pièces proviennent des fouilles bahreïniennes de la Direction de l'Archéologie et du Patrimoine, et sont conservées au Musée national de Bahreïn

Dilmoun ancien

(sauf indication contraire, les pièces sont datées vers 2000-1800 av. J.-C.)

368 Jarre
Nécropole de Madinat Hamad, Tumulus 2.40 Céramique
H 33 D MAX. 31,5 cm

369 Jarre funéraire
Nécropole de Madinat Hamad, saison et tombe non spécifiées
Céramique
H 19,3 D MAX. 9 cm

370, 371 Gobelets
Nécropole de 'Ali, Tumulus 103
Céramique
H 16,5 et 18 D MAX. 13,2 et 14,6 cm

372 Support de vase
Nécropole de 'Ali, Tumulus 46.2
Céramique
H 28,4 D MAX. 26,2 cm
inv. n° 54-2-88

373 Vase en pierre tendre
Nécropole de Saar (« Complexe funéraire »), Tombe A/A1.2
Chlorite
H 9,7 D MAX. 8,9 cm (vase); H 2,5 D MAX. 6,3 cm (couvercle)
Inv. n° 348-2-88 et 148-2-88
B Ibrahim 1982 : 78 ; fig. 45:1 ; pl. 53:1

374, 375 Paniers bitumés
Nécropole de Saar, Tumulus 1.2
Bitume
H 7,2, 5,5 et 5,8
D MAX. 6,7, 6,7 et 4,3 cm
Inv. n° 356-2-88, 453-2-88, 387-2-88

376 Creuset fragmentaire
Qal'at al-Bahreïn.
fouilles danoises (520AAF), Rempart Nord
Vers 2200 av. J.-C.
Argile
D 22 cm
Musée préhistorique de Moesgaard
B Højlund et Andersen 1994 : 372 ; fig. 1829

377 Hache-herminette
Barbar, Temple Ia, plateforme centrale. fouilles danoises (517.FI)
Vers 2200 av. J.-C.
Cuivre
L 16,1 l 5,8 cm
Inv. n° 1812-2-88
B *Bahrain National Museum* 1989, n° 40

378 Lame de poignard
Nécropole de 'Ali, Tumulus 96
Cuivre
L 23,1 l MAX. 4,4 cm

379 Ciseau
Habitat de Saar, Maison 51 fouilles britanniques 1991 (K16:51:11)
Os, alliage cuivreux
L 9,9 l 1,04 cm

380 Hameçon de pêche
Habitat de Saar, Maison 210 fouilles britanniques 1992 (4130:5)
Cuivre
L 4 l MAX. 1,5 cm

381 Poinçon sur métapode d'ovin
Habitat de Saar, fouilles britanniques (5506:3)
Os, alliage cuivreux
L 15,8 l MAX. 2,6 cm

382 Lingot votif
Barbar, Temple Ia, plateforme centrale fouilles danoises (517.FH)
Cuivre
H 2 D MAX. 12,8 cm
Inv. n° 90-7-2
B *Bahrain National Museum* 1989, n° 48

383 Mortier et broyeur
Nécropole de Madinat Hamad (DS3, 1985-86), Tumulus 83:7
Calcaire
H 5 D MAX. 14,3 cm
Inv. n° 1698-2-88

384 Molette
Habitat de al-Hajjar (1992-93)
Calcaire
L 32 l 15 E 7 cm

385 Broyeur discoïdal
Habitat de al-Hajjar (1992-93)
Calcaire
H 5 D MAX. 7,5 cm

386 Poids fusiforme
Habitat de al-Hajjar (1992-93)
Hématite
L 3,6 D MAX. 0,9cm P 8,32 gr

387-389 Trois poids fusiformes
Nécropole de al-Hajjar (site 2, 1974)
Hématite
L 3,2 à 4 D MAX. 0,8 à 1,3cm
P 5,61, 8,5 et 16,57 gr.
B *Bahrain National Museum* 1989, n° 56a, b d.

390 Collier
Nécropole de al-Maqsha (1992-93), Tombe 3b
Cornaline
L 38 cm

391 Cachet
Nécropole de Saar (1988-89), Tumulus 302
Chlorite ou stéatite
H 1 D 2,1 cm

392 Cachet
Barbar, Temple IIb, puits monumental
Chlorite ou stéatite.
H 0,9 D 2,2 cm
B Andersen 1986, fig. 43a

393 Cachet
Nécropole de Saar, saison et tombe non spécifiées
Chlorite ou stéatite
H 1,4 D 2,7 cm
Inv. n° 2732-2-90

394 Cachet
Nécropole de Saar (1990), Tumulus 26
Chlorite ou stéatite
H 0,9 D 2,6 cm
Inv. n° 2138-2-90

395 Cachet
Nécropole de al-Hajjar (1981), Tombe 3
Chlorite ou stéatite
H 1,3 D 2,5 cm
Inv. n° 4221-2-91-4

396 Cachet
Nécropole de Saar (1988-89), Tumulus 245a
Chlorite ou stéatite
H 1,1 D 2,3 cm
Inv. n° 2850-2-90

397 Cachet
Nécropole de Karranah. fouilles françaises 1987
Chlorite ou stéatite
H 1,3 D 2,6 cm
Inv. n° 2830-2-90

398 Cachet
Nécropole de Karzakkan (1978), Tumulus 18
Chlorite ou stéatite
H 0,8 D 2,2 cm

399 Cachet
Nécropole de Saar (« Complexe funéraire »), Tombe A/E3.5
Chlorite ou stéatite
H 1,1 D 3,3 cm
Inv. n° 2753-2-90

400 Cachet
Nécropole de Madinat Hamad (BS2/1,1986-87), Tumulus 1
Chlorite ou stéatite
H 1,3 D 2,6 cm
Inv. n° 2804-2-90

401 Cachet
Nécropole de Karranah, fouilles françaises 1987
Chlorite ou stéatite
H 1 D 2,9 cm
Inv. n° 3010-9-90

402 Cachet
Qal'at al-Bahreïn, fouilles danoises, localisation non spécifiées
Chlorite ou stéatite
H 1,1 D 2,3 cm
Inv. n° 759-2-90

403 Cachet
Nécropole de Saar (« Complexe funéraire »), Tombe A/B9.1
Chlorite ou stéatite
H 1,1 D 2,8 cm
Inv. n° 2745-2-90

404 Cachet
Nécropole de Saar (« Complexe funéraire »), Tombe 43
Chlorite ou stéatite
H 1,2 D 2,6 cm
Inv. n° 4092-3-90
B Mughal 1983:96 ; fig. 23:3 ; pl. XLVI:3

405 Cachet
Nécropole de 'Ali, saison et tumulus non spécifiés
Chlorite ou stéatite
H 1 D 1,9 cm
Inv. n° 3001-10-90

406 Cachet
Habitat de Saar, Maison 1. fouilles britanniques 1990 (F18:33:15)
Chlorite ou stéatite
H 0,9 D 2,4 cm
Inv. n° 2991-3-90
B Crawford 1991 : 260 (a)

407 Cachet
Habitat de Saar, Maison 205, fouilles britanniques 1993 (4025:14)
Chlorite ou stéatite.
H 1,34 D 2,87 cm

408 Cachet
Habitat de Saar, Maison 224, fouilles britanniques 1995 (5510:2)
Chlorite ou stéatite
H 0,87 D 1 cm
Manama, Musée national de Bahreïn, réserves
B Crawford *et alii* 1997:93, fig. 10.

409 Cachet
Habitat de Saar, Maison 51, fouilles britanniques 1992 (2535:01)
Chlorite ou stéatite
H 0,91 D 2,1 cm
Inv. n° 3904-2-91-2

410 Cachet
Nécropole de al-Hajjar,
saison et tombe non spécifiées
Chlorite ou stéatite
H 0,6 D 1,4 cm

411 Cachet
Habitat de Saar, Maison 55,
fouilles britanniques 1992
(2144:01)
Chlorite ou stéatite
H 0,8 D 2,2 cm

412 Cachet
Nécropole de Saar (« Complexe
funéraire »), SW4/3, Tombe 1
Chlorite ou stéatite
H 1,1 D 2,1 cm
Inv. n° 3005-2-90

413 Cachet quadrangulaire
Nécropole de Saar (« Complexe
funéraire »), Tombe A/E8.4
Chlorite ou stéatite
H 1,3 L 2,9 l 2,1 cm
Inv. n° 2735-2-90
B Al-Sindi 1994, n° 50

414 Sceau-cylindre
Habitat de Saar, Maison 11,
fouilles britanniques 1998
(4741:11)
Chlorite ou stéatite
L 3 D MAX. 1,7 cm

415 Matrice de cachet
Qal'at al-Bahreïn, Rempard
Nord, fouilles danoises (520.TK)
Chlorite ou stéatite
H 0,85 D 2,15 cm
Musée préhistorique
de Moesgaard
B Kjaerum 1994:338, fig. 1751

416 Matrice de cachet
Qal'at al-Bahreïn,
Rempart Nord,
fouilles danoises (520.AXH)
Chlorite ou stéatite
H 0,85 D 1,75 cm
Musée préhistorique
de Moesgaard
B Kjaerum 1994 : 338, fig. 1752

417 Scellement
Habitat de Saar, Temple, fouilles
britanniques 1992 (1600:1)
Argile.
D MAX. 2,3 E 1 cm

418 Scellement
Habitat de Saar, Bloc K,
fouilles britanniques 1990
(E18 : 15 : 5). Argile
D MAX. 2,6 E 1,2 cm

419 Jeton estampé
Qal'at al-Bahreïn, Rempart
Nord, fouilles danoises 1964
Argile
D 2,15 cm
Inv. n° 4100.
B Kjaerum 1994 : 336-337,
fig. 1749

Dilmoun moyen

(sauf indication contraire,
les pièces sont datées
du XIVe siècle av. J.-C.)

420 Vase
Nécropole de al-Hajjar,
site 1 (1972-73),
tombe non spécifiée
Céramique
H 22,4 D MAX. 13,2 cm

421 Vase
Nécropole de al-Hajjar,
site 1 (1972-73),
tombe non spécifiée
Céramique
H 8,2 D MAX. 7 cm
Inv. n° 1098-2-88

422 Vase
Nécropole de al-Hajjar,
site 1 (1974), Tombe 37
Céramique
H 28,5 D MAX. 8,6 cm
Inv. n° 102-2-88

423 Vase
Qal'at al-Bahreïn, « Palais
kassite ». fouilles françaises 1996
(QA96.66)
Vers 1450 av. J.-C.
Céramique
H 16 D MAX. 18 cm

424 Vase
Nécropole de Madinat Hamad
(BS2, 1984-85), Tombe 47D
Céramique
H 9 D MAX. 6,5 cm
Inv. n° 5496-2-91

425 Vase
Nécropole de Saar
(« Complexe funéraire »)
Céramique
H 10 D MAX. 7 cm
inv. n° 7117-2-91

Dilmoun récent

(sauf indication contraire,
les pièces sont datées
vers 550-450 av. J.-C.)

426 Vase
Nécropole de al-Maqsha (1978),
Tombe 4
Vers 800-700 av. J.-C.
Céramique
H 9 D MAX. 11,8 cm

427 Vase
Nécropole de Madinat Isa
(1968 ?), tombe non spécifiée
Vers 800-700 av. J.-C.
Céramique
H 8,4 D MAX. 10,5 cm

428 « Bol à serpent »
Qal'at al-Bahreïn,
secteur du « Palais d'Oupéri »,
fouilles danoises (519.DL)
Céramique, ossements
H 12 D MAX. 8 cm
Musée préhistorique
de Moesgaard
B Højlund et Andersen 1997 : 136 ;
fig. 644

429 « Bol à serpent »
Qal'at al-Bahreïn,
secteur du « Palais d'Oupéri »
fouilles danoises (519.DE)
Céramique, ossements
H 11,2 D MAX. 20 cm
Musée préhistorique
de Moesgaard
B Højlund et Andersen 1997 : 134 ;
fig. 631, 632

430 « Bol à serpent »
Qal'at al-Bahreïn,
secteur du « Palais d'Oupéri »
fouilles danoises (519.DG)
Céramique, mortier, os
H 10 D MAX. 18 (approx.) cm
Musée préhistorique
de Moesgaard

431 « Bol à serpent »
Qal'at al-Bahreïn, secteur
du « Palais d'Oupéri » fouilles
françaises 1992 (QA92.498)
Céramique, ossements
H 6,9 D MAX. 14,3 cm

**432 Sarcophage
et son inhumation**
Nécropole de Madinat Hamad
(NBH4, 1989-90), Mont 10
Terre cuite, ossements.
L 89 l 68 H 59 cm

433 Sarcophage
Qal'at al-Bahreïn,
fouilles danoises, localisation
exacte non spécifiée
Terre cuite
H 58 L 98 l 66 cm
Musée préhistorique
de Moesgaard

434 Miroir
Qal'at al-Bahreïn,
secteur du « Palais d'Oupéri »,
fouilles danoises (519.CU)
Bronze
H 14 D MAX. 12 cm
Musée préhistorique
de Moesgaard
B Højlund et Andersen 1997:198 ;
fig. 846

435 Situle
Qal'at al-Bahreïn,
secteur du « Palais d'Oupéri »,
fouilles danoises (519 LH)
Bronze
H 24,6 (avec poignée)
D MAX. 6,9 cm
Musée préhistorique
de Moesgaard
B Højlund et Andersen 1997:198 ;
fig. 845

Phase de Tylos

(sauf indication contraire,
les pièces sont datées
entre le IIe siècle av. J.-C.
et le IVe siècle ap. J.-C.).

436 Vase
Nécropole de Shakhoura
(1992-93), Mont 1, Carré C4
Céramique
H 9,5 D MAX. 17,2 cm

437 Vase
Nécropole de Shakhoura,
saison et localisation
non spécifiée
Céramique
H 9 D MAX. 16,5 cm

438 Vase
Nécropole de Saar (1991-92),
Mont 2, Carré C2
Céramique
H 10,2 D MAX. 15,5 cm

439 Vase
Nécropole de Madinat Hamad
(1994-95), Mont 1, Carré D3
Céramique
H 14,5 D MAX. 21 cm

440 Vase
Nécropole de Madinat Hamad
(E2, 1994-95), Mont 1, Tombe 3
Céramique
H 23,8 D MAX. 20,7 cm

441 Vase
Nécropole de Saar (1995-96),
Mont 5, Tombe 49
Céramique
H 8,7 D MAX. 7,9 cm

442 Vase
Nécropole de Saar (1995),
Mont 4, Tombe 9
Céramique
H 14,7 D MAX. 15 cm

443 Vase
Nécropole de Saar (1995),
Mont 4, Tombe 30
Céramique
H 13,5 D MAX. 18,5 cm

444 Vase
Nécropole de Shakhoura
(1993-95), Mont 7, Tombe 8
Céramique
H 13,2 D MAX. 18,5 cm

445 Vase
Nécropole de Saar (1991-92),
Mont 4, Tombe 30
Céramique
H 6,3 D MAX. 24 cm

446 Vase
Qal'at al-Bahreïn,
Rempart Nord.
fouilles danoises 1957 (520.MZ)
Céramique
H 7,6 D MAX. 15,1 cm
Inv. n° 831-2-88
B *Bahrain National Museum* 1989, n° 169; Højlund & Andersen 1994:276, fig. 1545

447 Vase
Nécropole de al-Hajjar
(1992-93), Mont 2, Tombe 34
Céramique
H 6,3 D MAX. 20,5 cm
Inv. n° 5153-2-91-3

448 Vase
Nécropole de al-Hajjar
(1992-93), Mont 6, Tombe 15
Céramique
H 9,5 D MAX. 13,5 cm

449 Vase
Bahreïn,
nécropole non spécifiée
Céramique
H 7,2 D MAX. 26,2 cm
Inv. n° 881-2-88

450 Vase
Nécropole de Saar (1985-86),
Mont 3, Tombe 2
Céramique
H 10,3 D MAX. 14,2 cm
Inv. n° 2248-2-90-3

451 Vase
Nécropole de al-Hajjar (1970),
Site 1, Tombe 13
Céramique
H 30,2 D MAX. 24,2 cm
Inv. n° 1153-2-88

452 Vase
Nécropole de Shakhoura
(1992-93), Mont 1, Tombe 17
Céramique
H 7,2 D MAX. 4,9 cm

453 Vase
Nécropole de Karranah,
fouilles françaises 1986,
Mont 2, Tombe 119
Céramique
H 7,7 D MAX. 16,1 cm
Inv. n° 420-2-88

454 Vase
Nécropole de Karranah,
fouilles françaises 1986,
Mont 4, Tombe 76
Céramique
H 6,3 D MAX. 15,3 cm
Inv. n° 479-2-88

455 Jarre funéraire
Nécropole de al-Hajjar
(1992-93), Mont 6, Carré E2
Céramique
H 62 D MAX. 44 cm

456 Lampe à huile
Nécropole de Saar (1995-96),
Tombe 8
Céramique
H 5 D MAX. 13,6 cm

457 Gourde de pélerin
Nécropole de Saar (1996),
Mont 7, Tombe 69
Céramique
H 9,6 D MAX. 8,1 cm

458 Gourde de pélerin
Nécropole de Shakhoura
(1991-92), Mont 2, Tombe 57
Céramique
H 15,8 D MAX. 12,7 cm

459 Vase/Flacon
Nécropole de Madinat Hamad
(DS3, 1985-86),
Mont 73, Tombe 54
Verre
H 12,8 D MAX. 6,5 cm

460 Vase/Flacon
Nécropole de Saar (1987-88),
Mont 1, Tombe 39
Verre
H 10,5 D MAX. 9,9 cm
Inv. n° 387-2-88

461 Vase/Flacon
Nécropole de Saar (1996),
Mont 7, Tombe 3
Verre.
H 10,4 D MAX. 5,1 cm

462 Vase/Flacon
Nécropole de Saar (1991),
Mont 12, Tombe 22
Verre
H 9,4 D MAX. 5,7 cm

463 Vase/Flacon
Nécropole de Saar (1996),
Mont 11, Tombe 25
Verre
H 9,5 D MAX. 5,8 cm

464 Vase/Flacon
Nécropole de al-Hajjar,
site 2 (1971), Tombe A/b
Verre
H 7,6 D MAX. 6,4 cm
Inv. n° 937-2-88

465 Vase en pierre
Nécropole de al-Hajjar,
Site 2, Tombe 28
Calcite (« albâtre »)
H 7,5 D MAX. 11,2 cm
Inv. n° 216-2-88
B *Bahrain National Museum* 1989, n° 109

466 Etui à cosmétique
Nécropole de Saar (1996),
Mont 11, Tombe 9
Ivoire
H 7,7 D MAX. 1,7 cm

467 Etui à cosmétique
Nécropole de Saar (1996),
Mont 11, Tombe 9
Ivoire
H 10 D MAX. 1,7 cm

468 Etui à cosmétique
Nécropole de Saar (1996),
Mont 11, Tombe 9
Ivoire
H 12,5 D MAX. 1,7 cm

469 Fuseau
Nécropole de Shakhoura
(1991-92), Mont 2, Tombe 31
Ivoire
L 17,8 cm

470 4 fusaïoles
Nécropole de Dar Kulayb
(1993-94), Mont 24
Ivoire
H 0,8 D MAX. 1,7 à 2,2 cm

471 Paire de boucles d'oreille à pendentif
Nécropole de Saar (1988),
Mont 154
Or, agate, lapis-lazuli,
perle fine.
L 5,7 et 4,9 cm

472-474 3 bandeaux de bouche
Nécropole de al-Hajjar,
saison et tombe non spécifiées
Or
L 7,2 à 8,7 l 1,9 à 2,3 cm

475 Collier
Nécropole de al-Hajjar,
saison et tombe non spécifiées
Faïence, cornaline,
cristal de roche
L 51 cm

476 Collier
Nécropole de Saar,
saison et tombe non spécifiées
Pâte de verre, faience,
perles fines
L 67 cm
Inv. n° 293-1-31-3

477 Collier
Nécropole de Shakhoura
(1991-92), Mont 2, Tombe 23
Cornaline, agate, faïence
L 75 cm

478 Collier
Nécropole de Saar (1995-96),
Mont 7, Tombe 97
Cornaline, coquille, faïence
L 57 cm

479 Figurine
Nécropole de al-Maqsha
(1992-93), tombe non spécifiée
Plâtre
H 24,2 l 7,3 E 3 cm

480 Figurine
Nécropole de Shakhoura,
Mont 1, Tombe 52
Plâtre
H 25,4 l 4,8 E 8 cm

481 Statuette
Saar, palmeraie non spécifiée,
découverte fortuite
Calcaire
H 18,4 D MAX. 7,3 cm
Inv. n° 97-1-46
B *Bahrain National Museum* 1993, p. 64

482 Stèle-nefesh
Bahreïn,
palmeraie non spécifiée,
découverte fortuite
Calcaire
H 29,5 l 14 E 12cm
Inv. n° 501-2-88

483 Stèle figurative
Qal'at al-Bahreïn,
palmeraie Nord-Ouest,
trouvaille fortuite 1991
Calcaire
H 30,2 l 19 E 5 cm
Inv. n° 97-4-3.
B Lombard 1994 : 33, fig. 9b

484 Stèle figurative
Nécropole de Shakhoura
(1992-93), Mont 1, Carré J3
Calcaire
H 26 l 17 E 12 cm

485 Brûle-parfum
Nécropole de Shakhoura
(1994), Carré D3
Calcaire
H 26 L 12 l 10 cm

Époque islamique

(sauf indication contraire, les pièces sont datées des XVe et XVIe siècles de notre ère)

486-488 Tessons de porcelaine Ming
Qal'at al-Bahreïn,
Forteresse islamo-portugaise
(1998)
Porcelaine.
H 19, 5 et 5 cm l 14,5, 7 et 5,5 cm

489 Encrier en porcelaine Ming
Qal'at al-Bahreïn,
secteur du « Palais d'Oupéri »,
fouilles françaises 1989
Porcelaine

490 Monnaie chinoise
Qal'at al-Bahreïn,
secteur du « Palais d'Oupéri »,
fouilles françaises 1989
(QA89.41),
XIIe siècle (date de production)
Cuivre
D 3,62 E 0,29 cm
B Lombard 1994 : 31, fig. 6

491 Coran
Bahreïn, 1215 h
Papier, encre, gouache et cuir
38,5 x 29 cm

Cet ouvrage est composé en Triplex,
caractère dessiné par Suzana Licko en 1990
pour la fonderie Emigre Fonts

La photogravure est l'œuvre
de Snoeck-Ducaju & Zoon à Gand (Belgique)

Achevé d'imprimer en mai 1999
à Gand (Belgique) sur les presses de l'imprimerie
Snoeck-Ducaju & Zoon